KB129867

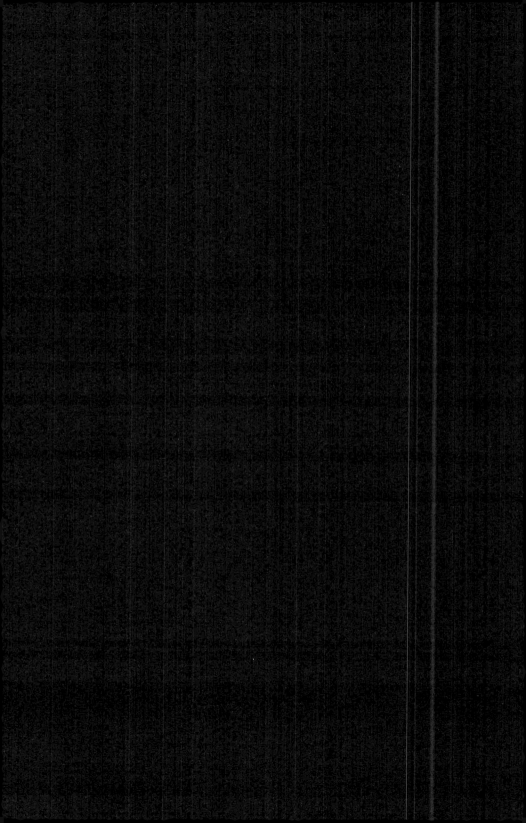

**포스트 코로나
일상의 미래**

공간·이동·먹거리·건강
미래 메가 트렌드 4

포스트 코로나
일상의 ▶▶▶ ▶▶ 미래

과학기술정책연구원(STEPI) 지음

청림출판

다 함께
'만들어가는 미래'를 위해

전대미문의 감염병인 COVID-19(이하 코로나19)가 세계를 강타한 지도 1년이 지났다. 이제 우리는 원하든 원하지 않든, 변화된 일상에 적응해야 하는 시점에 살고 있다. 오랜 기간 이어지고 있는 활동 제한과 거리 두기는 외부와의 물리적 소통을 차단할 뿐만 아니라, 개인화된 공간에서 경제사회 활동을 영위하게 만드는 등 과거와는 다른 생활 패턴이라는 변화를 초래하고 있다. 그 가운데 디지털 기반의 원격의료에 대한 요구가 커지고 안심할 수 있는 먹거리를 찾고자 하는 기본적인 욕구까지 다시 챙기는 경향은 코로나19가 끝나고 난 뒤 우리가 살아갈 새로운 시간이 어떤 방향으로 흘러갈지 예측하게 하는 단서가 되고 있다. 시장과 소비자가 능동적으로 광범위한 변화에 적응하는 모습이다.

코로나19가 촉발한 경제·사회 전반의 파급력은 총체적이다. 때문에 이를 기회와 위협의 측면에서 면밀히 분석하고, 향후의 변화 방향을 예측하고자 하는 노력은 필수적이라 할 수 있다. 이제 전통 서비스 산업은 완전히 탈바꿈하여 사람들이 서로 만나거나 부딪히지 않는 것을 당연한 것으로 전제하는 환경이 도래하고 있다. 당장 적응해야 하는 가까운 미래를 바라보며 지금은 내가, 우리가, 그리고 사회가 현재 느끼는 불편함과 혼란, 위기감을 넘어 한 단계 진화된 모습으로 나아가는 도약의 발판을 어떻게 찾을 수 있느냐를 생각해야 할 때이다.

현 상황은 말 그대로 새로운 패러다임으로의 전환이다. 패러다임 전환에서 확실한 것이 있다면 바로 불확실성을 수반한다는 것이다. 불확실성은 두려움을 낳는다. 이를 극복하고 우리 모두에게 희망을 주는 '미래 비전'을 마련해야 한다. 비전은 우리가 직면한 위기가 만드는 겉으로 보이는 현상 밑바닥에 있는 것을 판단하고, 이에 대처할 태세를 갖추도록 이끌어준다. 모두가 그럴 만하다고 공감할 수 있는 미래의 모습을 제시할 수 있을 때, 비로소 우리 사회는 '수용된 미래'를 따르는 대신, 스스로가 '만들어가는 미래'를 선택하는 혁신의 씨앗을 키워나갈 수 있다.

이러한 맥락에서 출간되는 이 책은 2020년 과학기술정책연구원이 포스트 코로나 시대를 사는 우리가 바라는, 만들어가고 있는, 만들어가고 싶은 미래상을 그려보고자 시도한 국민참여형 미래연구 프로젝트의 뜻깊은 결과물이라 할 수 있다. '공간', '이동', '먹거리', '건강'은 지금도, 그리고 앞으로도 우리가 사는 일상과 뗄 수 없는 가장 기본적인 주제이다. 또한 코로나 이후 우리 사회가 겪을 구조적 변화에 대한 신호를 보내는 분야이기도 하다. 이 책에서는 이들 네 가지 주제를 중심으로 대중이 상상하는 다양한 미래 사건과 각 사건을 관통하는 핵심적인 변화 방향을 탐색하고자 했다.

독자들은 공간, 이동, 먹거리, 건강 분야에서 나타나는 흥미롭고 놀라운 변화의 모습을 조금 먼저 살펴볼 수 있을 것이다. 나아가 스스로 희망하는 바람직한 미래 모습을 그려보고, 이를 실현하기 위해 지금 무엇을 해야 하는지를 고민하게 될지도 모른다. 포스트 코로나 시대는 먼 미래가 아닌 곧 직면할 미래이기에, 이 책이 포스트 코로나 시대의 새로운 방향을 모색하고 모두가 '만들어가는 미래'를 실천하기 위한 출발이 되기를 희망한다.

과학기술정책연구원장

문 미 옥

코로나19가 초래한 위기를
기회로 만드는 힘

어느 날 불청객처럼 찾아온 코로나바이러스 감염증의 영향력은 우리 일상 곳곳에 빠르고 강력하게 침투했다. 발생 초기부터 치사율보다도 전염력이 매우 높은 바이러스로 알려지면서, 많은 나라에서 바이러스의 전파속도를 늦추기 위해 이동을 제한하는 셧다운shut down을 실시했고, 이로써 우리는 피할 수 없는 새로운 환경을 맞이했다. 처음에는 국가로부터 발의된 '타의적 고립'의 맥락이 강했지만, 시간이 흐르며 그 모습은 '자의적 고립'을 추구하는 경제, 즉 '셧인 이코노미shut-in economy'로 변모하고 있다. 즉, '스스로를 가두고' 외부적 소통을 차단한 채 개인화된 공간에서 '경제사회 활동'을 영위하고 있다는 뜻이다. 지금 우리는 비대면·비접촉(언택트untact) 소비, 원격교육, 재택근무 등 새로운 일상에 적응하는 중이다.

여기서 주목할 만한 측면이 하나 있다. 바로 '변화'를 피할 수 없는 것으로 받아들이면서 새로운 기술을 받아들이는 우리 능력이 증대됐다는 것이다. 근본적인 것까지도 쉽사리 바뀌나갈 동력이 생긴 지금이야말로 기존의 것을 '개선'하는 데 그쳤던 변화의 물꼬를 '혁신' 쪽으로 크게 틀 기회이다. 한번 변화의 흐름을 탄 사회는 절대로 되돌아가지 않는다. 그리고 변화가 필수적이라면 어떻게 해야 새로운 세계로, 새로운 삶으로 좀 더 잘 들어갈 수 있을지를 고민해야 한다. 코로나19가 초래한 위기를 기회로 전환하는 핵심이 여기에 있다.

이 새로운 방식의 혁신을 불러오기 위해 가장 먼저 필요한 것은 '미래비전' 설계다. 우리 사회가 무엇을 지향해야 하는지를 명확히 할 때 비로소 우리는 '수용된 미래accepted future'가 아니라 '만들어진 미래created future'를 누릴 수 있다. 예견된 위기를 모면할 방법을 고민하고 강퍅하고 위축된 조건들과 씨름하는 대신 우리가 바라는 미래를 적극적으로 만들어갈 수 있다는 뜻이다.

미래비전을 어떻게 세울 것인가

비전 설정이 중요한 이유는 그에 따라 우리의 걸음걸음이 달라지고, 포착되고 예견된 트렌드의 방향까지도 바뀌나갈 수 있기 때문이다. 예를 들어 저출산·고령화 흐름이 지속되고 가속화될 것으로 예상된다고 해도, 이 현상이 사회적으로 바람직하지 않고 대다수가 바라는 미래가 아니라면 새로운 지향점을 설정할 수 있고, 그에 따라 우리가 할 일은 달라질 것이다. 비전은 직면한 현상에 어떠한 태세attitude를 취해야 하는지를 확고하게 해준다.

포스트 코로나 시대를 준비하는 시각도 이와 마찬가지다. 커다란 트렌드를 포착하는 동시에 그 안에서 우리가 어떠한 지향점과 방향성을 가질 것인지가 중요하다. 따라서 이 책에서는 '우리가 바라는 미래'라는 관점에서 비전을 설정하고, 위기 속에서 우리가 만들어나가고자 하는 미래를 구체적으로 확인하고 실현 방법을 모색하고자 한다. 지금껏 우리나라는 주로 기술 공급적 시각에서 미래를 예측해온 측면이 있다. 하지만 영국의 HSCHorizon Scanning Center나 싱가포르의 RAHSRisk Assessment & Horizon Scanning center 등 오랫동안 미래 이슈를 탐색해온 주요 선진국의 미래예측 싱크탱크는 수요 기반의 과학기술 예측조사와 일반 대중이 바라는 미래상을 반영한 '미래사회 예측조사'를 병행하여 실시하고, 신기술의 부상 자체보다는 사회적으로 파급효과가 큰 이슈를 발굴함으로써 중장기적인 미래 이슈에 체계적으로 대응할 방안을 제시해왔다. 단순한 기술전망을 넘어, 사회 구성원이 함께 지향해나갈 수 있는 미래비전과 정책대안을 제시하기 위해서는 전문가의 통찰과 더불어 정책 수요자인 대중의 시각에서 미래 트렌드가 갖는 함의를 균형 있게 재해석하는 과정이 필요하다. 이러한 맥락에서 이 책은 다음과 같은 사항에 중점을 두고 집필했다.

첫째, 코로나19가 촉발한 사회 각 분야의 전례 없는 변화상과 중장기적인 시각(10년 이상)을 반영한 포스트 코로나 시대의 새로운 표준(뉴노멀newnormal)이 될 미래 트렌드를 탐색하고, 이를 구성하는 핵심 이슈 동인을 글로벌 차원과 한국적 맥락에서 심층적으로 분석한다.

둘째, 장기화되는 코로나19의 파급력과 언택트 패러다임으로 인해 기존의 통념을 벗어난 새로운 라이프스타일이 등장할 것으로 전망된다. 이에 일상과 직결된 부문을 중심으로 포스트 코로나 시대의 변화상을 중점적으로 그려본다.

셋째, 지금까지 주로 전문가를 중심으로 미래전략 연구가 이뤄졌다면, 여기서는 전문가의 통찰과 사회구성원의 아이디어를 균형 있게 반영한다. 부문별 핵심 테마를 중심으로 국민참여 워크숍을 실시해 구체적인 미래 사건을 도출하고 대국민 인식조사를 기반으로 가능미래와 선호미래를 집계해 국민이 바라는 미래상을 이끌어낸다.

마지막으로, 도출된 미래 시나리오를 기반으로 우리가 바라는 미래사회를 만들어가기 위한 정책 방향과 대안을 모색한다. 또한 각 부문별 미래상과 현황 간의 차이를 분석하여 그 간극을 완화하기 위한 과제를 제시하고, 각 과제의 시급성과 범용성 등을 검토하여 종합적인 대응 방안을 제시한다.

코로나19는 전례 없는 글로벌 차원의 도전이다. 그리고 이는 위협과 기회 요인을 모두 수반한다. 이 도전에 제대로 응전해야만 위기를 기회로 만들어나갈 수 있을 것이다. 우리의 현재와 미래를 여러 각도에서 조망한 이 책이 포스트 코로나 시대를 우리의 비전과 좀 더 가깝게 만들어나가는 데 이바지하기를 바란다.

미래사회를 전망하는 방법

미래를 전망하는 방법론에는 여러 가지가 있지만, 위기와 기회의 양면을 가진 미래 과학기술을 연구하는 데 있어 사회구성원의 요구를 반영하는 일은 매우 중요하다. 특히 코로나19라는 전 세계적 위험이 발생한 직후인 지금, 일상을 살아나가는 우리가 어떠한 미래를 바라는지 논의하고 공유하는 과정은 미래를 계획하는 데 큰 도움이 될 것이다. 이 책에서는 대중이 상상하고 바라는 포스트 코로나 시대의 미래를 찾아내고 향후 나아갈 방향을 도출하기 위해 다음과 같은 방법론과 프로세스를 선택했다.

미래를 좌우할 4대 핵심 분야 선정

먼저 코로나 이후의 변화를 탐색하기 위한 네 가지 핵심 분야를 선정했다. ①공간 ②이동 ③먹거리 ④건강이라는 4대 핵심 분야는 다양한 분야의 메가트렌드 관련 최신 자료를 제공하는 미래예측분석시스템인 셰이핑 투모로Shaping Tomorrow를 활용한 후 미래연구 전문가, 통계·데이터 전문가, 분야별 정책 전문가, 민간기업 및 교육 담당자 등 전문가 패널들의 간담회를 통해 선정했다.

미래비전 설립을 위한 탐색 범위

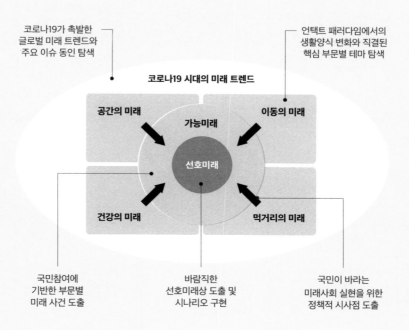

코로나19가 촉발한
글로벌 미래 트렌드와
주요 이슈 동인 탐색

언택트 패러다임에서의
생활양식 변화와 직결된
핵심 부문별 테마 탐색

코로나19 시대의 미래 트렌드

공간의 미래

가능미래

이동의 미래

선호미래

건강의 미래

먹거리의 미래

국민참여에
기반한 부문별
미래 사건 도출

바람직한
선호미래상 도출 및
시나리오 구현

국민이 바라는
미래사회 실현을 위한
정책적 시사점 도출

미래비전 도출 프로세스

사람들이 바라는 포스트 코로나 시대의 모습을 탐색하고 이를 실현할 수 있는 방안 및 대안을 도출하기 위해 다음과 같은 프로세스를 거쳤다.

미래비전 도출 프로세스

분야별 미래 시나리오 및 상상도	분야별 정책 방안 및 대안 도출	국민대상 워크숍② 포스트 코로나 시대의 미래사회
여러 개의 미래 사건을 분야별로 스토리텔링	국민이 바라는 미래의 구현 방안 및 정책 대안	코로나 이후에 펼쳐질 복수의 미래사회 전망
• 4개 분야 시나리오 및 상상도 • SF 작가들의 초단편 소설	• 전문가 FGI, 인터뷰 등을 통해 현재 정책과의 격차 분석 • 필요 정책 및 대안 도출	• 과학기술을 제공하는 중심 주체, 비대면 사회로의 전환 정도를 기준으로 4개 미래사회 시나리오 도출

4개 분야별 (공간,이동, 먹거리, 건강) 테마 도출	국민대상 워크숍① 미래 사건 도출 워크숍	미래 사건 가능/선호 인식조사
다양한 출처의 정보수집을 통해 미래 이슈 탐지	포스트 코로나 시대의 미래 사건을 국민이 상상	현재의 조건과 미래 선호도 사이의 격차 분석
• 미래예측분석 시스템 셰이핑 투모로 활용 • 문헌 분석	• 사전 설문 • 브레인스토밍 • 브레인라이팅 • 미래 사건 클러스터링 • 토론	• 일반인 1,000명 대상 발생가능성/선호도 설문조사

1. 분야별 테마 도출

현재의 일상에 젖어 있는 사람들에게 갑자기 미래를 상상해보고 이야기해달라고 요구하기는 어려운 일이다. 우선 논의의 초기 자료로 각 분야의 기술 중심 트렌드 및 전망을 정리해 워크숍 참가자에게 제공했다. 셰이핑 투모로를 활용해 각 분야별로 다섯 개의 테마를 도출하고, 각 테마별 현황 및 향후 국내외 전망을 정리했다.

2. 국민 대상 워크숍: 미래 사건 도출 워크숍

코로나 이후 2030년에 공간, 이동, 먹거리, 건강 분야에 어떤 일이 일어날지를 꼽아보기 위해 한국미래전략연구소더블유와 함께 연구 설계를 하고 국민 대상 워크숍을 수행했다. 워크숍은 주제별 1회씩 총 4회 진행했으며, 매회 20~60대 국민 8~10명이 참가했다. 워크숍의 전체 프로세스는 브레인스토밍, 브레인라이팅, 미래 사건 클러스터링, 전체 토론으로 진행됐고, 그 결과 주제별로 핵심적인 미래 사건 10~15개를 도출해냈다.

브레인스토밍

다양한 관점에서 사안을 바라보고 제약 없이 아이디어를 낼 수 있기 때문에 빠른 시간 안에 창의적인 사고를 할 수 있다. 10년 후 미래에 나타날 일들을 주제에 맞게 상상하여 키워드, 질문, 사건, 그림 등 자유로운 방식으로 표현할 수 있도록 했고, 이러한 아이디어는 토론을 거쳐 4~5개의 아이디어로 좁힌 후 브레인라이팅의 씨앗 아이디어로 활용했다.

브레인라이팅

브레인스토밍이 아이디어를 즉각적으로 공개하고 대화를 통해 아이디어의 방향을 잡아간다면, 브레인라이팅은 침묵 속에서 글로 자신의 아이디어를 표현하는 방식이다. 팀원들 간에 상하관계가 존재하거나 다소 논쟁적인 주제를 두고 아이디어를 끌어내야 할 때는 균형 잡힌 토론이 어려울 수 있는데, 브레인라이팅을 하면 이러한 요소에 좌우되지 않고 자유롭고 평등하게 아이디어를 낼 수 있다.

3. 미래 사건에 대한 가능/선호 인식조사

도출된 미래 사건을 일반 대중이 어떻게 인식하고 있는지를 알아보기 위해 20~60대 성인남녀를 대상으로 전국적 단위의 조사를 실시했다. 유효표본 총 1,000명을 인구통계적으로 할당해 총 57개의 미래 사건에 대해 온라인으로 설문을 진행했으며, 이를 통해 수집된 자료는 에디팅, 코딩을 거쳐 컴퓨터에 입력되었고, 입력된 자료는 통계 패키지 SPSS 20.0 프로그램을 사용해 통계처리하여 처리된 값을 토대로 분석 결과를 정리했다.

4. 분야별 미래 시나리오 및 상상도

가능/선호 인식조사를 거친 미래 사건을 스토리텔링으로 풀어내 분야별 미래 시나리오와 상상도(일러스트)를 작성했다. 또한 국내 유수의 SF 소설작가 네 명이 각 분야별로 초단편 소설을 집필해 수록했다. 이러한 미래 시나리오와 상상도, 작가들의 소설을 통해 파편적으로 제시된 미래 사건을 하나의 스토리로 보다 쉽게 이해하고 폭넓게 공감·사고·상상할 수 있을 것이다.

5. 대응 방안 및 대안 도출

선호도 조사를 기반으로 미래 사건의 구현 방안 및 대안을 제시한다. 발생가능성과 선호도 사이의 인식 차이는 대중이 바라는 미래의 구현 방안을 수립하는 데에 좋은 단서가 될 수 있다. 이를테면, 발생가능성은 낮지만 선호도가 높은 미래 사건을 어떻게 구현할지에 대한 방안이 필요하고, 발생가능성이 높다고 여겨지지만 선호도는 낮은 미래 사건은 지금과는 다른 대안을 요구한다는 신호가 될 수 있다. 혹은 발생가능성 측면에서 전문가의 판단과 대중의 인식이 차이를 보일 경우, 올바른 정보 제공이나 수용도 제고 등의 다른 방안이 필요할 것이다. 전문가 인터뷰, FGI 등 각 분야별 특성에 맞는 방법론을 활용해 무엇을 우선순위에 두고 준비해야 하는지를 중점적으로 살펴봤다.

2부

포스트 코로나 시대의 이동

3부

포스트 코로나 시대의 먹거리

4부

포스트 코로나 시대의 건강

포스트
코로나
시대의

▶▶▶▶

1장

오늘의 공간과
내일의 공간

꼭 여기, 이곳에 없어도 된다면

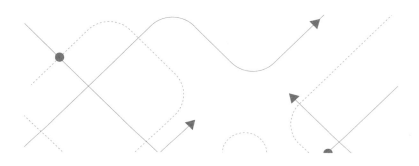

〈행복을 찾아서〉라는 영화가 있다. 이른 아침 아버지 크리스 가드너는 아들 크리스토퍼를 변변치 않은 어린이집에 데려다준다. 그러고 나서 무작정 이 병원 저 병원을 찾아다닌다. 한물간 골밀도 스캐너를 팔기 위해서다. 그의 아내이자 크리스토퍼의 엄마 린다 역시 밤낮없이 돌아가는 세탁공장으로 향한다. 힘겨운 삶에서 벗어나고자 크리스는 '딘 위터Dean Witter'라는 증권회사에서 턱없이 낮은 급료를 받으며 인턴사원으로 일하기 시작한다. 평일에는 회사에 출근하고, 밤에는 아들을 재울 노숙자 쉼터를 찾아 헤매다가 그나마도 못 얻으면 지하철 공중화장실에서 추운 밤을 지새운다. 아내마저 떠나버린 상황에서 그는 근처 공원에서 크리스토퍼와 놀아주기도 하며, 고달픈 생활에 지쳐 가끔 교회에 가 기도를 하기도 한다. 자신 역시 남들처럼 행복하게 해달라고 말이다.

우리에게 공간은 어떤 의미일까? 통상적으로 공간은 사람의 육체가 머물며 활동하는 장소다. 육체는 인간 활동의 근원이고 따라서 문명의 근원이다.[1] 우리가 창조한 것에는 우리 몸이 투영돼 있다는 것이다. 1980년대 샌프란시스코를 배경으로 하는 영화 〈행복을 찾아서〉는 공간의 의미를 여실히 보여준다. 크리스는 의료기기를 팔러 다니고, 린다는 세탁공장으로 향하며, 크리스토퍼는 어린이집에 간다. 가드너 집안의 '육체'들은 모두 어딘가로 움직이고 머물다 돌아온다. 이러한 광경은 오늘날까지도 변함없이 이어지고 있다. 아침이면 일어나 회사에 가고 학교에 가고, 어딘가로 육체를 끊임없이 끌고 다니며 움직였다가 해가 저물면 집으로 돌아온다.

어디론가 간다는 '육체의 활동'으로부터, 통상적 의미의 공간이 어떠한 특징을 갖는지를 짐작해볼 수 있다. 우선, 공간에는 대면과 접촉이 동반된다. 의료기기를 팔기 위해 크리스는 병원에 직접 가야 하고 의사를 만나야 한다. 둘째, 그 공간에 실재하는 것만을 감각할 수 있기 때문에 뭔가를 경험하려면 해당 공간으로 움직여야만 한다. 크리스토퍼가 미끄럼틀에서 내려오며 웃음을 지으려면 미끄럼틀이 있는 공원에 가야 한다. 셋째, 필요에 의해 다수가 같은 공간에 머문다. 인턴사원으로 일하는 증권사에 제2, 제3의 크리스가 무수히 많듯 일을 하려면 정해진 그곳에 모여야 한다. 그리고 마지막은 앞의 세 가지 특징이 동시에 발현되기 때문에 나타나는 특징으로, 공간은 저마다 다른 밀집도를 갖는다. 사람들이 필요에 따라 엉겨 붙어 살게 되면서 도시공간이 형성된다는 뜻이다.

그런데 생활양식의 급격한 변화로 이러한 공간의 의미가 달라지고 있다. 이 변화의 원인 중 하나는 바로 디지털 전환Digital Transformation이다. 벨A. G. Bell이 전화기를 상용화한 순간부터 세상이 디지털 친화적으로 전환돼왔다고 볼 수 있지만, 정보통신기술ICT이 발전하고 다른 기술과 융합되면서 물리공간과 가상공간이 동기화하는 날도 머지않은 듯하다. 이에 따라 우리는 서울에 존재하면서 부산에도 있을 수 있게 됐다. 이러한 현상은 오늘날의 '디지털 경제'와 '4차 산업혁명'을 주도하고 있다.

코로나19의 대유행도 이러한 변화에 일조하고 있다. 이는 많은 사람이 한데 모이는 일을 예외적인 것으로 만들었다. 온라인 강의와 화상회의는 일상에 천천히 스며들었고, 스포츠팬들에게 무관중 경기는 낯설지 않게 됐으며, 라이브 콘서트를 유튜브로 보는 것 역시 익숙한 일이 됐다. 뉴노멀의 탄생이다. 일상적인normal 것이 더 이상 일상적이지 않게abnormal 됐으며, 비일상적인 것이 일상적인 것이 돼버렸다.

이로써 꼭 대면·접촉을 하지 않아도 거의 모든 일을 처리할 수 있게 됐고, 같은 공간에 실재하지 않는 것도 경험할 수 있게 됐으며, 같은 목적을 가진 사람들이 반드시 한 공간에 모이지 않아도 되는 시대가 열렸다. 공간 자체의 속성이 바뀌어버린 것이다.

이 장에서는 포스트 코로나 시대의 공간 변화를 그린다. 원격화, 가상화, 소유화(혹은 개인화), 전유화라는 특징이 공간에 어떻게 발현되는지 보다 구체적으로 들여다볼 수 있을 것이다.

생활공간, 거래공간, 도시공간의 변화

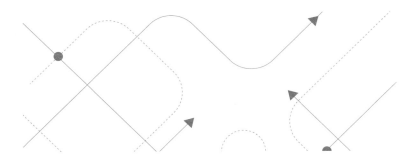

코로나19와 함께 일상의 생활공간, 거래공간, 도시공간이 발 빠르게 바뀌고 있다. 일하고, 공부하고, 재충전하고, 또 소비하고 함께 모여 문화를 만들고 누리는 공간 전체가 재편되고 있는 것이다. 현재 변화되고 있는 이 세 가지 공간의 모습을 살펴보자.

생활공간은 어떻게 달라지고 있나

일터의 변화

많은 기업이 재택근무를 실시하면서, 우리는 반드시 회사에 가지 않아도 많은 일을 처리할 수 있다는 것을 배웠다. 업무용 메신저 등 협업툴 '잔디' 서비스를 제공하는 토스랩이 발표한 〈재택근무 리포트 2020〉에 따르면 재택근무 경험자의 68%가 "재택근무에 대하여 만족한다"고 답했으며 응답자의 78%는 재택근무를 하면서 사무실에서보다 "생산성이 유지 또는 향상됐다"고 답했다고 한다.[2]

다른 나라의 사정도 다르지 않다. 2020년 4, 5월 동안에 직장인의 과반 이상인 62%가 집에서 근무했고, 시애틀의 부동산 검색업체 질로우Zillow에 따르면, 미국인 재택근무자 중 약 75%는 이번 팬데믹 이후에도 업무시간의 반 이상은 재택근무로 채우고 싶어 하며, 임금이 삭감되더라도 재택근무를 하고자 한다는 응답이 절반에 달하는 것으로 나타났다.[3]

이러한 반응과 통계를 보건대 포스트 코로나 시대에는 협업 솔루션을 활용한 업무방식이 일상적으로 정착할 것으로 보이고, 그럼으로써 지금처럼 많은 사무실이나 회의실은 더 이상 필요치 않아질 것이며 일의 공간은 확장될 것이다. 공간의 원격화가 이뤄지는 것이다.

교육환경의 변화

업무공간뿐 아니라 교육공간 역시 큰 변화를 맞이했다. 감염을 막기 위해 세계적으로 많은 학교가 휴교에 들어가고 어린이집은 휴원 조치를 취했다. 각자의 집에서 온라인 개학을 하고, '에듀테크'를 통해 선생님과 친구들을 만났다. 비록 기술적으로 보완할 부분이 많기는 하지만 머지않아 매일 아침 등교하는 것이 당연하고 흔한 일이 아니게 될 수도 있다. 어디서든 교육 서비스를 받을 수 있다는 점에서 교육공간은 확장된다. 가상현실VR, 증강현실AR 등도 다른 측면에서 교육공간의 확장에 한몫할 것으로 보인다. 지금은 현장학습을 하려면 직접 어떤 장소에 방문해 보고 듣고 느껴야 하지만, 언택트 기술이 발전하면 제자리에서도 남극을 경험하는 날이 올 수 있기 때문이다. 시험도 마찬가지다. 온라인 시험은 부정행위 우려로 인해 시행에 어려움이 있었는데, 최근 국내 스타트업 ㈜그렙은 시험 감독 솔루션 '모니토'를 개발해 출시했다. 이처럼 온라인 학습, 온라인 시험 및 감독 같은 에듀테크 기술은 코로나 시대의 교육 공백을 메워줄 대안으로 부상하고 있다.

문화활동의 변화

여행과 공연을 비롯한 문화활동에도 많은 변화가 일어나고 있다. 360도 VR 기술을 적용한 '랜선여행', 5G와 AR 기술을 적용해 비대면으로 여행할 수 있는 앱 서비스 등이 개발·실행되고 있는데 이를 이용하면 여행지나 관광지라는 문화공간에 직접 방문하지 않고도 그 효용을 누릴 수 있다. 공연도 AR 기술과 라이브 공연을 접목하거나, 온라인 콘서트를 여는 식으로 대안을 마련하고 있다. 방탄소년단BTS이 2020년 6월 14일에 선보인 온라인 콘서트 '방방콘 더 라이브'는 전 세계 75만 6,000여 명이 동시 접속해 관람한 것으로 전해진다.[4]

종교생활의 변화

이제까지 교회라는 공간은 목회자 중심, 설교 중심의 공간이었다. 목회자의 설교를 들으려면 직접 교회에 가야 했다. 하지만 포스트 코로나 시대에는 집회가 사회적으로 지양되기 때문에, 교회가 아니라 집에서 종교활동이 행해질 것으로 기대된다. 종교공간에 방문하지 않는 경향은 이미 코로나19 이전부터 발견됐다. 2007년을 기준으로, 미국 개신교에서는 소수가 가정집에 모여 예배하는 경우가 빠르게 증가했고, 이러한 추세를 따르는 한국 교회나 미주 이민교회 역시 늘고 있다고 한다. 뿐만 아니라 ICT의 발전도 종교공간의 변화에 이바지하고 있다. KT, 카카오, 네이버 등이 제공하는 서비스를 이용하면 집에서도 예배를 할 수 있기 때문이다. 코로나19 확산을 방지하고자 KT가 출시한 '우리교회tv'는 2020년 3월을 기준으로 약 190개의 교회가 운영하고 있고 약 200만 명의 교인이 해당 서비스를 이용하고 있다고 한다.[5]

운동생활의 변화

다중시설 이용의 기피, 그리고 언택트 기술의 발전은 집에서 홀로 여가를 즐기는 추세를 만들어냈고, 집home과 오락entertainment이 합쳐진 '홈테인먼트hometainment'가 유행하고 있다. 헬스장에 가는 대신 집에서 '홈트home training'를 하고 전문가가 제작한 운동 콘텐츠의 조언에 따라 운동을 한다. SSG닷컴에 따르면 2020년 2월 1일부터 4월 12일까지 헬스, 요가 등 홈트레이닝 관련 매출은 직전 두 달 동안의 매출 대비 약 35%가 늘어난 것으로 나타났다.[6]

이동수단의 변화

교통에서도 개인공간을 전유하려는 움직임이 커졌다. 카셰어링 업체인 그린카에 따르면 주중 평균 이용시간이 전년 동기 대비 51% 증가했고, 전동킥보드 공유서비스 업체 스윙의 이용 건수도 증가했으며 주로 출퇴근 시간에 대여율이 가장 높았다. 또한, 카셰어링 업체 쏘카는 최근 기간제 대여 서비스를 도입했는데, 코로나 이후 장기대여 계약이 약 두 배 정도 증가했을 뿐만 아니라 출퇴근 목적이 45.3%인 것으로 조사됐다.[7]

거래공간은 어떻게 달라지고 있나

홍보공간의 변화

소비자의 이동반경이 집이나 회사 인근으로 좁아지면서 기업들의 광고 방식 및 전략도 변화하고 있다. 기존에는 오프라인 매장과 온라인 매장 홍보를 동시에 진행했다면, 현재는 온라인 비중이 확대됐다. 오감을 활용해 만져보고, 먹어보고, 들어보고, 판매원과 대화하면서 제품을 살펴볼 수 있었던 오프라인의 속성을 온라인으로도 구현해내는 변화는 제품의 고유한 특성과 무관하게 전 상품에서 진행되고 있다. 고가 제품인 자동차와 명품 역시 신제품 출시 및 판매를 온라인으로 전환했고, 패션업계는 온라인으로 패션위크를 생중계했다.

유통업계에서는 홈쇼핑 방송에서 라이브 커머스 쪽으로 무게가 실리고 있다. 라이브 커머스는 라이브 스트리밍live Streaming과 이커머스e-commerce의 합성어로 온라인상에서 제품에 관해 실시간으로 소통한다. 라이브 커머스는 중국 알리바바 그룹의 '타오바오淘寶'에서 2016년 처음 도입했는데, 자동차, 주택까지 라이브 커머스로 진행하고 있으며 매출액 증진에 큰 영향을 미치고 있다. 국내는 대형 포털사이트 네이버, 카카오, 해외에는 아마존 등에 라이브 커머스 시스템이 구축돼 있다.

시착 서비스를 제공하는 기업이 늘어났다는 것도 또 하나의 새로운 흐름이다. 아모레퍼시픽은 2017년에 VR 메이크업 앱을 출시했는데, 제품을 앱에 탑재하고 카메라로 얼굴을 인식하면 립스틱, 아이브로 등 메이크업 제품을 가상으로 시연해볼 수 있다. 이후 현대백화점 그룹, 로레알 그룹 등도 가상 메이크업 앱을 출시했다.

판매공간의 변화

오프라인 매장은 사람과의 접촉을 최대한 줄이는 방식으로 변화하고 있다. 글로벌 의류 브랜드인 자라Zara, 풀 앤 베어Pull&Bear 등을 보유한 인디텍스Inditex는 총 1,200개(16%)의 소매점을 폐점하기로 결정하고 향후 3년간 디지털 투자 예산에 10억 유로(약 1조 3,000억 원)를 편성했다.[8] 경매업계에도 온라인 바람이 불었다. 일례로 한국마사회 장수목장에서는 국내 최초로 내륙말 온라인 경매를 진행했는데, 오히려 이전보다 경매 참여자가 약 60%(18명에서 29명으로) 증가하는 효과도 얻었다.[9] 이마트나 롯데마트 같은 대형마트도 기존 매장은 상품 보관 및 배송 센터로 활용하고 당일 또는 바로 배송 서비스를 시작했다. 이로써 매장별 판매량이 증가했고, 품목별로는 신선식품, 간편식, 반찬 등의 주문량이 증가했다.[10]

오프라인 매장의 온라인화와 더불어 오프라인 매장 자체에서는 키오스크KIOSK 주문 방식, 무인자판기, 셀프계산대, 서빙 로봇 등의 도입이 가속화됐다. 전체적으로 사람을 대면하지 않고도 제품을 구매할 수 있게 된 것이다. 아마존이 2018년에 시애틀에 오픈한 아마존고Amazon Go 식료품매장에서는 앱 내의 QR코드를 입구에서 찍고 매장에서 필요한 식료품을 담고 출구로 나가기만 하면 미리 등록된 결제수단으로 결제가 완료된다. 카메라와 센서, 무선주파수인식RFID 등의 기술이 제품 인식에 활용된다. 이마트24도 2020년에 아마존고와 유사하게 SSG페이 앱을 켜고 제품을 고른 후 출구로 나가면 자동으로 결제되는 서비스를 선보였다.[11]

결제수단의 변화

최근 통계청 보도자료에 따르면, 2020년 4월 기준 온라인 쇼핑 거래액은 총 12조 26억 원으로 전년 동월 대비 12.5%(1조 3,309억 원)가 증가했고, 항목별로는 음식 서비스가 가장 큰 증가율을 보였으며(83.7%, 5,755억 원), 음·식료품 43.6%(4,621억 원), 생활용품 36.0%(2,885억 원) 순으로 거래액이 증가했다. 외식에서 배달 서비스와 식자재 배달로 소비 방식이 변화한 것이다. 2020년 4월 모바일을 통한 쇼핑 거래액은 총 7조 9,621억 원으로 전년 대비 18.4%가 증가했다.

모바일을 활용한 온라인 쇼핑의 거래 비중은 66.3%로 온라인 쇼핑 이용자의 대다수가 모바일로 물건 및 서비스를 결제했다. 이렇듯 사람들은 이제 핸드폰으로 물건을 탐색하고 결제하는 데 익숙해

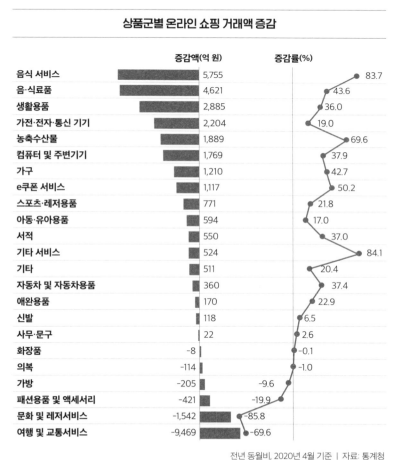

상품군별 온라인 쇼핑 거래액 증감

상품군	증감액(억 원)	증감률(%)
음식 서비스	5,755	83.7
음·식료품	4,621	43.6
생활용품	2,885	36.0
가전·전자·통신 기기	2,204	19.0
농축수산물	1,889	69.6
컴퓨터 및 주변기기	1,769	37.9
가구	1,210	42.7
e쿠폰 서비스	1,117	50.2
스포츠·레저용품	771	21.8
아동·유아용품	594	17.0
서적	550	37.0
기타 서비스	524	84.1
기타	511	20.4
자동차 및 자동차용품	360	37.4
애완용품	170	22.9
신발	118	6.5
사무·문구	22	2.6
화장품	-8	-0.1
의복	-114	-1.0
가방	-205	-9.6
패션용품 및 액세서리	-421	-19.9
문화 및 레저서비스	-1,542	-85.8
여행 및 교통서비스	-9,469	-69.6

전년 동월비, 2020년 4월 기준 | 자료: 통계청

져 있다. 그중에서도 2020년 상반기 중 간편결제서비스의 이용실적은 일평균 731만 건, 2,139억 원으로 전기 대비 각각 8.0%, 12.1% 증가했고, 간편송금서비스 역시 291만 건, 3,226억 원으로 각각 4.7%, 20.3% 증가했다.[12] 국내 주요 간편결제서비스로는 카카오페이Kakaopay, 삼성페이Samsungpay가 있고, 해외에는 페이팔 PayPal, 애플페이 Applepay, 아마존페이Amazonpay 등이 있다.

결제수단이 현금에서 실물카드, 간편결제시스템으로 빠르게 이동하는 가운데, 온라인 거래 플랫폼에서는 거래 투명성, 신뢰성을 검증하는 프로그램의 수요도 증가하고 있다. 2019년 이커머스 시장에 투명성과 신뢰성을 제고하는 목적으로 설립된 인공지능 소프트웨어 기업, 마크비전Marqvision은 아마존, 타오바오, 알리익스프레스AliExpress, 이베이, 쿠팡 등 이커머스 플랫폼에서 위조품을 가려내 기업의 지적

마크비전 위조상품 모니터링

자료: 마크비전 홈페이지

재산권 보호 및 소비자의 피해사례를 막는 역할을 하고 있다. 이전에는 사람이 수동으로 모니터링해서 위조제품으로 판단되는 것을 신고하고 증명하는 과정을 거쳤다면, 이 과정을 인공지능 기술을 활용해 자동화한 것이다. 이미지와 텍스트를 기반으로 기업별 브랜드 정보를 인공지능에 학습시킨 후에 판매자가 올린 제품 사진, 가격, 상세정보, 소비자 리뷰 등을 검토해서 위조품 의심 항목을 분류하고, 최종적으로는 고객사에서 판매 여부를 결정한다.

도시공간은 어떻게 달라지고 있나

거주공간의 재설계

유연근무와 재택근무, 재택교육(원격수업) 등이 권고되면서 집은 근무하고 교육을 받고, 운동도 하고 쇼핑도 하는 공간이 됐다. '올인빌 all in vill', '올인룸 all in room'이라고 불리는 이 현상은 집 또는 방 한 칸에 모든 것을 갖추고 있다는 뜻이다.[13]

거주공간에서 많은 활동을 하다 보니 원하는 목적에 맞춰 공간을 바꾸고자 하는 수요가 생겼고, 관련 비즈니스도 등장했다. 재택근무자를 위한 공간 개선 프로젝트를 시행한 가구업체 데스커, 한샘의 '리하우스' 서비스 등이 여기 해당한다. 건설업체도 홈오피스, 알파룸 등 공간을 재구성하는 동시에 살균기가 적용된 수납장, 에어샤워기, 실내 공기질 개선 등을 반영해 아파트 설계를 바꾸고 있다.[14]

거주공간을 아예 넓히려는 움직임도 있다. 한국감정원 부동산통계 정보에 따르면 2020년 3월 전국 아파트 매매거래량은 전년 동월 대비 평균 150% 증가했고, 그중에서도 전용 85m²를 초과하는 중대형 아파트의 거래량이 크게 증가했다. 특히 전용면적 101~135m²의 매매거래량은 8,000건으로 전년 동월(2,652건) 대비 202%로 증가폭이 가장 컸다.[15]

일터공간의 재설계

사무실 환경도 바뀌고 있다. 미국 질병통제센터Centers for Disease Control and Prevention, CDC는 코로나19에 대응해 사무실 내 모든 책상을 6피트(약 2m) 떨어뜨릴 것을 권고했다. 여건상 어렵다면 투명 파티션을 설치하도록 했는데, 국내에서도 파티션을 설치한 구내식당이나 회의실을 쉽게 볼 수 있다. 그보다 적극적으로 공간을 재설계하는 사례도 있다. 미국 자동차 회사 포드Ford는 재택근무가 늘어나면서 직원들의 협업공간은 늘리고 개별 작업공간은 줄이는 방향으로 공간을 재편하는 작업에 착수했다.[16] 화상회의가 늘어나면서, 카메라, 음향 시설 등을 구축해 기존의 회의공간을 화상회의 공간으로 바꾸는 곳도 있다.

고정 임대비용을 줄이기 위해 기업이 사용면적 자체를 줄이는 변화도 예측된다.[17] 특히 항공, 운수, 관광, 제조업계가 코로나19에 타격을 심하게 받아 이 분야에서 오피스 공실률이 높아질 것으로 보인다. 반대로 사무실 공간을 쪼개서 사용하는 움직임도 있다. 코로나가 확산될 경우 업무 마비를 막기 위해 분산근무 형태를 택하는 것이다. 분산근무 형태로 거점 오피스를 마련하면서 최근 공유형 오피스 플랫폼이 다시 주목을 받고 있다. 전에는 소규모 기업이나 스타트업이 주로 이용했었다면, 최근에는 중소기업과 대기업으로 고객이 확장되고 있다.[18]

문화공간의 재설계

공연, 영화, 박물관 등의 실내 문화공간은 사회적 거리 두기로 인해 인원수 제한, 유효좌석 제한 등의 방식으로 운영되고 있다. 빈 국립오페라극장은 최대 4인까지 연결좌석을 허용하고 타인과 1m 이상 간격을 두고 앉게 했으며, 베를린 필하모니 콘서트홀은 가족관계의 2인까지만 연결좌석을 허용하고, 타인과 1.5m 간격을 두게 했다. 실내에서의 거리 두기와 더불어 자동차극장으로의 전환, 드라이브인 콘서트 등으로 야외공간을 적극적으로 활용하기도 했다.

비대면 방식도 적극적으로 도입되고 있다. 비대면으로 책을 대출하고 반납할 수 있는 '스마트 도서관'이 다수 운영되고 있고 드라이브 스루로 책을 빌려주는 곳도 생겨났다.

이처럼 공간은 생활공간, 거래공간, 도시공간을 가리고 않고 전방위적으로 변화하고 있다. 이제 이러한 변화가 미래에도 계속 이어질지, 그리고 그 변화의 속도와 강도는 어떠할지에 대해 살펴보도록 하자.

공간의 미래를 탐색하는 법

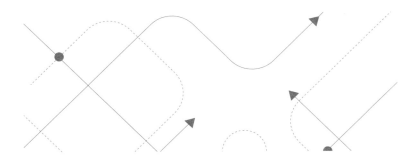

공간의 미래 트렌드를 파악하고 관련 키워드를 탐색하기 위해 셰이핑 투모로 사이트를 활용했다. 사이트에서는 보고서 및 논문, 기사 등의 다양한 자료를 도약시기tipping point × 강도intensity로 분류해 살펴볼수 있는데, 도약시기란 어떠한 현상이 서서히 진행되다가 작은 요인으로 한순간 폭발할 수 있다는 의미고, 강도는 실현가능성, 재정적 영향, 발전 가능성을 종합적으로 고려해 나온 수치이다. 여기서는 이와함께 ① 메가트렌드mega trend, ② 섹터별 전망sector prospect, ③ 사회적변화social changes, ④ 미래 기술future technologies, ⑤ 동인emergent drivers이라는 다섯 가지를 중점 키워드로 살펴봤다.

우선 메가트렌드 분석을 통해 공간과 관련성이 높은 것이 '도시'이며, 이는 도약시기가 빠르고, 강도도 높게 분류된 것을 확인했다.

셰이핑 투모로 공간 관련 키워드 강도 × 도약시기 분석

분석 분류	강도 × 도약시기		
	높고 × 빠른	높고 × 느린	낮고 × 빠른
섹터별 전망	제조, 건설, 기술, 부동산	수송, 물류, 문화, 미디어&엔터테인먼트, 금융서비스	디자인, 환경, 보안, 교육
사회적 변화	소비자, 경제, 집, 일, 공유, 조직, 여행, 도시	라이프스타일, 쇼핑, 뷰티/패션, 레저, 모빌리티	무역, 인구, 자원
미래 기술	3D프린팅, 음성보조, 클라우드 컴퓨팅, 로봇	블록체인, IoT, 증강현실, 모바일기술, VR, 스마트시티, 터치인터페이스	스크린, 비접촉, 클린테크, 인텔리젠트앱, 무선전력
동인	디지털화, 4차 산업혁명, 로봇, 인공지능, 홀로그램, 공간, 데이터	스마트시티, 증강현실, 웨어러블, 코로나바이러스	기후, 트랜스휴머니즘, 홀로그램

자료: Shaping Tomorrow 사이트(2020.6)

중단기적으로 발현될 가능성이 높고, 높은 파급력이 예상되는 섹터별 전망, 사회적 변화, 그리고 기술적 특성들의 키워드 분류 결과를 정리해보면 위 표와 같다.

더 구체적인 정보를 얻기 위해 키워드 검색으로 관련 기사를 살펴보고 추가 분석을 진행한 결과, 팬데믹과 직접적인 관련성이 있는 키워드로는 중국, 미국, 코로나바이러스, 거주지, 도시, 경제 등이 나타났고 간접적으로는 도시, 지출, 서비스, 생활, 비즈니스, 소비, 이동수단 등이 관련 있는 것으로 나타났다.

공간 관련 키워드 네트워크 분석 결과

자료: Shaping Tomorrow 사이트(2020.6)

이 주제와 관련된 예측 기사로는 현재의 팬데믹으로 인한 사회경제적 환경변화, 기후변화, 그리고 디지털화 등이 향후 일자리 창출, 수입, 노동생활에 큰 영향을 미칠 수 있으며,[19] 공급망 또는 자산관리 비즈니스 등 IoT 기술이 사업의 극복 수단으로 활용될 수 있다[20]는 내용 등이 있었다. 또한 미래 도시는 디지털 및 데이터 중심의 솔루션을 구현하여 효율적이고 더 똑똑해질 테지만,[21] 아직 사이버 보안과 관련해서는 넘어서야 할 과제가 있는 것으로 나타났다.[22]

공간의 미래를 결정할 5가지 테마

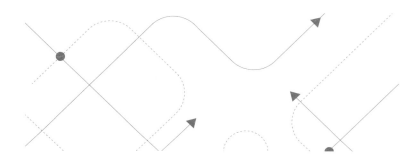

앞서 살펴본 분석 결과와 현재 코로나19가 강력한 영향을 미치고 있는 여러 분야를 종합적으로 고려해 포스트 코로나 시대에 공간이 어떻게 변화할지를 크게 다섯 가지 테마로 나누어 살펴보고자 한다.

테마 1. 물리·가상 공간의 융합과 새로운 거래방식의 등장

금융서비스는 모든 거래에 있어 필수불가결한 수단이며 현재도 많은 변화를 보이고 있는 분야이다. 셰이핑 투모로 키워드 분석에서도 금융서비스의 변화는 높은 강도를 보였고, 도약시기는 중장기로 예측됐다. 금융서비스 관련 키워드를 분석한 결과, 인공지능, 블록체인, 핀테크, 모바일, 사이버, 디지털, 혁신 등이 연관성 있게 나타났다. 여기에 셰이핑 투모로에서 미래 기술 및 동인 키워드로 등장했던 3D 프린팅 기술이나 IoT, 증강현실, VR, 모바일 기술, 스마트시티 등도 함께 생각하면, 물리적 공간에서 이뤄지던 거래가 가상의 공간과 융합된다고 볼 수 있다. VR과 AR 기술을 접목해 가상에서 사이즈를 측정해주고 온라인으로 상품을 주문하면 집에 옷이 배달되는 거래방식은 현재 이미 롯데홈쇼핑에서 구현되고 있다. 이처럼 물리공간과 가상공간이 서로 얽히고 관련 기술이 발전하면서 거래방식인 금융서비스도 그에 맞춰 크게 변화할 것으로 보인다.

테마 2. 비대면·비접촉을 추구하는 저밀도시화

두 번째 테마는 섹터별 전망에서 강도가 높고, 도약시기도 빠른 키워드인 '제조', '건설', '기술', '부동산'과 사회적 변화에서 강도가 높고 도약시기도 단기로 예측되는 키워드인 '소비자', '집', '일', '공유', '인구', '조직' 등을 조합하여 선정했다.

언택트 트렌드는 저밀도시화를 불러왔다. 공유공간을 최소화하고 개인간 거리를 어느 정도 유지할 것이 권고됨에 따라 인구밀도가 낮아지는 현상이 나타날 것으로 예측해볼 수 있다. 또한 셰이핑 투모로에서 미래 기술 및 동인 키워드로 등장했던 기술적 발달을 고려하면 저밀화는 더욱 가속화될 것으로 보인다. 디지털화의 속도가 높아지고 클라우딩 컴퓨팅이나 인공지능 등이 발달하면 굳이 사람들이 동시에 같은 곳에 존재해야 할 이유가 줄어들기 때문이다.

테마 3. 분리돼 있지만 연결되는 문화·여가·종교 공간

섹터별 전망에서 강도가 높고 도약시기가 중장기인 '문화', '미디어&엔터테인먼트'와 사회적 변화에서 강도가 높고 도약시기가 장기로 예측되는 키워드 '여행', '문화', '도시', '레저', '종교'를 조합해 세 번째 주제를 선정했다. 축구, 야구 등 스포츠 경기장, 실내 영화관, 동호회, 종교시설 등 교류도와 밀집도가 높은 분야는 코로나19로 인해 운영을 잠정 중단하고 있는 상태다. 현재는 AR, VR 기술 등을 활용해 '사이버 박물관', '무관중 경기중계', '온라인 예배' 등의 형태로 변화하고 있는데, 이러한 현재의 변화 흐름과 셰이핑 투모로의 미래 기술을 조합해서 가정해보면 가상체험 기반의 문화·여가 활동 콘텐츠 증가, 사이버 공간에서의 인간관계 형성 등을 예상할 수 있다.

테마 4. 원격으로 이뤄지는 육아·교육·체험 공간의 진보

섹터별 전망 분석 결과에 따르면 '교육' 분야는 도약시기는 이르지만 강도는 약할 것으로 예측된다. 사회적 변화에서는 집과 일의 변화가 도약시기도 빠르고 강도도 높게 나타날 것으로 예측했는데, 두 분야를 조합해 네 번째 주제로 선정했다.

코로나19는 재택수업의 대중화와 각종 시험 연기 등 교육 분야에도 큰 파장을 일으켰고, 교육 서비스의 제공 형태와 육아와 돌봄 형태는 온라인 교육 콘텐츠 제작, 실시간 교육 제공, 컴퓨터 기반의 시험 등으로 변화해나갈 것으로 보인다. 다만 실험이나 오감이 가미된 형태의 교육은 환경을 바꾸어 구현하는 데 한계가 있기 때문에 이를 보완해줄 원격체험 장비가 발달하고, 시험의 경우 본인인증을 위한 생체기반 인증, 감정 모니터링 등의 기술이 융합될 것으로 예상된다.

테마 5. 일터·작업 공간의 협업방식 확대와 다변화

일터는 코로나19로 가장 급격한 변화를 맞이한 공간이다. 사회적 변화 분석에서 일과 집은 도약시기도 단기이고 강도도 높게 나타났는데, 이 두 키워드를 조합해 다섯 번째 주제를 선정했다. 많은 회사가 재택근무를 시행하고 있지만, 현장에서만 진행할 수 있는 업무라면 자동화나 로봇, IoT 등의 기술을 적극 활용하는 협업방식이 확대될 것이고, 꼭 현장에서 일할 필요가 없다면 업무자료, 메일 등을 교류할 수 있는 클라우드 시스템이 많이 활용될 것으로 보인다. 또한, 원격근무를 위한 신분인증, 자료 보안 등과 관련된 보안 시스템, 화상회의 시스템 등 관련 시스템이 중요해질 것으로 예측된다.

2장

**공간의
새로운 미래**[23]

공간의 미래, 어떻게 전망하는가

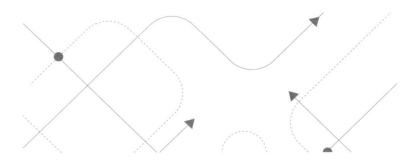

다섯 개의 테마별로 미래 사건을 발굴하기 위해 미래 워크숍을 열고 우선 각 테마에서 연상되는 키워드, 사건, 질문, 그림 등 생각나는 아이디어를 자연스럽게 표현하는 브레인스토밍을 진행했다. 이 과정 이후 도출된 아이디어 가운데 가장 미래적인 아이디어 3~5개를 팀별로 선정했다. 예를 들어 첫 번째 테마인 '물리·가상 공간의 융합과 새로운 거래방식의 등장'에서는 'AR/VR을 활용한 오감 만족형 쇼핑몰', '드론과 로봇을 활용한 배달', '가상화폐 사용 보편화', '물리적 공간이 필요 없는 온라인 회사 설립'이라는 아이디어가 브레인스토밍을 통해 도출됐고, 이 아이디어는 각각 브레인라이팅의 첫 번째 질문에 활용되어 보다 구체적인 미래 사건을 상상할 수 있도록 도왔다.

　브레인라이팅 과정을 거치고 나면 초기에 활용된 브레인스토밍

아이디어는 영향력이 줄어들고 완전히 새로운 아이디어도 함께 발굴된다. 이렇게 도출된 아이디어는 팀원들의 투표를 거쳐 어떤 아이디어에 다수가 관심이 있는지를 확인했는데, 이를 바탕으로 클러스터링을 진행했다. 클러스터링은 비슷한 이슈별로 아이디어를 모아 파편화된 미래 사건을 일관성 있는 모습으로 구축하는 과정이다.

미래 사건 톺아보기

워크숍은 다섯 개의 테마를 중심으로 진행했지만, 최종 도출되는 미래 사건은 테마를 따로 나누지 않고 '공간'이라는 큰 주제 안에서 다루었다. 브레인라이팅 과정에서 아이디어가 확장되며 자연스럽게 테마의 경계를 뛰어넘는 결과가 도출됐기 때문이다.

최종 선정된 열다섯 개의 각 미래 사건을 크게 분류해보면 원격기술로 인한 라이프스타일의 변화, 가상현실 기술의 발달, 100% 비대면 사회의 도래, 물리적 공간의 변화를 들 수 있다.

워크숍 참가자들은 물리적 한계를 극복해 어디든 접속할 수 있다는 점을 언택트 사회의 가장 큰 매력으로 봤는데, 여기서 나온 핵심적인 키워드는 참가자 중 한 사람이 '케렌시아querencia'라 명명한 '나만의 세계' 구축이었다. 여기서 말하는 '나만의 세계'는 가상세계와 접속할 수 있는 나만의 물리적 공간을 뜻하는 동시에 나만이 접속할 수 있는 가상세계이기도 하며, 나만을 위한 AI 로봇과의 교류이자, 나만

공간 분야 미래 사건

가상현실 접속 공간 마련	집집마다 가상현실에 접속할 수 있는 전용 공간(방)이 마련된다. 가상현실 디바이스를 구비해놓고 업무, 여가, 학습, 쇼핑 등 다방면으로 활용한다. 집에 있는 시간이 늘어나면서 개인공간에 대한 필요성이 더 커진다.
가구와 가상현실 디바이스의 접목	따로 가상현실 방을 마련할 수 없는 사람들을 위해 가구와 가상현실 디바이스가 결합된 제품이 출시된다. 기존의 집을 가상현실에 활용할 수 있는 형태로 변형하여 사용한다.
도시 내 빌려 쓰는 독립적 멀티 공간의 등장	도시 곳곳에 멀티공간이 생겨난다. 용도에 맞게 구조를 변형할 수 있고, 사용 시간 동안에는 온전히 전유할 수 있는 공간으로 업무, 모임, 교육, 여가 등 다방면으로 활용된다.
온라인 가상회사 설립	온라인으로만 존재하는 회사가 많아진다. 원격으로 일하기 때문에 세계 각지에서 고용된 사람들이 비대면 방식으로 업무를 한다. 고용과 퇴사도 비대면으로 이뤄진다.
재택근무 관련 기술 발달	재택근무가 보편화되면서 관련 기술이 발달한다. 원격으로 일하지만 실제로 만나서 일하는 느낌을 주는 홀로그램 기술부터, 재택업무를 관리하는 기술도 등장한다. 센싱 기술과 생체인식 기술 등을 통해 원격으로 직원들의 업무 상황을 생생하게 체크할 수 있게 된다.
세계학교의 등장	세계의 청소년들이 온라인으로 모여서 학습하는 '세계학교'가 활성화된다. 가상학교에서 소통하고, 범지구적인 프로젝트를 함께 수행한다. 국가별로 다르게 진행되던 학령 과정과 교육 내용이 국제적인 과정으로 변화한다.
가상현실 육아의 보편화	재택근무가 보편화되면서 집에서 육아와 업무를 동시에 하게 된다. 일터와 가정 공간이 융합되면서 가사는 전문가에게 맡기고, 육아는 가상현실 기술의 도움을 받는다. 홀로그램 선생님과 놀이를 할 수 있는 유아용 가상현실 체험 방이 생긴다. 부모는 아이의 상황을 실시간으로 전달받는다.
오감 활용 쇼핑	촉각, 미각, 후각을 포함하여 오감을 만족시키는 온라인 쇼핑이 가능해진다. 가상으로 옷을 입어보거나 만져보고, 가구를 집에 미리 배치해보는 등, 가상현실 기술을 활용해 물건을 구입한다. 초기에는 시행착오도 발생하지만, 빅데이터 기술을 통해 맞춤 쇼핑이 가능해진다.
맞춤형 물건 제작	집집마다 3D프린터가 구비되어 집에서 개인 특성에 맞는 물건을 제작하여 사용할 수 있게 된다. 맞춤형 소량생산이 보편화된다.
새로운 경험을 파는 가상경험 판매시장의 등장	상상만 하던 모든 경험을 가상현실 속에서 구현할 수 있게 된다. 오지 및 극지 체험, 우주여행이 가능해지고, 가상 헬스장에서 운동을 하고, 가상 콘서트를 보는 것이 일상화된다. 게임 세계처럼 자기만의 유토피아를 건설해 오감으로 체험하기도 한다. 가상현실의 영향력이 오프라인 세계만큼 커진다.
온라인 매칭 기반 인간관계 방식의 등장	질 높은 소통에 대한 욕구가 커지면서 온라인 매칭 서비스가 시행된다. 나와 잘 맞는 공동체를 추천받아 교류한다. DNA 정보를 활용한 매칭도 이뤄진다.

100% 비대면 시대	사람을 전혀 만나지 않아도 생활이 가능한 100% 비대면 시대가 시작된다. 사람과의 대화보다 기계와의 소통에서 편안함을 느끼는 사람들이 많아진다. 아바타 활용이 보편화되어 상황에 따라 사용된다.
수도권 영향력 분산	의료, 업무, 교육, 여가 등에 필요한 공간이 집 안으로 들어오면서 개인당 점유공간의 크기가 증가한다. 사회활동 전반에 원격시스템이 활용되면서 서울 중심 문화가 분산되고, 점유공간 확대에 따라 비용문제가 발생하면서 도시가 저밀화, 평탄화된다.
이동식 라이프스타일	원격시스템 활용을 위한 디바이스가 점점 소형화되고 간편해진다. 이에 따라 업무, 교육, 여가 등 모든 사회활동을 이동하면서 병행할 수 있게 된다. 해외여행을 하면서 일을 하거나 교육을 받는 것이 일상화된다.
도시의 유휴 공간의 재설계	대형 경기장, 공연장, 영화관, 학교, 사무실 등 여러 사람이 모이던 물리적 공간이 유휴 공간화되면서 의료공간, 드론 주차장, 실내 공원, 가상현실 체험공간 등으로 변화한다.

을 위해 맞춤형 물건을 만들어줄 수 있는 퍼스널 3D프린터의 구현이기도 하다. 한편 2030년 한국의 미래를 생각할 때 꼭 이루고 싶은 것이 무엇이냐고 사후 설문을 통해 물었을 때, 참가자들은 언택트와 온택트의 조화, 사람에 대한 존중, 교육의 변화 등을 이야기했다. 비대면 문화에 따른 물리적·심리적 거리를 받아들이면서도 여전히 인간관계를 중시하는 마음이 반영된 결과라고 할 수 있다. 비록 몸은 멀어지고 혼자서 모든 것을 해결해나가는 데 익숙해지고 있지만, 오직 인간관계에서만 얻을 수 있는 혜택과 이점을 어떻게 이어나갈 수 있을지를 고민해야 한다는 뜻이기도 하다.

우리가 원하는 것과 가능한 것

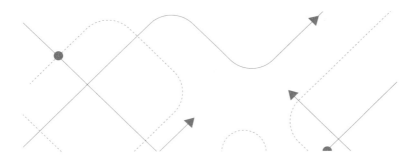

공간 분야에서 가장 일어날 법하다고 많은 사람이 생각하는 미래 사건은 재택근무 지원 및 관리기술의 발달이었다. 다음으로는 원격 디바이스의 소형화 및 간편화로 인한 이동식 라이프스타일의 일상화, 오감을 만족시키는 온라인 쇼핑 등을 꼽았다. 그리고 선호하는 미래 사건으로는 오감을 활용한 맞춤 쇼핑, 3D프린터를 통한 맞춤형 물건 제작, 이동식 라이프스타일의 일상화 순으로 응답이 많이 나왔다.

공간 분야의 열다섯 개 미래 사건에 대한 조사 결과, 발생가능성(x축, 3.72점)과 선호도(y축, 3.39점) 모두 평균 이상인 미래 사건은 총 일곱 개로 나타났다. 앞서 말한 것 이외도 도시 내 독립적 멀티공간의 활용, 가상현실 기술을 이용한 경험 및 체험에 대한 미래 사건이 발생가능성과 선호도가 높았다.

발생가능성은 낮다고 생각되지만 선호도가 높은 미래 사건으로는 세계의 학생들이 온라인으로 모여 학습하는 세계학교의 등장, 원격 시스템의 발달로 인한 수도권의 영향력 분산이 위치했다. 가상현실 육아의 보편화, 온라인 매칭을 기반으로 하는 인간관계 방식, 사람을 전혀 만나지 않아도 생활이 가능한 100% 비대면 시대는 발생가능성과 선호도가 모두 비교적 낮은 미래 사건으로 나타났다. 앞서 말했다시피 기술을 활용해 근무·쇼핑·레저 등의 활동방식이 변화하는 것에는 쉽게 적응하고 선호하는 편이지만, 서로 관계를 맺는 방식이 변화하는 것은 비교적 선호하지 않는 것으로 보인다.

공간 분야 미래 사건 발생가능성 / 선호도

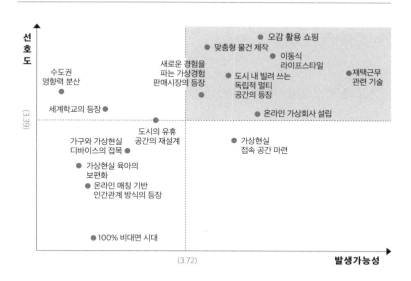

포스트 코로나 시대, 사람들이 원하는 공간상

미래 사건의 발생가능성과 선호도를 개별적으로 살펴본 결과 포스트 코로나 시대의 공간에 대한 다음의 몇 가지 특징적인 의미를 확인할 수 있었다.

가상기술 및 서비스에 대한 수용성 확대

선호도가 높게 나타난 다수의 사건은 가상기술 및 서비스와 관련이 있었다. 사람들은 궁극적으로 가상공간에서 일상생활을 영위하는 미래 사건을 기대한다고 볼 수 있다. 과거에는 가상화 솔루션을 다소 이질적으로 느꼈지만 코로나19 사태로 인해 큰 폭의 인식변화가 이뤄졌으며, 이러한 과정은 결국 가상화와 관련된 신종 기술과 서비스의 수용성을 증대시켜 새로운 시장을 빠르게 열어갈 가능성이 있기에 그 의미가 크다.

접속공간 및 장비/시설 등에 대한 수요 증가

비대면 환경이 확장되면서 원격교육, 재택근무, 원격공연 시청 등 다양한 분야에서 온라인화 현상이 나타났고, 이에 따른 수요가 증폭했음을 알 수 있었다. 이러한 변화는 온라인화 관련 장비의 수요확장뿐만 아니라 이러한 환경을 더 강력하게 구축할 수 있는 공간의 구현이라는 측면으로 사람들의 요구가 확대될 수 있음을 의미한다. 즉, 단순히 화상회의를 할 수 있는 카메라와 마이크를 컴퓨터에 추가하는 데서 그치는 것이 아니라 이를 넘어서 전문적인 접속공간, 더욱 생생하게 현실감을 체험할 수 있는 인터페이스 시설 등에 대한 고차원적인 요구사항이 포함될 것이다.

원격상거래 등에 대한 필요성 고조

비접촉·비대면 상거래의 필요성이 급격하게 대두되면서 다양한 임기응변적 서비스 모델이 연일 등장했다. 그만큼 다양한 시도가 있었지만 조사 결과를 살펴보면 아직도 사람들은 원격상거래 방식의 수준이 더 고도화돼야 할 필요성을 느끼고 있음을 확인할 수 있다.

개인에게 특화된 제품 및 서비스에 대한 수요 증폭

지금까지의 비즈니스 모델은 다수가 받아들이고 함께 사용해야 하는 획일적인 기본 체계를 지니고 있었다. 그러나 이제 개별적 공간에서 개별적 수요에 대응하는 환경으로 바뀌어가면서 개인 맞춤 제품 및 서비스에 대한 수요가 크게 늘어나고 있다. 이러한 비즈니스 환경의 변화는 개인이 원하는 제품과 서비스를 최적의 형태로 제공하는 기업만이 살아남는 치열한 경쟁을 야기할 것이다.

인간성과 관계성에 대한 갈증 상존

조사 결과, 사람들은 매우 모순적인 인식을 보여주기도 했다. 예를 들어, 원격화를 매우 원하고 그러한 변화를 기대하면서도 그와 동시에 타인과 인간적으로 교감하고 싶어 하는 모습을 보였다. 이는 포스트 코로나 시대를 준비하는 우리에게 매우 중요한 시사점을 제공한다. 원격화로 더 멀리 떨어질 수 있도록 해야 하지만, 더불어 서로 더 가까이 머무는 것처럼 느낄 수 있게 해야 한다는 의미다. '따로 또 같이'를 원하는 대중의 요구를 어떻게 만족시킬지를 고심해야 한다.

사이버
스페이스의
정령에게

배명훈

출근길에 나서는데 엘리베이터가 또 고장 나 있었다. 엘리베이터 문 옆에는, 승강기 메인보드 문제로 운행을 중지하니 고층세대는 옥상으로 올라가 옆 라인 엘리베이터를 이용하라는 안내문이 붙어 있었다. 나는 30층 아파트의 21층에 살았다. 아홉 층을 올라갈까, 스물한 층을 내려갈까. 오도 가도 못 하고 위쪽과 아래쪽을 번갈아 바라보다가 그냥 집에서 출근하겠다고 회사에 알렸다. 팀장이 잘됐다며 당장 회의에 들어오라고 했다.

8시부터 회의에 들어갔다가 한 시간쯤 떠들고 나서야 화면을 닫을 수 있었다. 때마침 초인종이 울려 현관문으로 나가니 중학생 조카가 땀을 뻘뻘 흘리며 서 있었다.

"삼촌 오늘 재택이야? 나 여기로 등교한다고 아까 연락했는데."

다시 학교로 가야 하나 난감한 표정이었다. 조카는 스물한 층을 걸어 올라온 듯 지쳐 보였다. 나는 얼른 아이를 안으로 들였다.

"아침부터 회의 중이었거든. 너 수업 시작할 때 다 됐지? 얼른 가서 앉아. 나는 식탁에서 하면 돼."

누구를 닮았는지, 조카는 똑똑한 아이였다. 옆 라인 엘리베이터를 타고 가서 아홉 층을 내려오면 될 걸 미련하게 걸어 올라온 거냐고 타박할 여지는 없었다. 아이가 그런 결정을 했다면 아마 계단으로 5층 이상 올라가본 적이 없어서일 것이다.

같은 세상에 살고 있지만 나와 조카는 경험한 세계가 많이 달랐다. 조카가 다섯 살이던 해에는 행성 전체가 대감염병 시대에 접어들었다. 아이가 그린 그림에는 사람도 강아지도 공룡도 마스크를 쓰고 있었다. 가면 안 되는 데가 더 많았고 할 수 없는 일의 목록도 끝이 없었다.

그래도 그 시기에 미래가 조금 앞당겨지기는 했다. 수많은 사람이 예견했지만 더 많은 사람이 귓등으로도 안 듣던 미래의 풍경이 강제로 도입되던 때였다. 이를테면 재택근무나 원격수업 같은 것들이. 출석은 이제 그렇게까지 중요한 일이 아니게 되었다. 출석과 재택은 지위가 거의 같았다. 조카는 내내 그런 시대를 살았다. 정해진 시간 정해진 장소에 앉아 있는 것보다, 어떤 매체를 사용하든 누가 불렀을 때 빨리 응답하는 게 더 중요한 세상이었다. 장소의 위계나 시선의 방향으로 만들어낸 권력에 익숙한 사람에게는 꽤나 못마땅한 일이었지만, 그만큼 세상이 평등해졌다는 뜻이기도 했다.

조카는 꼬박꼬박 학교에 나가는 편이었는데, 어느 날 이상한 낌새를 눈치챘다고 했다. 학교에 매일 나가는 사람이 자기밖에 없고, 다른 아이들이 그런 자기를 뒤에서 욕하는 것 같다고 했다.

"그게 뭐 어때서? 요즘 세상에 꼭 그래야 하는 건 아니지만 성실하면 좋은 거 아닌가?"

조카가 대답했다. "하여튼 구세대는 이런 거 모른다니까. 삼촌은 다를 줄 알았는데. 그냥 무조건 안 돼. 2주에 한 번은 원격을 해야 해." 그래서 조카는 한 달에 한두 번씩 내 아파트로 등교했다. 자기네 집에서 '원격'을 하지는 않았다. 누나 집에는 그럴 만한 공간이 없었다. 카메라를 갖다 댔을 때 근사한 배경이 되어줄 만한 빈 벽이 없다는 말이었다.

나중에 들어보니 원격으로 수업에 들어오는 아이들 뒤로는 온갖 기상천외한 풍경이 펼쳐지기도 하는 모양이었다. 열기구가 하늘을 가득 메운 커다란 창가를 배경으로 수업을 듣던 친구의 이야기를, 조카는 네 번이나 들려주었다. 자기 엄마한테는 한 번도 안 했을 것이다. 아이는 그렇게나 속이 깊었다. 대체 누굴 닮은 건지 원.

그렇다고 내가 사는 집이 딱히 근사했던 건 아니다. 방 하나에 거실 하나, 그리고 작은 주방과 현관이 있는 집이었다. 그런데 딱 하나 있는 그 방이 침실이 아니라 업무용 공간이었다. 면접도 보고 회의도 하고 교육도 받고 수업도 들을 수 있는 개인용 공용공간. 그 방은 일종의 스튜디오였다. 카메라에 비치는 만큼만이지만, 보이고 싶지 않은 것은 하나도 안 보여주고 보이고 싶은 것만 효과적으로 비추도록 디자인된 공간. 문을 닫으면 방음도 됐다. 거실과 별도로 냉방도 할 수 있었다.

조카에게 필요한 것은 딱 이런 방이었는데, 아이의 부모에게는 그런 공간이 필요가 없었다. 솔직히 그 집은 공간 자체가 부족하기도 했다. 우주에서 제일 흔한 게 공간이라는데, 우리는 늘 공간이 모자랐다.

"그래서 말인데." 점심을 먹으면서 조카가 말했다.

"뭐가?"

"궁금한 게 있어서. 엄마는 관심도 없겠지만 삼촌은 알지 않을까? 그 왜,

가상공간 가상공간 하잖아. 가상공간이랑 현실이 결합해 있다고. 그런데 가상공간도 진짜 공간 맞아?"

"공간 아닐까? 너도 방금 수업 들으러 갔잖아. 나도 거기로 출근했고."

"책에도 그렇게 나오는데 내 말은 그게 아니고." 아이는 말로 표현하기 힘든 개념을 떠올리고 있는 게 분명했다. 한참 만에 조카가 말했다. "빈 공간이 맞냐고. 공간(空間)은 비어 있다는 뜻인데 가상공간은 안 비어 있잖아."

식탁에 앉아 오후 일을 하면서 가끔 그 말을 떠올렸다. '그렇지, 가상공간은 꽉 차 있지. 채워질 만큼만 만드니까.'

수업을 마치고 집을 나서기 전 간식을 먹으며 조카가 말했다. "우리 성당 신부님이 맨날 그러거든. 아프면 미사 같은 거 나오지 말라고. 원격으로 미사 참여해도 성령이 다 찾아간다고. 성령은 디지털로 넘어가도 손상이 안 된대. 태초에 있었던 것도 어차피 '말씀'이어서 사이버 스페이스로 넘어가도 성스러움이 훼손이 안 된다고. 내 생각에 그건 좀 아닌 것 같아. 신부님도 농담인 것 같지만."

"왜 아닌데?"

"사이버 스페이스는 너무 시끄럽지 않아? 말로 꽉 차 있는데 보고 있으면 피곤하잖아. 아니면 관계로 꽉 차 있는 바람에 누가 누구 편인지 빤히 보여서 싫고. 성스러움은 그런 데 담기는 게 아닌데."

"그럼 어디에 담겨?"

"빈 공간에? 말이나 관계로 채워지지 않고 누가 아무 행동도 안 해도 그냥 가만히 비어 있는 공간 말이야. 그런 건 현실에만 있는 거 아닌가? 우주는 다 비어 있잖아. 저 모서리도 비어 있고. 그런데 가상공간은 비어 있는 동안에도 화면에는 뭐든 채워져 있잖아. 비어 있는 현실공간을 카메라로 보여주는 거 아니면 진짜로 비어 있는 건 아니어서. 삼촌은 그쪽 일 하는 사람이니까 잘 알 거 아니야. 가상공간도 공간인가?"

"음, 듣고 보니 아닌 것 같기도 하고. 빈 데가 있기는 한데 너무 적지. 현실 세계는 애초에 우주 자체가 거대한 빈 공간이고 우리는 고작 점 하나밖에 못 채우고 사는데, 사이버 스페이스는 곧 채울 생각으로 딱 그만큼씩만 만들어낸 서비스 공간이니까 늘 붐비겠지. 그렇겠네."

"거봐, 내 말이 그 말이야. 진짜로 쉬고 싶으면 왠지 접속을 차단하게 되잖아. 안 그래? 사람이 가상공간으로 넘어가서 살려면 거기에도 빈 공간이 필요하다니까. 그래야 성스러운 게 담기니까."

"성스러운 거?"

"성령이든 하느님이든 정령이든 뭐든. 지난번 할머니 제사처럼, 사이버 제사 들어가면 친척들을 구경할 수는 있는데 돌아가신 분 영혼은 안 느껴지지 않아? 그런 거. 영혼이 담기는 공간 말이야. 그건 무조건 비어 있어야 하니까."

나는 조카의 얼굴을 빤히 들여다보다가 말했다. "너는 대체 누굴 닮아서 그렇게 똑똑하니? 양쪽 집안에 닮을 사람 하나도 없었을 텐데. 진짜로 주워 왔나?"

"삼촌 그 멍한 표정은 절대 안 닮았지. 아무튼 나 간다. 오늘도 감사."

이듬해 봄에 조카는 전 세계 수만 명의 아이들과 함께 세상을 떠났다. 또 한 번의 '신종' 호흡기질환 대유행 때문이었다.

현실에서 장례를 치르고 현실의 무덤에 아이를 묻었다. 한 달에 두 번 '원격'을 하러 오던 아이가 오지 않자 내 아파트에도 빈 공간이 생겨났다. 나는 오랫동안 그 공백과 함께 살았다. 조카가 말한 대로, 허전해서 왠지 성스러운 날도 있었다. 한 달에 두 번쯤, 혹은 그보다 많이. 그렇게 몇 년의 시간이 흘렀다.

가상공간은 늘 말로 가득 차 있어서 재택으로 출근해 온종일 일하고 나면 몸보다 영혼이 더 빨리 닳았다. 그럴 때면 카메라와 모니터를 모두 끄고 눈을 지그시 감았다. 의자에 등을 기대고 아무것도 하지 않은 채 가만히 앉아 있었다. 일하는 방은 음향시설이 좋았다. 잠시도 쉬지 않고 일하는 컴퓨터가 어디선가 정보를 가져다가 방 여기저기에 설치된 스피커로 실어 날랐다.

나는 꿈을 꾸듯 컴퓨터가 골라준 소리에 귀를 기울였다. 맨 먼저 바람이 느껴졌다. 움직이는 듯한 입체 음향이었다. 누군가 또각또각 내리막길을 걸어가는 발소리, 낭랑하고 차분하지만 어디 말인지 전혀 알아들을 수 없는 유쾌한 말소리가 들려왔다. 내가 모르는 어느 동네 골목길 같았다. 위협적이지 않을 만큼 떨어진 곳에서 차 소리가 들렸다. 그리고 빗소리. 옆에서 걷는 이의 우산을 때리는 아주 작은 물방울 소리까지.

최면에 빠지듯 소리에 이끌려 낯선 동네 한가운데로 스르르 날아가 맨발로 바닥을 디뎠다. 낙하산을 타고 와 서서히 바닥에 착지하듯, 마음이 그곳에 착 내려앉았다. 그러자 비로소 바닷소리가 들려왔다. 아까부터 계속 들렸지만 전혀 눈치채지 못했던, 철썩철썩 먼 데서 파도치는 소리가 우주배경복사처럼 동네를 온통 휘감고 있었다.

내가 기획한 프로젝트의 일부로, 옆 팀에서 만든 '빈 공간'의 소리였다.

결국 무언가를 재료 삼아 만들어져 있기는 했지만 커다란 성당의 벽처럼 저 멀리 물러나 있는 배경. 먼 배경과 덩그러니 서 있는 나 사이에 공간이 자리 잡았다. 꽤 큰 빈 공간이었다. 우리는 컴퓨터의 도움을 받아 행성 정도 크기의 빈 공간을 만들어낼 작정이었다. 당장은 아무 쓸모도 없겠지만, 그곳에는 '성령'이 깃들 수 있을 것이다. 사이버 스페이스임에도, 말씀도 깃들고 정령도 깃들고 인간의 마음이나 영혼, 추억 같은 것도 오래오래 머무를 수 있는 토성 규모의 공백.

몇 년 내내 조카를 그리워한 것은 아니었다. 내 자식도 아니고, 그 아이에게 필요 이상으로 집착하는 것도 누나 내외가 보기에는 이상한 일이었을 테니. 하지만 난생처음 내가 가상공간이 충분히 '성스럽다고' 느낀 순간에, 그곳에는 분명 그 아이가 깃들어 있었다.

'왔어?'

무슨 말을 해야 할지 몰라 조카에게 마음속으로 인사를 건넸다. 사이버 스페이스의 정령에게. 아이가 대답했다.

'거봐, 삼촌은 알 것 같았다니까. 뭐 여기도 빈 공간 맞네. 오늘도 감사.'

한눈에 살펴보는
미래 공간

❶ 가상현실 기술 활용 일상화

VR·AR·혼합현실(MR) 등
실감영상 기술을 활용한
가상경험 일상화

❷ 오감 활용 쇼핑 도입

실감교류 기술의 발달로 시각뿐
아니라 촉각, 후각, 미각, 청각 등
오감을 활용해 물건 구입

2030년 이내에 벌어질 미래 공간의 모습을 일러스트와 간략한 시나리오 형식으로 표현했다. 대중 선호도가 높게 나타나 향후 적극적인 대응이 필요한 공간 분야 미래 사건을 중심으로 구성했다.

❸ 원격 라이프스타일 시대

원격근무, 원격교육이 정착하면서 주거공간이 원격 라이프스타일을 위한 멀티공간으로 재탄생

❹ 저밀도 공용공간

· 수도권 인구가 분산되면서 도시의 저밀화 진행
· 거리 두기가 가능한 안전한 공용공간 확대

■■ 코로나 이후 한국은 원격 라이프스타일 시대로 접어들었다. 원격 디바이스 하나만 있으면 쇼핑, 업무, 교육, 문화생활, 종교생활, 인간관계 관리까지 한 공간에서 모든 것을 할 수 있게 됐다. 업무는 회사, 교육은 학교, 생활은 집으로 공간을 구분하던 물리적 제약에서 벗어나 언제 어디서나 온라인 활동이 가능해졌다.

원격 라이프스타일 시대가 도래하면서 집의 구조에도 변화가 생겼다. 자녀가 있는 맞벌이 부부는 재택근무를 하는 부부의 업무공간과 재택교육을 받는 자녀의 교육공간이 동시에 필요해졌는데 이로써 안방, 자녀 방, 거실 등으로 구분되던 집의 전통적인 구조를 바꿔야만 했다. 한 사람에게 필요한 주거 면적이 넓어지면서 과거보다 넓은 평수의 집이 새로운 표준이 되어가고 있으며, 발코니나 테라스처럼 햇살과 바람을 맞을 수 있는 자연 친화적인 주거공간의 필요성도 커지고 있다. 또한 똑같은 구조로 고정된 벽, 붙박이 가구 대신 공간 용도에 따라 이동이 쉽고 변형 가능한 '트랜스 홈transhome'이 새로운 트렌드로 떠오르고 있다.

학교라는 물리적 공간을 벗어나게 되면서 교육의 패러다임도 변화하고 있다. 기존의 학령 체계, 한 반 단위의 교육문화가 사라지면서 개인의 특성과 수준에 맞는 수업을 선택해 배울 수 있게 됐다. 온라인 세계학교의 도입으로 전 세계 학생이 교류할 수 있게 됐고, 세계 각국의 교육 시스템을 경험할 수 있는 기회가 마련됐다. 이제 한국 학생들은 예술활동부터 문제해결 프로젝트까지 실습 중심의 글로벌 교육을 원격기술을 통해 받는다.

VR·AR·MR 등 실감영상 기술을 일상적으로 활용하게 되면서 원격교육의 효과가 높아졌고 여가생활도 이에 영향을 받았다. 코로나 이후 가상경험 문화는 가상 콘서트, 가상 게임, 가상 여행 등 다양한 방면으로 발달해왔다. 이 중 가상현실 여행산업은 기존의 오프라인 여행을 대체하며 크게 성장했다. 보다 생생하게 경험할 수 있을 뿐만 아니라 가족이나 친구들과도 동행할 수 있게 되면서 가상 신혼여행 상품도 다양하게 출시됐다. 원하는 여행 테마에 따라 '버추얼 여행가이드'를 동반할 수 있으며 영상이나 사진 등의 여행 기록을 AI를 통해 자동 편집해 영원히 간직할 수도 있다. 과거에는 한국에서 가까운 나라를 많이 방문했다면 지금은 우유니 사막, 마추픽추, 히말라야 등 쉽게 가기 힘든 장소가 인기 있다.

비대면 시대를 맞이하면서 가장 크게 성장한 분야는 온라인 상거래 시장이다. 2020년 전체 지출의 60%를 차지하던 온라인 쇼핑은 현재 90%를 넘어서고 있다. 사람들은 이제 오프라인 상점을 찾는 대신 모바일 기기를 활용해 장소에 구애받지 않고 쇼핑한다. 이와 함께 안전한 보안 시스템을 장착한 무인 결제 시스템도 발달하고 있다.

오감 활용 기술은 온라인 쇼핑의 만족도를 높이는 주요 기술로 주목받고 있다. 과거에는 사진과 설명만으로 물건을 선택해야 했다면 이제는 시각뿐 아니라 촉각, 후각, 미각, 청각을 활용해 쇼핑한다. 가상으로 안경을 써보고 디자인을 고르고 스스로 시력에 맞게 구매할 수 있게 된 것이다. 이제 소비는 주어진 상품을 구매하는 선택의 영역을 넘어 개인 맞춤과 경험의 영역으로 변화하고 있다.

비대면 시대의 도래는 도시에도 변화를 가져왔다. 삶의 대부분을 비대면, 온라인으로 해결할 수 있게 되면서 수도권에 집중됐던 인구도 분산되는 추세다. 이에 따라 지역 격차도 차츰 줄어들고 있다. 그렇다고 대면 문화가 사라진 것은 아니다. 학교, 도서관, 경기장 등 다수가 모이던 기존의 공용공간을 변형해 거리 두기 대면 문화를 정착시켜나가고 있다. 이러한 공간에는 거리 두기 수칙을 지킬 수 있는 넓이와 녹지 비율을 적용하고 있는데, 다수를 위한 쾌적하고 안전한 공간으로 새롭게 변화하고 있다. 이러한 저밀도 공용공간이 전국적으로 확대되는 추세다.

국민 대부분은 현재의 대면과 비대면 문화의 조화로운 결합이 과거의 대면 사회보다 이상적이라고 평가했다. 대면 문화는 인간적인 교류와 친밀감을 위해 남겨둬야 하지만 쇼핑, 업무, 교육 등의 활동에서는 비대면 전환이 효율적이라고 평가했다. 다만 다수가 보편적으로 혜택을 받을 수 있는 제도가 뒷받침돼야 한다고 강조했다. 기기 제공이나 관련 교육뿐 아니라 비대면 시대를 고통 없이 살아갈 수 있는 적절한 개인공간의 확보가 무엇보다 필요하다는 요청이었다.

코로나 이후 10년, 비대면 라이프스타일은 일상이 됐지만 물리적 공간은 천천히 변모하고 있다. 혁신적인 언택트 기술과 전통적인 물리공간의 조화는 여전히 진행 중이다.

3장

공간의 미래,
어디로 가는가

공간의 4대 트렌드 분석

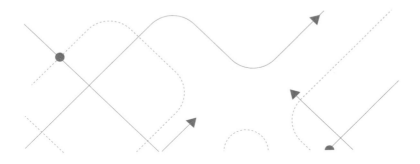

지금까지 코로나19로 인해 변화가 일어날 공간 분야의 세부 주제를 개략적으로 살펴봤다. 또한 이를 바탕으로 미래 사건을 도출해 사람들이 구체적으로 어떤 미래상을 그리고 있는지 파악했다. 이러한 시사점은 두 가지 주요한 관점을 기준으로 재정리할 수 있다. 첫 번째는 코로나19 이후 공간 분야의 변화가 규모적인 면에서 시스템적인 변화인지 개인적인 변화인지라는 측면이며, 두 번째는 그 변화의 방향이 가상공간으로의 확장인지 물리적 공간의 재구성인지에 대한 측면이다. 이 두 측면을 사분면으로 구성하면 다음 페이지의 네 가지 큰 변화의 트렌드를 도출할 수 있다.

이제 이 네 개의 주요 트렌드를 기준으로 세부적 이슈를 분석해보자. 또한 경제, 사회, 기술의 측면에서 주요 이슈를 파악하고 각 이슈

공간 분야 4대 트렌드

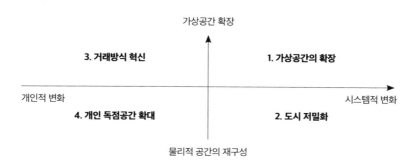

에 대한 현상황을 고찰하고 이를 바탕으로 우리가 바라는 미래상에 가까이 다가가기 위해 현재 시점에서 어떤 지향점을 갖고 준비해야 하는지를 제시해보겠다. 이를 위해 4회에 거쳐 각 분야 최고 전문가를 초빙해 '미래예측 간담회'를 진행했으며, 이슈 리스트와 현황 그리고 대응 방향을 도출해냈다.

가상공간의 확장, 어떻게 진행될까?

구분	이슈 내용
경제적	• D2C 비즈니스의 가속화 • 사무공간 수요의 변화
사회적	• 원격교육에 따른 학습결손 및 학습격차 문제 • 비대면 일상화로 인한 사회적 단절
기술적	• 온라인 콘텐츠 관련 기술 분야의 투자 필요성 확대

D2C 비즈니스의 가속화

오프라인 매장은 줄이고 온라인으로 주문을 받고 배송하는 형태의 비즈니스가 증가하고 있다. 특히 유통, 소비재 기업과 IT 기업이 협업해 D2C_{Direct to Consumer} 방식을 확대해나가고 있다.[24] 물론 예전부터 온라인 판매는 존재해왔다. 하지만 이제는 유통플랫폼상에서 다양한 기업의 제품을 한꺼번에 판매하는 것이 아니라 각 기업이 자사 플랫폼을 구축해 판매한다는 데서 변화를 찾아볼 수 있다. D2C 거래는 직거래로 인한 비용절감, 품질에 대한 신뢰성 향상, 시간적 효율성 제고라는 장점이 있다.

이러한 변화로 인해 온라인 홍보의 중요성이 커졌고 이로 인해 라이브 커머스 방식이 증가하고 있다.

사무공간 수요의 변화

코로나19 이전, 사무실은 업무를 보는 중요한 공간으로 회사는 적절한 환경을 제공해줘야 했다. 특히, 혁신적인 아이디어가 필요한 IT 스타트업 등은 공간 배치에 신경을 썼다. 그러나 현재는 업무회의, 세미나, 공청회 그리고 계약까지도 온라인상에서 진행되고 있으며, 세미나는 이제 보통 웹과 세미나의 합성어인 '웨비나_{Webinar}'라고 지칭하게 됐다.

또한 대기업이 분사 형태를 고려하기 시작하면서 공유오피스가 대안으로 떠올랐다. 단기임대 계약이 가능하고, 업무에 필요한 집기류 등의 환경이 잘 갖춰져 있다는 장점 때문에 롯데호텔·롯데쇼핑,

SKT, 한화시스템 정보통신기술 부문 등이 거점 오피스를 도입하고 있다.[25] 자율좌석 시스템, 화상회의 등의 솔루션을 활용하는 스마트 오피스 방식을 고려하는 곳도 나타나고 있는데, 효율적이긴 하지만 업무의 질적 수준 악화를 우려하는 시각도 있다.

원격교육에 따른 학습결손 및 학습격차 문제

온라인으로 교육공간이 확장되는 갑작스러운 변화로 인해 온라인 접속 인프라가 갖춰지지 않은 디지털 취약계층은 학습결손이 예상되고, 인프라가 갖춰진 환경에서라도 저마다 다른 학생들의 집중도와 난이도를 확인하고 이에 맞춰 교육할 수 없기 때문에 학습격차가 심화될 가능성이 있다. 그렇기에 개인에게 효과적인 교육을 제공하는 맞춤교육 콘텐츠를 개발하고 이를 활용할 수 있는 인프라를 마련하는 것이 중요하다.

비대면 일상화로 인한 사회적 단절

직장, 종교, 문화, 사교모임 등의 사회활동에 제약이 생기면서 교류의 형태도 온라인이라는 가상공간으로 옮겨가고 있다. 온라인화가 급격하게 이뤄진 사회에서 사람들은 '코로나 블루corona blue'라는 우울증을 겪고 있다. 물리적으로는 멀어졌다 해도 관계의 부재를 메꿔줄 방안이 필요하기에 온라인 이웃과의 새로운 관계망 형성 등 외로움과 고독의 문제를 해결하고자 하는 경향이 나타날 것으로 예측된다.

온라인 콘텐츠 관련 기술에의 투자 필요성 증대

코로나19 이후 뮤지컬이나 연극, 클래식 장르는 공연이 취소되는 경향이 급격히 증가했다. 공연 장소를 야외로 옮겨 '드라이브 인 버스킹' 등을 진행하거나 혹은 온라인상으로 옮겨 대체하는 변화가 일어나고 있다. 방탄소년단의 '방방콘 더 라이브'처럼 변화를 발 빠르게 수용해 성공한 사례도 있지만, 대부분의 문화예술계가 온라인 영상화 기술과 그에 맞는 콘텐츠 개발이 이뤄지지 않은 상태이기 때문에 이러한 전환에 한계가 예상된다.

도시 저밀화, 어떻게 진행될까?

구분	이슈 내용
사회적	• 주거시설 및 대형 집합시설 입지 수요 변화 • 슬럼화 등 도시 문제 대두
정치적	• 지역 대표성 증가
경제적	• 부동산 가치 변화
환경적	• 도심 내외 녹지 수요 변화
기술적	• 모듈러 건축설계 등 건축기술 수요의 변화

주거시설 및 대형 집합시설 입지 수요 변화

고밀화된 도시가 유발하는 감염병, 대기오염 등의 위험을 피하기 위해 도시에서 벗어나는 주거형태가 늘어날 것으로 보인다. 이는

ICT의 발달로 시공간의 제약이 사라지면서 도심에 대한 수요가 감소할 것이라는 과거의 예상과도 일맥상통한다고 할 수 있다. 재택근무가 일반화되면 출퇴근 인구가 줄어들고, 회사 역시 높은 임대료를 부담하면서 도심에 자리할 이유가 사라진다. 이러한 변화는 직장뿐만 아니라, 문화, 교육(학교, 대학교 캠퍼스 등), 의료 등의 시설에도 해당된다.

슬럼화 등 도시문제 대두

이주 인구가 늘어나면 필연적으로 슬럼화 등의 도시문제가 대두된다. 현대 도시에서 구도심의 쇠퇴와 도심 공동화는 야간에 상주인구가 감소해 다양한 도시 기능이 쇠퇴하는 경향, 그리고 도심 외곽에 신시가지나 대규모 택지가 개발되어 상업, 업무 기능이 이전되거나 기능을 분담하면서 도심 기능이 약화됨으로써 발생한다. 포스트코로나 시대에 예상되는 도시 저밀화는 이 두 가지 모두에 해당한다. 인구가 감소하는 상황에서 비도심으로의 이주 혹은 이전이 증가하면, 기존 도심에는 이주 여력이 없는 사회경제적 취약계층이 남게 되고 관리가 안 되는 건물이 늘어나게 된다. 이러한 현상이 나타날 가능성을 고려할 때, 도심 외곽의 도시 혹은 비도시 개발은 보다 신중하게 추진돼야 할 것이다. 도시가 슬럼화되면 무엇보다 사회경제적 취약계층의 전염병 감염 위험이 높아지기 때문에 이에 대한 대비도 필요하다.

지역 대표성 증가

도시 저밀화는 지역의 정치적·경제적 이익을 대변하는 정치구조에 긍정적인 영향을 미칠 것으로 보인다. 즉, 지역 대표성(국회의원이 지역을 대표·대변할 수 있는 정도)을 높이는 것이다. 수도권의 영향력이 약해져서 지방으로 인구가 이동하면 비수도권의 이익을 대변하는 정치인의 수가 늘어난다. 20대 총선에서는 한국 전체 지역구 253석 중 수도권 지역구 의석수가 122석이었고, 2020년 21대 총선의 결과 역시 121석으로 유사하게 나타났다. 대한민국에서 수도권이 차지하는 면적 비중은 11.8%고 서울은 약 0.6%에 불과하다는 점을 생각하면 국회의원의 약 50%가 수도권의 이익을 대표한다는 점은 문제라 할 수 있다. 도시 저밀화로 수도권의 영향력이 감소한다면, 쉽지는 않겠지만 지금과 같은 수도권 과다대표성 문제가 해결될 수도 있다.

부동산 가치 하락에 따른 경기침체

도시 저밀화가 진행된다면, 서울을 비롯한 수도권의 부동산 가격은 급격히 하락할 것이다. 원격근무, 원격강의 등이 확산되면서 회사 근처 혹은 학교 근처의 부동산 가격 역시 떨어질 것으로 기대할 수 있다. 실제로 기업들은 건물 소유를 줄이고자 하며, 다국적 회계컨설팅 기업인 프라이스워터하우스쿠퍼스PwC의 조사에 따르면 미국의 경우 최고재무책임자의 25%는 이미 부동산 축소를 고려하고 있으며, 새 건물을 탐색하는 기업의 활동은 50%로 줄어들었다.[26] 또한 미국 정부의 감염예방 조치가 사무실에 적용되면서 기업들은 현재 직원의 25%만을 수용할 수 있다고 하며, 이는 상업용 부동산의 가치를 약 30% 정도 하락시킬 것이라는 전망이 나오고 있다.[27] 이 내용이 사실이라면, 도심 부동산은 머지않아 일종의 '좌초자산stranded assets(예상치 못한 조기상각, 평가절하 또는 부채의 전환으로 어려움을 겪는 자산)'으로 작용할 수 있다. 도심 부동산 소유자의 현금흐름, 부채 등에 영향을 미쳐 신용경색을 낳을 수도 있다. 또한 사람들이 대도시의 사무실에 출근하지 않고 그에 따라 기업이 부동산을 매각한다면, 도심 상권 역시 침체하는 연쇄효과가 발생할 수 있다.

녹지에 대한 수요 변화

도시 저밀화와 관련해서 자연환경 이슈는 두 가지로 나눌 수 있다. 하나는 도시의 녹지 수요 증가다. 감염병 위험을 최소화하고 도시 저밀화에 따른 슬럼화를 방지하고자 하는 노력으로 인해 포스트 코로나 시대에는 도시 전반이 자연 친화적인 공간으로 채워질 수 있다. 또 다른 하나는 국토 전체적으로 볼 때 이용 공간이 횡으로 팽창하면서 기존에 자연 녹지였던 곳이 개발될 수 있다. 하지만 도시 저밀화와 전국적인 인구편차 완화에 기여한다고 해도, 토지개발은 코로나19 같은 감염병 확산의 위험을 더욱 키울 수 있음을 간과해서는 안 된다. 도시가 저밀화된다는 것은 사실 인간이 사용하지 않던 육지를 사용하게 된다는 것으로 생각할 수 있기 때문이다. 사람 간 거리가 멀어져 서로 간에 감염 위험은 떨어진다고 해도, 산림 벌채와 토지개발이 이뤄지면 박쥐, 쥐 등과의 접촉이 더 늘어날 것으로도 생각할 수 있다.

이를 고려하면 도시 저밀화와 영토 평탄화가 안전하고 쾌적한 생활 환경을 만든다고 단정하기는 어렵다.

모듈러 건축설계 등 건축기술 수요의 변화

비도시 혹은 저밀도시로 이주하고자 하는 수요를 짧은 시간 안에 감당하기 위해 모듈러 건축방식이 도입되기 시작했다. 모듈러 건축이란 건축물 전부 혹은 일부를 공장 등 현장 바깥에서 제작하여 현장으로 반입하고 이를 조립하는 방식을 말하는데 '공업화 공법'이라고도 부른다. 건축 혹은 철거에 있어서 시간과 비용을 절약할 수 있고, 현장작업 기간이 짧아 분진 등의 발생을 줄일 수 있으며, 개인의 다양한 취향에 맞춰 설계할 수 있다는 점이 장점으로 꼽힌다. 모듈러 건축방식을 보다 효율적이고 친환경적으로 만들기 위해서는 ICT를 융합하는 등의 노력이 필요하다.

거래방식 혁신, 어떻게 진행될까?

구분	이슈 내용
경제적	• 비대면 일상화로 인한 소비 패러다임의 변화 • 구독경제 비즈니스 모델의 부상
사회적	• 세대 간 디지털 격차의 발생 • 디지털 프로슈머의 증가
기술적	• 보안 및 신뢰 기술의 필요성 증가

비대면 일상화로 인한 소비 패러다임의 변화

외식이 어려워지면서 집에서 요리를 하거나 배달음식이나 포장음식으로 대체하는 빈도가 늘어났다. 또한 오프라인 매장에서가 아니라 온라인에서 영상 및 콘텐츠를 보고 구매하는 비중이 크게 늘어났다. 소비자는 쉽고 간편하게, 비대면으로 구매하기를 원하고 있다. 이로 인해 지문, 홍채인식, 비밀번호 등으로 결제할 수 있는 결제수단의 간편화와 이에 대한 선호도가 증가하고 있으며, 온라인 판매 비중 확대, 오프라인 점포의 물류센터화, 무인화 점포 확대 등으로 오프라인 매장의 운영전략이 전환되고 있다.

구독경제 비즈니스 모델의 부상

구독경제subscription economy는 재화나 서비스를 일정 기간 구독함으로써 기업과 소비자에게 경제적 이익이 발생하는 비즈니스 모델로 정기구독, 서비스 구독, 렌털 모델이 있다. 예전부터 신문이나 우유를 정기구독하는 서비스는 있었지만, 최근에는 신선식품, 꽃, 속옷 등으로 품목이 다양하게 확장됐다. 또한, 식품회사들이 자사 온라인몰을 통해 정기구독 모델을 전략으로 내세우는 변화가 주목할 만하다. 서비스 구독모델은 영상이나 음원 등의 콘텐츠 서비스를 월 단위로 구독하는 것인데, 개별 콘텐츠를 한 개씩 결제할 때보다 많은 콘텐츠를 즐길 수 있어 경제적이다. 해외에는 유튜브, 넷플릭스, 디즈니, 국내에는 웨이브, 티빙 등의 기업이 있다. 그 외의 서비스 구독 형태로는 세탁물 서비스, 분리수거 서비스, 재무설계 서비스 등이 있다. 렌털

세계 구독경제 및 국내 렌털 시장 전망

글로벌 구독경제 시장 전망

(억 달러)

2,150 (2000년)
4,200 (2015년)
5,300 (2020년)

*2020년은 전망치 자료: 그레디트스위스

국내 렌털 시장 전망

(조 원)

25.9 (2016년)
31.9 (2018년)
40.1 (2020년)

*2020년은 추정치 자료: KT경제경영연구소

자료: 한국경제**28**

서비스는 정수기, 복사기, 자동차 등의 내구재의 사용료를 매달 내고 일정 기간 동안 사용하는 것으로, 최근에는 의복, 고가의 예술품까지로 그 항목이 늘어났다.

세대 간 디지털 격차의 발생

2019년 디지털 정보격차 실태조사에 따르면, 유무선 정보기기를 보유하고 접속 가능한 '접근 수준'은 70대 이상이 다른 연령층보다 낮았지만 '접근성'은 높은 것으로 나타났다. 하지만 PC와 모바일 기기를 이용하는 능력인 '역량 수준'과 유무선 인터넷 이용과 활용에 관한 '활용 수준'은 50대, 60대, 70대의 세대 간 차이폭이 큰 것으로 나타났다. 실제로 키오스크 앞에서 주문을 못 해서 그냥 돌아왔다는 노년

충이나 로그인에도 어려움을 겪는 이들의 사례가 심심찮게 들려온다.

이에 2020년 7월 과학기술정보통신부는 사회·경제적 격차 심화를 방지하기 위해 '디지털 역량 강화 교육사업'에 503억 1,700만 원을 투입했고,[29] 연간 1,000개소의 '(가칭)디지털 역량 센터'를 운영할 계획을 밝혔으며, 서울시 역시 만 65세 이상의 서울 시민에게 스마트폰을 보급하고 개통시 기본사용법 교육을 지원하고 키오스크 체험교육을 제공하는 등 디지털 격차를 줄이기 위해 노력하고 있다. 필수 서비스가 급격하게 온라인화되는 지금, 온라인에 접속하지 못하는 여건에 있는 사람들의 삶의 질이 떨어지지 않도록 할 방안이 절실하다.

연령별 디지털정보화 접근·역량·활용 수준

접근 수준		역량 수준		활용 수준	
일반 국민	100.0	일반 국민	100.0	일반 국민	100.0
19세 이하	104.6	19세 이하	120.7	19세 이하	109.0
20대	104.4	20대	133.8	20대	126.4
30대	104.4	30대	132.8	30대	123.5
40대	104.1	40대	118.1	40대	113.7
50대	103.5	50대	93.8	50대	100.8
60대	94.3	60대	56.9	60대	75.6
70대 이상	76.4	70대 이상	14.6	70대 이상	26.0

(단위: %)

자료: 과학기술정보통신부·한국정보화진흥원(2019), pp. 39-43

디지털 프로슈머의 증가

디지털 프로슈머Digital Pro-sumer는 공급자이자 소비자로서, 인터넷 커뮤니티에 참여해 콘텐츠를 즐기는 소비자인 동시에 의견을 제시해서 생산에도 영향을 미치는 사람을 의미한다. 집에서 보내는 시간이 길어지면서 디지털 콘텐츠인 웹툰, 음악, 블로그, 유튜브 플랫폼 등을 이용할 뿐 아니라 참여하는 빈도 또한 높아졌다. 일례로 글을 작성해서 올리는 플랫폼인 카카오의 '브런치'에는 작성 게시글의 수가 점차 증가하고 있다.

이 외에도 디지털 플랫폼 안에서 리뷰를 남기는 사람도 프로슈머에 해당하는데, 기존에는 전문성을 갖춘 마케터들이 제품 콘텐츠를 생산해냈다면 최근에는 누구나 플랫폼을 활용해 콘텐츠를 생산할 수

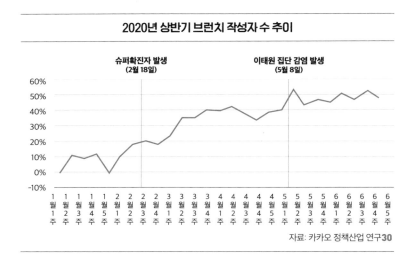

2020년 상반기 브런치 작성자 수 추이

자료: 카카오 정책산업 연구**30**

있다. 해외에서는 '에너지 프로슈머'가 주목을 받고 있다. 태양광이나 풍력발전 설비 등을 이용해 에너지를 생산하고 플랫폼을 통해 소비자끼리도 거래할 수 있으며 본인도 생산된 에너지를 전기차·전기자전거 등에 소비한다. 영국의 '피클로Piclo', 독일의 '소넨배터리스Sonnenbatteries', 미국의 '옐로하yeloha', 네덜란드의 '반데브론Vandebron' 등의 사례가 있다. 집에 머무는 시간이 길어지면서 프로슈머의 역할과 참여가 확대되고 있으며, 기업에서도 주요한 전략으로 취할 것으로 예상된다.

보안 및 신뢰 기술의 필요성 증가

온라인 판매 기업이 증가하고, 거래하는 소비자도 증가하면서 보안 및 신뢰 기술개발의 필요성이 증가하고 있으며, 거래 제품과 거래 방식, 해당 플랫폼상의 보안이 중요하게 대두되고 있다.

첫째, 온라인 플랫폼상의 보안 및 신뢰 기술이 필요하다. 웹상에 축적된 정보가 많아질수록 개인정보 유출의 위험성이 존재하기 때문이다.

둘째, 대형 오픈마켓 채널이나 SNS 등 온라인상에 거래 사기가 급증하면서, 거래 제품을 검증할 기술이 필요해졌다. 이에 대한 대응책으로 중고제품 거래 플랫폼인 '당근마켓'은 AI 머신러닝 자동화 기술로 게시글을 관리하면서 거래금지 물품이나 허위광고, 사기 등을 실시간 필터링하고 있다. 2018년 설립된 스타트업 인덴트코퍼레이션 Indent Corporation은 AI 챗봇 기술을 활용해 실제 구매자를 대상으로 구매후기를 동영상으로 받고, 다른 사용자에게 공유하는 시스템을 개발했다. 또한 2019년에 설립된 스타트업 마크비전은 AI 기술을 활용해 제품의 이미지, 텍스트 등을 다각도로 조합하여 알고리즘을 구상하고 위조품을 필터링하는 소프트웨어를 개발했다.

마지막으로 셋째, 거래방식에 대한 신뢰 기술이 필요하다. QR코드, EMV칩, NFC·비접촉 결제 시스템을 포함하는 차세대 결제 기술의 글로벌시장 규모는 2015년 1조 5,920억 달러에서 2022년 13조 9,790억 달러 규모로 성장할 것으로 예측되고 있다. 한국에는 아직 일반화되지 않았지만 생체정보 기반 결제가 향후 중요한 결제수단으로 확산될 경우 사생활 보호, 개인정보 유출에 대한 규제가 선제적으로 고려돼야 한다.

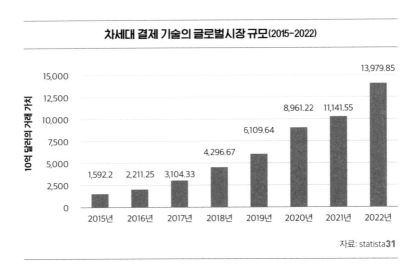

차세대 결제 기술의 글로벌시장 규모(2015-2022)

- 2015년: 1,592.2
- 2016년: 2,211.25
- 2017년: 3,104.33
- 2018년: 4,296.67
- 2019년: 6,109.64
- 2020년: 8,961.22
- 2021년: 11,141.55
- 2022년: 13,979.85

(세로축: 10억 달러의 거래 가치)

자료: statista**31**

개인 독점공간 확대, 어떻게 진행될까?

구분	이슈 내용
사회적	• 자가용 사용 증대 및 대중교통 이용 저하
경제적	• 공유경제의 변화 • 지방정부 재정 건전성 악화
환경적	• 에너지 수요 변화
기술적	• 취약계층 위한 기술개발 수요 증대 • 감염 위험 최소화 기술 수요 증대 • 음식 관련 기술 수요 변화

자가용 사용 증대 및 대중교통 이용 저하

감염병에 대한 우려로 인해 향후 통행량이 회복된다 해도 대중교통보다 자가용을 사용하고자 하는 사람들이 많아질 것으로 예상된다.[32] 실제로 코로나19 사태가 심화됐던 2020년 3, 4월에는 대중교통 이용자가 급감했다. 대부분의 대중교통 수단 이용률이 30% 이상 감소했고, 해외에서도 3월 말 기준 미국 뉴욕과 LA, 호주 멜버른 등에서의 대중교통 이용자 수는 3월 초와 비교할 때 90% 정도가 줄어든 것으로 확인됐다.[33] 한편, 대중교통 이용자는 감염병 위험에 매일같이 노출될 것이다. 미국의 경제학자이자 노동부장관을 지낸 로버트 라이시Robert Reich에 따르면, 코로나19는 노동계급을 '원격근무가 가능한 노동자The Remotes', '필수적인 일을 하는 노동자The Essentials', '임금을 받지 못하는 노동자The Unpaid', '잊힌 노동자The Forgotten'로 다시 나눈다고 한다.[34] 이렇듯 노동계급에 따라 출퇴근 등의 이동 수요가 달라질 수 있고 그에 따라 감염병 위험에 노출되는 정도 역시 달라질 수 있다는 것을 알 수 있다.

공유경제의 변화

개인이 공간을 독점하고자 하는 경향에 따라 공유경제의 규모는 크게 줄어들 것으로 예상된다. 자산 및 서비스를 타인과 공유하는 공유경제 플랫폼 중 모빌리티와 숙박 분야에서는 직원해고, 매출감소가 발생했다. 코로나로 인한 외출 감소, 여행 급감 등으로 승용차 공유업체 리프트 Lyft는 올해 4월 전체 직원의 17%를 감원했고, 우버 Uber는 역대 최대 손실을 기록하며 약 3,000명을 해고했다.[35] 한국에서도 사회적 거리 두기 단계가 높이 유지됐던 시기에는 쏘카 등 공유 모빌리티 이용률이 급감했다. 다만, 포스트 코로나 시대에 걸맞은 신개념의 공유서비스가 출시된다면 공유경제는 다시 성장할 수 있을 것으로 전망된다.

지방정부 재정 건전성 악화

대중교통 이용자들이 줄어들고, 또 이용하는 사람 대부분이 사회경제적 취약계층이 된다면, 대도시의 대중교통 운영은 재정적자를 겪을 수 있다. 사용자 자체가 줄어서 운영수입이 줄어들고, 사회경제적 취약계층의 요금을 보조하기 위해 재정이 투입되어 지방정부의 재정 건전성이 악화되는 것이다. 영국 정부는 코로나19가 확산되자 2020년 4월 버스 프랜차이즈 회사들에 약 4억 파운드(한화 약 6,000억 원)가량의 보조금을 지급했고, 미국 오하이오주의 도시 애크런, 캔턴, 털리도, 영스타운 등 역시 2020년 3월 16일부터 무상교통 지원을 실시했다.[36] 이는 대중교통 등의 공공서비스의 질 하락과 그에 따른 사회적 취약계층에 대한 집중적 피해를 막기 위한 노력의 일환으로 이해할 수 있다.

에너지 수요 변화

포스트 코로나 시대에 에너지 수요는 증가할 수도 감소할 수도 있다. 먼저, 개인이 이용하는 공간이 많아질수록 에너지 수요가 늘어날 것이다. 많은 사람이 한 공간에서 에너지를 소비할 때보다 여러 사람이 각기 다른 공간에서 에너지를 소비하기 때문이다. 실제로 사회적 거리 두기, 재택근무 혹은 원격근무, 온라인 강의 등으로 집에 머무는 시간이 늘어나면서 2020년에는 가정에서의 전력 사용이 전년 대비 4.2% 증가했다.[37] 교통과 관련된 연료 수요 역시 증가할 것으로 보인다. 대중교통 수요가 감소하고 자가용 수요가 증대될 것이기 때문이다. 하지만 에너지 수요 전체에 관해서는 그 변화 경향을 단정하기 어렵다. 공장 가동 중단, 집단시설 폐쇄, 상권 붕괴 등에 따른 세계경제 위축으로 에너지, 특히 석유 수요 자체가 급감했다고 볼 수 있기 때문이다.

노약자 등 취약계층 위한 기술 개발수요 증대

공간을 개인이 독점하려는 경향이 뚜렷해질수록 노약자 등 취약계층 맞춤형 서비스를 제공할 수 있는 기술개발이 강구되어야 한다. 노약자 가구는 질병, 사고, 집수리 등에 적절한 조치를 취하기 어려울 수 있기 때문에 이미 노인 혹은 장애인 친화적(신체기능 보완, 의료·돌봄 서비스 강화 등) 건축 및 공간 디자인 기술이 논의되고 있다. 이를테면 최근 한글과컴퓨터 그룹 계열사인 한컴위드는 ICT를 활용하여 치매 예방 VR과 상호교감이 가능한 AI 로봇을 적용한 '한컴 말랑말랑 행복케어'를 공개했다. 또한 노약자 등 취약계층을 위한 건강관리 기술도 필요하다. 홈피탈home-pital, 텔레헬스telehealth 등의 기술 발달과 함께 포스트 코로나 시대에는 병원 등의 의료기관이 단지 '온라인' 병원이 아니라 빅데이터 분석을 활용한 플랫폼 기업으로서 고객에게 자가진단 서비스를 제공하고, 분석 결과를 토대로 관련 병원을 통해 원격진료 서비스를 받을 수 있도록 연계해야 할 것이다.

감염 위험 최소화 기술 수요 증대

대중이 모이는 곳을 꺼리는 현상이 만연해진다면, 외출시 대면 접촉을 최소화하는 경로를 안내하는 AI 기술에 대한 수요도 커질 것이다. 최근에는 배달의 민족이 AI 추천 배차를 통해 배달원의 안전운행 습관 형성과 편의성 증대에 기여했다고 한다. 더 중요한 것은 해당 기술이 실시간 교통정보뿐 아니라 감염 위험군의 위치정보 역시 제공함으로써 '안전한' 경로를 제공한다는 것이다. 포스트 코로나 시대에 사람과의 접촉 자체를 기피하는 경향이 강화된다면 감염자 정보뿐만 아니라 타인과의 물리적 적정 거리를 감지하는 센서 등의 기술 혹은 제품에 대한 수요 증가를 예상할 수 있다.

음식 관련 기술 수요 변화

개인이 공간을 독점하고자 하는 포스트 코로나 시대에는 가정에서 간편하게 끼니를 해결할 수 있는 제품 혹은 서비스에 대한 수요가 늘어날 것이다. 요즘에는 배송 속도를 조절함으로써 음식의 품질을 관리하고 있는데 이는 택배, 배달 등에 종사하는 노동자를 소모함으로써 가능한 시스템이다. 주 52시간제, 플랫폼 노동자 관련 법제도 변화 등을 고려할 때, 배송 속도 조절만으로는 가정간편식Home Meal Replacement, HMR에 대한 수요를 감당할 수 없을 것이다. 이를 고려할 때, 배송 속도뿐만 아니라 신선도를 유지할 수 있는 패키징 기술, 수요자 요구에 유연하게 대처할 수 있는 데이터 분석 기술 등이 요구된다. 이러한 기술 수요에 대한 대응은 이미 이뤄지고 있다. 가정간편식 산업의 기술경쟁력을 제고하고자 한국식품산업진흥원에서는 HMR 기술센터를 착공해 준공을 앞두고 있으며, 살균 및 냉·해동 기술, 포장·유통 기술 등의 종합적 발전을 위한 노력을 기울이고 있다.[38]

한편, 패키징 수요가 늘어남으로써 환경, 건강 등의 문제가 발생할 수 있기 때문에 이러한 문제에 대응하는 기술의 수요 역시 증가할 것으로 보인다. 일회용품 사용이 늘어남에 따라 재활용 및 재활용 효율화(분리수거의 편리성 제고) 기술 등이 요구되고, 직접 가열에 의한 환경호르몬 용출을 저해할 수 있는 기술 역시 필요할 것으로 보인다.

한편, 온라인으로 코드를 내려받아 입력하면 유명 셰프의 레시피를 그대로 구현할 수 있는 기술에 대한 수요 또한 늘어날 것이다. 이는 3D프린팅 기술, 촉각, 미각 등의 정보를 디지털화하고 전달할 수 있는 기술, 즉 '3D 푸드 프린팅3D food printing'으로 현실 가까이 다가올 것이다. 한국에서는 이러한 방식이 생소하지만, 유럽 일대에선 2000년대부터 관련 연구가 활발히 진행됐으며, 그러한 음식을 이미 팔고 있을 만큼 잘 알려져 있다.[39]

미래 공간, 어떻게 준비할 것인가

코로나 이후 공간 분야의 4대 트렌드에 대해 각 분야의 전문가들이 지목한 주요 경제, 사회, 기술적 이슈에 대한 현재 상황을 설명했는데, 이번에는 이를 바탕으로 각 이슈에 어떻게 대응하고 준비할지, 그 주요한 방향을 말하고자 한다.

가상공간 확장에 대응하려면

가상공간 확장에서는 중간유통망이 붕괴되며 D2C 비즈니스가 가속화되고 사무공간 수요가 변화하며, 교육 분야의 원격화 등으로 인한 각종 사회적 격차가 심해지는 현상이 주요한 이슈였다. 이에 대한 대응 방향으로는 다음 네 가지를 들 수 있다.

1. 중간유통망 붕괴 대비 가상공간 플랫폼 전환 환경 구현

가상공간의 확장 트렌드는 비용을 획기적으로 절감할 수 있다는 측면에서 기존의 물리적 유통망 구조를 빠르게 잠식할 가능성이 매우 높다. 이는 기존 중간유통에 속한 기업의 경쟁력을 급격히 저하시킬 것이며 과거 기술혁신으로 인해 사라져버린 수많은 일자리와 같은 역사를 겪을 가능성이 크다. 그렇기에 가상공간의 플랫폼으로 기존 산업의 생산력이 전환될 수 있도록 대비할 필요가 있다.

2. 교육, 문화, 종교 등 공동화 시설의 수요 및 입지 재검토

포스트 코로나 시대에는 교육, 문화, 업무, 종교 등 각종 물리적 생활방식이 가상화된 환경으로 전환되는 측면이 있다. 그 결과 기존 생활방식에 필요했던 다양한 시설의 수요와 특성이 변화할 것이다. 이러한 변화는 '학교의 규모와 도시 내 배치가 지금 적정한가?'와 같은 새로운 문제의식을 낳기에 충분하다. 그러므로 이제 생활양식의 변화에 발맞춰 기존 물리적 공간의 공동화에 대응할 수 있는 새로운 전략을 마련해야 한다.

3. 비대면의 일상화로 인한 디지털 격차 해소 방안 마련

가상화된 공간에는 '효용성 증가'라는 긍정적 측면이 있지만, 이러한 변화에 적응한 부류와 그렇지 못한 부류로 양극화될 가능성이 높다는 부작용도 있다. 이미 2000년대부터 가속화된 스마트화, 초연결사회 현상으로 인해 기성세대는 디지털 격차에 시달리고 있는데, 더 큰 양극화 현상이 발생하게 되는 것이다. 이를 해소하기 위한 보다 적극적인 대응 방안이 필요한 이유다. 격차를 완화하고 사회적 통합을 이끌어낼 수 있는 새로운 시도가 필요한 시점이다.

4. 온라인 콘텐츠 활성화를 위한 가상경제 생태계 구현

확대된 가상공간은 충분한 활용성이 확보돼야 확고한 사회기반으로 자리매김할 수 있다. 그러려면 콘텐츠의 개발과 실현이 필요한데, 이는 충분한 동인이 있어야 가능하다. 우선 온라인 콘텐츠를 공급자 입장에서 손쉽게 구현할 수 있도록 하는 플랫폼 환경을 구축해야 한다. 그리고 생산된 콘텐츠가 손쉽게 유통될 수 있는 환경을 마련해야 한다. 이는 가상화폐 등 최근 시도되고 있는 새로운 경제 시스템을 통해 구현될 수 있다. 다만 현재 가상화폐는 극심한 유동성으로 인해 화폐 가치가 불충분하기에 가상화폐 간 연합 등의 방식을 통해 실물경제와 더욱 안정적으로 연계시킬 필요가 있다.

도시 저밀화에 대응하려면

도시 저밀화 트렌드로 인해 도시 내 집합시설 등의 공동화와 슬럼화 현상이 나타날 것으로 예측되며, 상대적으로 지역경제가 활성화되고 대도시 도심 중심부의 부동산 가치가 변화할 것으로 예상할 수 있다. 또한 도시 내 전통적인 건축양식이 변화하고 도시의 구성양식 또한 변화될 것으로 보인다. 이러한 변화에 대응하기 위해 다음 다섯 가지 대응 방향을 제시한다.

1. 주거시설의 표준설계 혁신 및 도시 차원의 면적 재산정

도시 저밀화 현상은 도시적 차원에서 저밀화되는 현상을 표현하는 말이기도 하지만, 그 요소의 면면도 살펴볼 필요가 있다. 가장 대표적인 것이 주거와 관련된 변화이다. 예전에는 일과 시간에는 외부에서 활동하고 주거시설은 돌아와 쉬는 공간에 가까웠지만, 코로나19 이후 주거공간은 일하고 수업을 듣고 취미활동을 하는 복합적 기능공간으로 목적성이 바뀌었다. 이러한 변화로 인해 더 큰 거주공간에 대한 니즈가 높아졌고, 더불어 주거시설의 설계가 변화하고 도시 차원의 주거공간 비중 측면도 변화할 것으로 보인다. 따라서 향후 주거시설의 효율성을 증대하는 표준설계에 새롭게 접근하고, 더 나아가 도시 내 주거공간의 배치와 비율산정의 표준화 양식을 혁신해야 한다.

2. 주거시설 입지 변화에 따른 신도시 계획 조정

현재의 도시 환경은 본도심과 부도심 그리고 위성화된 주거단지(베드타운) 등의 계층구조를 띠고 있다. 이러한 구조는 본도심과의 '거리'라는 핵심적 요인에 따라 그 가치가 결정된다는 특징을 지니는데, 코로나19로 인한 원격환경의 활성화는 이러한 전통적 요인에 새로운 변수로 작용할 수 있다. 굳이 도심 가까이 가지 않아도 원격으로 해결할 수 있는 새로운 환경이 열렸기 때문이다. 그러므로 이러한 변수를 고려해 도시 간 설계와 계획에 대한 검토가 필요하다.

3. 슬럼화 보완 등 저밀도시를 위한 자연자원 접근성 확보

도시공간의 저밀화는 밀집도를 낮추는 방향으로 진행될 것으로 예상된다. 이러한 변화로 인해 결과적으로 도심의 밀도가 낮아지고 때에 따라서는 번화한 상업구역의 슬럼화, 위성화된 주거구역의 경제적 편익 하락 등의 현상이 동반될 수 있다. 이는 도시가 변화하는 과정에서 지금도 자연스럽게 일어나고 있는 현상이다. 하지만 코로나19 사태로 인한 변화는 더 급진적이며 다발적이기에 면밀히 대응해야 한다. 이러한 현상에 대응하는 하나의 방향은 녹지공간 등 자연자원으로의 접근성을 확보하는 정책을 확대하는 것이다. 이는 코로나19 사태로 인해 증폭된 저밀공간, 친환경공간에 대한 수요와 맞물려 슬럼화되는 지역에 활력을 제공하는 중요한 요소가 될 것이다.

4. 공공시설 수요 재산정 및 공공서비스 제공방식 혁신

대형 경기장, 전시공간, 공공행정시설 등은 도심의 인구밀도를 고려해 결정된다. 하지만 도시 자체가 저밀 평탄화된다면 공공시설의 배치 방식부터 바꿔야 할 것이다. 또한 기존의 고밀지역에 대응하는 대형시설물의 위험도가 증가하면서 공공시설물의 규모도 소형화될 필요가 있다. 공공시설물은 도시 형성의 사후적 요인이기도 하지만 사전적 요인으로서도 중요한 역할을 한다는 측면에서, 도시의 특성을 유도할 수 있다. 그렇기에 포스트 코로나 시대에는 저밀 평탄화 도시를 견인하는 공공시설의 역할을 더 면밀히 검토해야 한다.

5. 네트워크 기반 도시화로 인한 정보통신 인프라 설계 강화

원격화 환경이 강화되는 포스트 코로나 시대에는 도시의 통신네트워크 역량을 강화해야 한다. 우선 네트워크 인프라, 데이터센터 등 통신네트워크와 1차적으로 관련된 요소를 도시설계 과정에서 고려해야 하고, 더 나아가 다양한 정보통신 인프라를 통해 네트워크 기반 도시를 구현할 수 있도록 복합적으로 도시를 설계해야 할 것이다. 또한 이러한 네트워크 역량의 강화로 인한 에너지 소비의 증가는 도시설계에서 매우 중요한 변수로 작용할 것이므로 이에 대비해야 한다.

거래방식 혁신에 대응하려면

코로나19 사태 이후 강화된 비대면의 일상화로 거래방식에 혁신이 일어났고, 이는 물리적 거래방식이 변화되는 것을 넘어 비즈니스 방식 자체가 완전히 새로워졌다는 의미이다. 이러한 변화에 따라 거래 주체가 서로를 신뢰할 수 있는 환경을 기술적으로 구현하는 것이 핵심 이슈로 떠올랐다. 여기서는 다음 네 가지 주요한 대응 방향을 제시한다.

1. 상업시설 수요 재산정 및 도시계획 반영

비대면화는 도시적 차원에서 상업시설의 수요 감소를 이끌 것으로 보인다. 물리적 상업시설은 임대업이라는 매우 중요한 산업적 요소와 결합되어 있어, 매출이 안정적으로 발생하지 않으면 빠르게 쇠락한다. 상업시설은 수요에 매우 민감하기 때문에 이를 재산정하고 상업시설의 특성 변화를 면밀히 분석해서 도시계획에 반영해야 한다.

2. 근린 상업구역 개념의 전환 및 공동주택 설계 혁신

상업구역의 구성 면에서도 변화가 예상되는데, 고밀화된 중심 상업구역과 생활편의 중심의 근린 상업구역으로 형성된 기존의 전통적 도시설계 방식에도 변화가 예고된다. 비대면 상거래가 활성화되는 포스트 코로나 시대에는 공동주택의 물류체계 변화라는 측면에서도 새로운 방식이 검토돼야 할 것이다. 과거 유비쿼터스 혁명을 이야기하던 90년대, 아파트 단지 내 소규모 물류 단지를 구축해 아파트 내에 생활물류 배송시스템을 만든다는 상상을 했었다. 이제 그 상상이 현실적 필요에 의해 실현될 시점이 된 것이다.

3. 생활물류 편의성 개선을 위한 도시유통체계 혁신

생활물류는 공동주택을 중심으로 하나의 공동생활권 안에서 체인화될 수 있다. 코로나19 이후 증대된 생활물류의 절대량을 기존의 배송체계로 수용하는 데는 한계가 있기 때문에 도시유통체계 전반이 변화할 수도 있다. 현재는 이러한 현상에 기존 택배 노동자의 과

잉노동, 이륜차(오토바이) 배송 사고의 급증, 워킹택배(걸어서 배송) 시장의 성장 등으로 임기응변적으로 대응하고 있지만, 앞으로는 좀 더 근본적으로 빌딩에서 빌딩으로 생활물류망을 만드는 거점물류Point to Point, 무인화된 드론 등을 활용한 물류, 특정 물류집하장소를 도심 곳곳에 설치하는 도시생활물류망 구축 등 다양한 형태로 도시유통체계의 혁신을 이룰 수 있도록 대비해야 한다.

4. 비대면 상거래 활성화를 위한 보안·인증 체계 강화

비대면 상거래가 활성화되면서 신뢰는 매우 중요한 문제로 떠올랐다. 이러한 측면에서 몇 가지 대비가 필요한데, 첫 번째는 거래 상대에 대한 신뢰를 지원하는 식별체계의 구축이며 두 번째는 거래 과정에 대한 신뢰를 지원하는 과정추적과 실감환경의 구축, 그리고 마지막으로는 거래물품의 일치를 보증하는 환경 구축이라고 하겠다.

개인 독점공간 확대에 대응하려면

접촉을 꺼리는 환경적 변화 방향에 따라 독점적 점유 공간에 대한 요구는 증폭될 것으로 보인다. 이러한 변화에 대응하기 위한 방향을 다섯 가지로 정리했다.

1. 대중교통 수요 및 노선 재검토

개인 독점공간의 확대 현상은 지하철, 버스와 같은 저렴한 대규모 이동수단에 대한 수요 감소를 이끌었고 결과적으로 대중교통 수요에 대한 재검토와 노선설계 변화 방향에 대해 살펴보도록 하는 원인이 되고 있다. 특히 저밀 평탄화된 도시로의 변화 양상과 결합돼 도시 내 이동거리가 늘어날 경우, 이동 시간 증가와 같은 현상과 맞물려 대중교통체계의 변화가 필수적일 것으로 보인다.

2. 새로운 소규모 이동수단 도입 및 이동 중 공간활용성 향상

저비용의 대규모 이동수단에 대한 수요가 감소하더라도 도시 속 주민들의 이동 욕구가 줄어들지는 않을 것이다. 도시의 거점이 평탄화되면서 오히려 증가할 가능성 또한 함께 존재하기 때문에, 소규모 형태 혹은 개인 이동수단의 형태로 비중이 조정될 것으로 예상된다. 그렇기에 2020년 초 CES2020에 출품된 6~10인 탑승 규모의 플라잉카(날아다니는 자동차)와 같은 새로운 교통체계에 대해 빠르게 준비할 필요가 있으며, 이동 중에 차량에서 여러 활동을 수행하는 등의 변화가 예상되는바 '탈 것'에 대해 재정의하고 그에 따라 신속하게 대응해야 할 것이다.

3. 개인 이동수단 확대에 따른 도로용량 및 환경오염 대응

공유경제에서 소유경제로 회귀하는 현재 상황으로 인해 개인 이동수단이 늘어나는 현상이 두드러질 것으로 예상된다. 이러한 예상은 결과적으로 도로용량에 대한 문제의식을 증폭시킬 것이며, 관련하여 환경오염 이슈 또한 떠오를 것으로 보인다. 따라서 교통체증 문제를 해결하기 위한 혁신 방향을 빠르게 준비해야 하며, 친환경 자동차 등과 같은 차세대 이동수단에 대한 기술적 혁신 또한 중요한 요소라고 하겠다.

4. 공유경제 모델 위축 대비 비즈니스 모델 혁신

개인 독점공간이 확대되는 트렌드에 따라 공유경제의 여러 서비스가 수요감소를 견디지 못해 파산하는 한편, 몇몇 공유 비즈니스 기업은 공유경제 모델을 효과적으로 혁신해 기회를 만들어내고 있다. 이를테면 쏘카는 소유에 큰 대가를 지불하기 부담스러운 중간계층을 겨냥해 한 달 렌트 등의 형태로 비즈니스 모델을 혁신해 생존력을 높이고 있다. 이를 볼 때 기존 공유경제 모델을 실패한 체계로 낙인찍을 것이 아니라 혁신모델을 개발할 수 있도록 지원해야 할 것이다.

5. 도시 내 공동시설의 개인 독점공간 전환 확대

다수가 십시일반으로 경제력을 제공하고 제공자들은 더 큰 효용을 공평하게 나누어 취할 수 있었던 도시 내 공동시설이 사람들이 기피하는 장소가 되었다. 이는 다양한 문제를 야기할 수 있기 때문에, 공동시설을 개인의 독점화된 소규모 거점공간으로 전환하는 정책을 마련해 돌파구로 삼아야 할 것이다.

공간 분야 이슈와 대응 방향

분야	이슈 내용		대응 방향
가상공간의 확장	• D2C 비즈니스의 가속화 • 사무공간 수요의 변화 • 원격교육에 따른 학습결손 및 학습격차 문제 • 비대면 일상화로 인한 사회적 단절 • 온라인 콘텐츠 관련 기술에의 투자 필요성 증대	▶	• 중간유통망 붕괴 대비 가상공간 플랫폼 전환 환경 구현 • 교육, 문화, 종교 등 공동화 시설의 수요 및 입지 재검토 • 비대면 일상화로 인한 디지털 격차 해소 방안 마련 • 온라인 콘텐츠 활성화를 위한 가상경제 생태계 구현
도시 저밀화	• 주거시설 및 대형 집합시설 입지 수요 변화 • 슬럼화 등 도시문제 대두 • 지역 대표성 증가 • 부동산 가치 변화 • 도심 내외 녹지 수요 변화 • 모듈러 건축설계 등 건축기술 수요의 변화	▶	• 주거시설의 표준설계 혁신 및 도시 차원의 면적 재산정 • 주거시설 입지 변화에 따른 신도시 계획 조정 • 슬럼화 보완 등 저밀도시를 위한 자연자원 접근성 확보 • 공공시설 수요 재산정 및 공공서비스 제공방식 혁신 • 네트워크 기반 도시화로 인한 정보통신 인프라 설계 강화
거래방식 혁신	• 비대면 일상화로 인한 소비 패러다임의 변화 • 구독경제 비즈니스 모델의 부상 • 세대 간 디지털 격차의 발생 • 디지털 프로슈머의 증가 • 보안 및 신뢰 기술의 필요성 증가	▶	• 상업시설 수요 재산정 및 도시계획 반영 • 근린 상업구역 개념의 전환 및 공동주택 설계 혁신 • 생활물류 편의성 개선을 위한 도시유통체계 혁신 • 비대면 상거래 활성화를 위한 보안·인증 체계 강화
개인 독점공간 확대	• 자가용 사용 증대 및 대중교통 이용 저하 • 공유경제의 변화 • 지방정부 재정 건전성 악화 • 에너지 수요 변화 • 취약계층 위한 기술개발 수요 증대 • 감염 위험 최소화 기술 수요 증대 • 음식 관련 기술 수요 변화	▶	• 대중교통 수요 및 노선 재검토 • 새로운 소규모 이동수단 도입 및 이동 중 공간활용성 향상 • 개인 이동수단 확대에 따른 도로용량 및 환경오염 대응 • 공유경제 모델 위축 대비 비즈니스 모델 혁신 • 도시 내 공동시설의 개인 독점공간 전환 확대

2부

포스트
코로나
시대의

이동

▶▶▶▶

▶▶▶▶▶▶▶▶

4장

오늘의 이동과
내일의 이동

▶▶▶▶▶▶▶▶

직접 가지 못하고 직접 줄 수 없다면

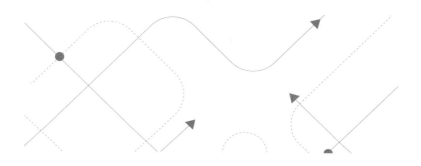

해마다 휴가철이 되면 어딘가로 떠나고, 매일 똑같은 일상의 탈출구로 '다음에는 어디로 여행을 갈까'라는 기대를 낙으로 여겼던 많은 사람이 이제는 업무 때문이 아니면 아무 곳에도 가지 못하고 있다. 2021년 현재 해외에 가려면 2주간 자가격리를 해야 하고 코로나 검사를 받아야 한다. 예전처럼 쉽게 훌쩍 떠날 수 있는 날이 다시 올 수 있을지, 우리 아이들이 세계 각국을 구분 없이 돌아다닐 수 있는 시절이 있었다는 걸 못 미더워하진 않을지 걱정되기도 한다.

이처럼 코로나19는 우리에게서 지워졌던 국경을 또렷이 각인시켰고, 이동과 관련된 기술과 산업은 가장 큰 변화를 겪었다. 사람과 사물의 이동은 크게 줄었으며, 사물이 사람에게 전달되는 방식은 비대면으로 변화했다.

산업 중에서도 항공산업은 전 세계적으로 가장 큰 타격을 입어 2020년 1분기에 전년 대비 국내여객은 29%, 국제여객은 45.7% 감소했다.[1] 화물수송도 국내는 26.7%, 국제는 11.5% 감소했다. 코로나19의 확산이 줄어든다고 해도 운항서비스의 형태와 항공시스템의 변화로 항공산업이 이전과 같은 형태로 돌아가기는 어려울 것으로 보인다.

해운과 철도 등도 마찬가지다. 해운산업은 전 세계적인 물동량 감소와 여행객 감소로 인해 타격을 받았으며, 철도산업도 국내 여행객 감소로 어려움을 겪었다. 다만 고강도 사회적 거리 두기 이후에 철도산업은 국내 여행객의 증가로 회복세를 보이고 있으며, 철도산업 외의 여객 관련 산업도 회복세를 보였다.

일상에서는 타인과의 접촉 가능성이 적은 개인화된 이동수단이 선호되고 있다. 일정 기간 개인이 점유해 사용할 수 있는 자동차나 공유형 킥보드, 자전거를 이용하는 사람도 늘어났다. 개인용 이동수단 외에 장거리 이동수단인 항공, 철도, 해운 등은 이용률이 지속적으로 감소하다가 일정 수준에서 정상상태에 머무르겠지만, 국가 간 이동은 코로나19가 잠잠해진 이후에도 이전처럼 활발하지는 않을 것으로 보인다. 팬데믹으로 인해 심화된 인종차별이나 타인 혐오 현상이 지속될 것이고 그에 따른 불안감이 줄어들기 어렵기 때문이다.

사람의 이동뿐 아니라 화물수송에도 큰 변화가 예상된다. 물류센터에서 코로나19 확진자가 나왔을 때 감염에 대한 대중의 불안감이 커지면서 해당 업체의 발주량이 줄어들고 경쟁사 매출이 증가하는 추세를 보였다. 드론, 자율주행차, 배송로봇의 등장으로 인한 배송시스템의 무인화와 위생을 고려한 새로운 배송시스템이 활발히 도입될 것이다.

교통시스템 개편도 눈여겨봐야 한다. 현재 활발히 사용되고 있는 GPS 기반의 자동차 네비게이션과 도로정보시스템은 누적된 요일별·시간별 통행량 데이터를 활용해 실시간으로 최적의 경로를 제안한다. 이제 데이터 분석 기술과 AI 기술의 발전으로 운송수단의 교통량뿐만 아니라 보행자까지 고려하여 실시간으로 반응하는 교통시스템이 도입될 것으로 보인다.

종합해보면, 포스트 코로나 시대의 이동 분야에서는 다양한 이동수단의 도입, 장거리 이동수단 이용률 감소로 인한 여행 형태의 변화, 비접촉화에 따른 물류시스템과 배송시스템 개편, 효율적인 교통시스템 도입, 새로운 형태의 교통문화 정착 등이 화두가 될 것이다.

이동의 미래를 결정할 5가지 테마

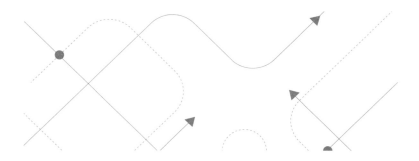

포스트 코로나 시대의 이동 분야와 관련한 주요 의제를 도출하기 위해 셰이핑 투모로에 'Mobility'를 키워드로 검색했고, 그 결과 메가트렌드, 사회적 변화, 산업 부문 변화, 미래기술 부문에서 각각 여섯 개의 주요 키워드를 선정했다. 그 후 이 스물네 개의 주요 키워드 중에서도 코로나19로 인해 나타난 전체적 트렌드인 이동, 도시, 전환, 공유, 비대면, 라이프스타일을 제외한 열여덟 개 키워드를 조합해 다음 다섯 개의 이슈를 도출했다. 이 다섯 개 이슈를 바탕으로 체계화한 다섯 개의 테마를 구체적으로 살펴보자.

가상공간 확장 관련 이슈

이슈	키워드
단거리 이동수단	자동차, 인공지능, IoT, 도시
장거리 이동수단과 여행	비행, 여행, 여가, 항공
물류시스템과 로봇	비행, 로봇, 물류, 근접기술, 3D프린팅, 무역
교통시스템과 자율주행	자동차, 인공지능, 소프트웨어, 도시, IoT
교통문화와 안전	교통, 인공지능/스마트시티, 안전, 사이버보안

테마 1. 일상에서 이용하는 개인용 이동수단 확산

개인용 단거리 이동수단을 주제어로 개인, 차량, 교통, 자가운전, 자동화 등이 키워드로 도출됐다. 그 외에 도시를 중심으로 소유권, 자동차가 연결됐으며, 서비스를 중심으로 소유권, 개인, 자동화가 연결됐다. 사람들이 자가용 및 전용할 수 있는 공유 이동수단을 이용한다는 것을 추론할 수 있다.

구체적인 테마 도출을 위해 관련 기사들을 살펴본 결과, 이동수단의 소유 비율이 점차 줄어드는 현상이 가장 두드러졌다. 미국에서는 가정 소유의 자동차가 평균 2.1대에서 1.2대로 감소할 것으로 내다봤으며, 2030년에는 미국의 개인 소유 자동차가 약 80% 감소할 것으로 나타났다. 자동차를 소유하기보다 필요할 때 자동차를 이용하면 비용을 약 열 배 절감할 수 있기 때문이다.

반면 선진국과 달리 인도를 비롯한 개발도상국에서는 이동수단의 개인 소유 확산이 가속화되고, 개인용 이동수단에 대한 수요량도 급증할 것으로 나타났다. 인도에서는 2025년에 자동차 등록대수가 급증해 2030년에는 개인용 이동수단 수요가 두 배에서 세 배까지 증가할 것으로 나타났다.

테마 2. 혁신적 이동수단을 이용한 오프라인 여행문화의 확장

코로나19로 인해 이동이 제한되면서 여행과 관련된 주요 키워드 중 하나가 '통제'로 도출됐다. 시기별로 여행 분야와 관련된 토픽의 변화를 파악한 결과, 2020년에는 코로나19로 인해 지역 중심의 여행문화가 부상했지만 2030년까지 이러한 분위기가 이어지지는 않고 여흥의 기능으로서의 여행이 다시 부상할 것으로 예측됐다. 즉, 2030년 무렵에는 팬데믹으로 인한 위협요인이 잦아들면서 기존과 유사한 형태로 여행문화가 회귀할 것으로 예상된다.

다수의 자료에서 2020년에는 전 세계 여행 인구가 감소하고 특히 중국인 관광객 수가 급감하여 여행산업이 큰 타격을 입을 것으로 전망했다. 그러나 2030년에는 여행 분야가 성장하며, 특히 관련 이동수단으로 마이크로 모빌리티와 우주왕복선이 화두로 부상했다. 마이크로 모빌리티는 2030년까지 3,000억 달러 규모로 성장할 것이며, 여행 수단으로 활용되는 자율주행 모빌리티와 공유형 모빌리티가

2030년까지 급격히 성장할 것으로 전망됐다. 이는 여행의 범위가 축소되거나 완전히 확장되어 양극화되는 추세를 의미하며, 이에 따라 여행의 형태 및 이동수단과 관련된 제도의 변화를 고려해야 할 필요가 있음을 보여준다.

테마 3. 디지털 기반의 비대면 배송 활성화

언택트 배송이 활성화되면서 연결, 자동화, 무인항공기Unmanned Aerial Vehicle, UAV, IoT, 로봇공학, 온라인, 디지털, 항공, 헬스케어 등 관련 키워드의 연결이 다수 도출됐다. 이에 따라 일상생활에서 식품 배송이 확산되고, 미래형 운송수단이 각광받을 것으로 보인다. 헬스케어가 주요 키워드로 부상한 점이 흥미로운데, 물류시스템과 수송수단의 발달로 디지털 기반의 헬스케어가 확산된다는 의미로 해석할 수 있다.

2020년에 약한 강도를 보이던 키워드 다수가 2030년도에는 강한 강도를 보이는 것도 눈여겨볼 만한데, 헬스케어, 교통, 지리, 도시는 강도가 강해진 반면 금융은 강도가 감소했다. 배송 분야 관련 주요 키워드 클라우드 분석 결과, 마케팅, 식품, 삶, 사이버, 위생, 헬스케어, 인터넷 등이 이슈로 부상했는데, 코로나19로 인해 위생문제가 부각되면서 위생적으로 안전한 배송에 대한 요구가 커진 것으로 보인다. DHL, UPS 등과 같은 배송 관련 기업 외에, 아마존과 월마트 등의 온오프라인 상거래 기업과 우버로 대표되는 공유서비스 기업이 배송 관련 기업으로 나타났는데, 유연한 배송시스템을 운영할 수 있는 기업이 배송 분야의 주요 에이전트가 된다는 것을 보여준다.

무인배송에서 가장 화두가 되는 것은 소형 드론을 활용한 배송시스템의 구축이다. 2030년까지 소형 드론 배송 시장은 10.4억 달러까지 증가하고, 드론 기반의 물류산업은 2022년부터 2027년까지 약 21%의 성장률을 보일 것으로 예측된다. 특히 드론 기반의 물류시스템이 도입되면 산간도서 지역에도 비교적 수월하게 배송을 할 수 있다. 또한 배송 분야의 주요 키워드 중 하나인 빅데이터 시스템 기반의 디지털 물류 또한 배송시간을 단축시킴으로써 배송 분야의 성장에 기여할 것으로 전망된다. 이 외에도 무인배송, 우버나 리프트를 통한 배송시스템 구축 등이 미래 배송 분야의 화두로 자리매김했다.

테마 4. 실시간 통제가 가능한 교통시스템의 보편화

교통시스템을 주제어로 도출한 관련 키워드로는 자동차, 인터넷, 데이터센터, 네트워크, 데이터, 5G 등인데, 자동차 이외에는 교통시스템의 디지털화와 관련이 깊다. 특히 휴대폰은 데이터, 5G뿐 아니라 교통과 비디오와도 연결되는 것으로 나타났는데, 이는 데이터와 네트워크를 기반으로 실시간 교통시스템이 구축된다는 의미이다.

시기별로는 2020년에 건설, 투자, 금융, 무역 등이 가능성과 강도가 높은 것으로 나타났고, 2030년에는 투자, 인텔리전스, 물류, 무역, 해상 등이 가능성 높은 미래 키워드로 나타났다. 특히 2030년에는 2020년에 비해 무역의 강도가 높게 나타났는데, 이는 현재 어려움을 겪고 있는 무역이 차츰 회복할 것으로 예상된다는 의미이며, 이로 인해 교통시스템에도 변화가 발생할 것으로 볼 수 있다.

교통시스템 분야에서는 IoT 기반의 실시간 교통망 구축과 데이터 분석을 통한 실시간 교통 분산 체계 구축이 화두가 될 것으로 전망된다. 이에 따라 AI를 기반으로 한 교통 시장이 2017년부터 2030년까지 매년 약 18% 성장할 것으로 보이며, 그 규모는 2017년에 12억 달러에서 2030년에 103억 달러로 증가할 것으로 예측된다. 이러한 실시간 교통시스템을 구축하기 위해 5G 기술 발달과 자율주행자동차의 확산이 촉진될 것으로 보인다.

테마 5. 무인시스템 기반의 교통문화 정착

무인시스템의 키워드로는 로봇, 배송, 사람, 전기, 서비스, 시스템, 연결, 데이터 등이 도출됐다.

시기별로 볼 때, 2020년에는 경제나 소득 등과 같은 사회적 키워드의 강도가 높게 나타났으나 2030년에는 제조업, 헬스케어, 무역, 뇌, 도시, 행동 등의 강도가 높을 것으로 나타났다. 이동 분야의 무인화를 달성하는 데 제조업의 역할이 중요해지며, 무인시스템 기반의 교통이 발달하면서 디지털 헬스케어를 달성할 수 있기 때문인 것으로 해석할 수 있다.

관련하여 클라우드를 분석한 결과, 지불수단, 유전학, 엔터테인먼트, 사이버, 위생, 로봇공학, 센싱, 지능, 뇌, 통신 등이 주요 키워드로 도출됐다. 무인시스템 교통이 도입되면서 자동 지불수단이 발달할 것이며, 관련 기술의 발달은 유전학을 포함한 생체인식 분야에도 영향을 미칠 것이다. 센싱, 지능, 뇌, 통신 모두 무인시스템에 기여하는 기술로, 무인시스템을 바탕으로 한 교통 분야의 기술개발 동향을 보여준다. 우버, GM, 테슬라Tesla, 아마존, 포드, 애플, 인텔, 바이두百度 등 전통적인 자동차 기업에서부터 온라인 플랫폼 기업까지 다양한 기업이 이동수단의 무인시스템과 관련 있는 것으로 나타났으며, 미래에는 이들 기업의 주도로 무인시스템 기반 교통이 확산될 것으로 판단된다.

관련 기사들을 살펴본 결과, 자율주행차량의 도입과 관련 시스템의 구축이 이 분야의 주요 이슈로 떠올랐다. 2030년까지 전 세계 신차의 20%는 자율주행차량일 것으로 전망되며, 미국 승객의 이동거리 중 95%는 자율주행차량이 담당할 것으로 전망된다. 무인시스템은 사회적 약자들의 교통복지를 강구하는 방안으로 활용되고, 새로운 교통문화를 형성하는 데 기여할 것이다.

이동의 미래를 결정할 3가지 기술

개인용 이동수단은 일상이나 여행에서 이용되고, 자율주행은 그뿐 아니라 배송과 무인시스템 교통문화 형성에도 활용된다. 또한 디지털 물류시스템과 무인배송시스템은 배송 분야의 테마와 깊은 관련이 있다. 이동의 미래를 만들어나갈 이 세 가지 주요 기술의 현황과 전망을 중점적으로 살펴보자.

퍼스널 모빌리티란 무엇인가

퍼스널 모빌리티는 대체로 단거리를 움직이며 1~2인이 이용할 수 있는 소형 교통수단을 의미한다. 그 첫 번째 특성은 휴대성이 좋아야 한다는 것이다. 내연기관 교통수단에 비해 소형화 및 경량화되어, 현대 도시의 교통혼잡과 주차난을 해결하는 데 기여할 수 있다. 둘째, 중·단거리 이동에 편리하다. 대부분의 퍼스널 모빌리티는 운행속도가 10~20km/h로 보행자의 평균 이동속도가 4km/h인 점을 감안하면 도보로 이동하기 다소 먼 거리에 적합하다. 이와 같은 특징은 미래형 모빌리티가 해결해야 할 문제 중 하나인 퍼스트마일first-mile(집에서 대중교통 승하차장 이동) 및 라스트마일last-mile(대중교통 승하차장에서 목적지) 문제 해결에 잠재력을 보여준다. 셋째, 친환경적이다. 대부분의 퍼스널 모빌리티는 전기를 동력으로 사용하기 때문에, 내연기관 교통수단과 달리 온실가스 배출과 에너지 소비 절감효과가 크다. 넷째, 신체적 약자 및 고령자를 위한 차세대 이동수단으로 적합하다. 퍼스널 모빌리티는 보행 보조기능을 수행함으로써 초고령 사회로 진입했거나, 진입을 목전에 둔 국가에서 차세대 이동수단으로 각광받고 있다.

국내 퍼스널 모빌리티 제품 유형별 시장점유율

- 전동킥보드
- 전동휠
- 전기자전거
- 전동스쿠터
- 기타

자료: 하나금융경영연구소(2018)

국내의 경우 다양한 퍼스널 모빌리티 제품 유형 중 전동킥보드가 가장 많은 비중을 차지하고 있으며(33%), 다음으로 전동휠(25%), 전기자전거(17%), 전동스쿠터(8%)의 순으로 나타났다. 전체 시장규모는 2020년 기준 약 1,000억 원 정도로 예상되며 1인 가구 증가, 친환경 트렌드, 고령화 등에 따른 새로운 교통수단에 대한 요구로 인해 지속적인 성장세가 예상된다.

퍼스널 모빌리티 기술

퍼스널 모빌리티에는 배터리와 자율주행 기술이 중요하다. 대부분의 퍼스널 모빌리티는 배터리에 저장된 전력으로 모터를 회전시켜 구동력을 얻고 일반적으로 배터리 용량에 의해 주행거리가 좌우된다. 퍼스널 모빌리티의 배터리로는 가볍고 에너지 밀도가 높은 리튬이온 배터리가 널리 사용된다. 리튬이온 배터리는 주로 소형 IT기기에 장착되는 소형전지와 전기자동차나 대용량 전기저장장치ESS 등에 장착되는 중대형으로 구분되는데, 퍼스널 모빌리티에는 소형전지가 활용된다. 배터리 성능을 높이기 위해서는 배터리 관리 시스템Battery Management System, BMS과 배터리 열관리 시스템Battery Thermal Management System, BTMS이라는 두 시스템의 보조가 필요하다. BMS는 수많은 배터리셀을 하나의 배터리처럼 사용할 수 있도록 관리해주고, BTMS는 셀에 이상이 발생했을 때 자동으로 배터리의 전원을 켜거나 끄는 동시에 배터리를 최적의 온도로 유지하는 역할을 담당한다. 배터리와 관련해서 충전은 반드시 고려해야 할 사항이다. 현재 시중에 공급되고 있는 퍼스널 모빌리티는 전압과 전류량이 제품에 따라 다양하기 때문에, 전압별 커넥터와 충전에 대한 표준화 작업이 선행돼야 하며 충전기의 전압가변 충전과 소형화 기술개발이 필요하다.[2]

퍼스널 모빌리티에서 빼놓을 수 없는 또 하나의 기술인 자율주행 기술을 개발하고 고도화하기 위해 많은 기업이 박차를 가하고 있다. 국내의 경우 2018년 5월에 KT와 언맨드솔루션Unmanned Solution이 자율주행 사업화를 위한 업무협약을 체결했는데, KT는 V2XVehicle to Everything를 위한 통신 인프라와 관제 플랫폼 구축을 추진하고 주행 패턴 데이터를 분석했으며, 언맨드솔루션은 자율주행 하드웨어 제작과 소프트웨어 개발역량을 활용하여 차량 제작을 추진했다. 또한 현대자동차그룹은 IT 기반 물류 스타트업인 메쉬코리아에 225억 원을 투자해, 자율주행 기술을 물류 알고리즘 기술과 관련 인프라에 접목해 무인배송차량 등을 개발한다는 계획을 발표했다.

일본 야마하는 자율주행 솔루션을 장착한 전기 오토바이인 모토로이드MOTOROID를 발표했는데, 이 제품에는 안면인식 기술 등과 같은 AI 기반 기술이 적용되어 소유주의 행동에 반응해 동작한다. 또한 사용자의 경험 데이터를 활용해 탑승자에게 특정 상황에 대한 피드백을 보내는 햅틱기술을 지원하여 인간-기계 간 소통 기능을 높였다. 독일 BMW 그룹의 모터사이클 부문 BMW 모토라드는 탑승자가 의식을 잃어도 오토바이가 안정적으로 정차하는 기능을 포함해 위험 상황에 대처하는 제품을 개발하고 있고, 일본의 미래로봇 연구센터fuRo는 초소형 모빌리티인 'ILY-A'에 사용자의 안전성을 높이는 지능형 안전

기능을 탑재하고, 진단 및 모니터링을 통해 잠재적 사고를 예방하는 성능을 높이는 데 주력하고 있다. 중국 칭화대학교, 베이징 링시 테크놀로지Beijing Lynxi Technology, 베이징 사범 대학, SUTDSingapore University of Technology and Design, UC 산타바바라University of California Santa Barbara 공동 연구팀은 AI 칩이 탑재된 자율주행 자전거를 공개했는데,3 이 자전거는 "속도 높여", "왼쪽", "오른쪽"과 같은 간단한 음성명령에 반응하며, 스스로 장애물을 피해가며 균형을 유지할 수 있다. 이 자전거에는 연구팀이 자체 개발한 뉴로모픽 칩 'Tianjic'과 함께, IMUInertial Measurement Unit 센서, 오디오 센서, 스티어링Steering 모터, 시간 센서, 드라이빙 모터, 속도 센서, 배터리 등이 탑재되어 있다.4

자율주행 및 교통시스템이란 무엇인가

자율주행 기술에는 우선 차량의 인식, 판단, 제어, 인터랙션 기술 등이 포함되는데, 해당 영역 내의 핵심 기기 및 기술을 정리하면 다음 페이지 표와 같다.

모빌리티 기술뿐만 아니라 자율주행을 지원하는 인프라 기술도 빼놓을 수 없다. 모빌리티 기술이 아무리 뛰어나고 또 엄격한 테스트를 거쳤다고 해도 도로 위에서 일어나는 가지각색 경우의 수를 모두 감안하기란 불가능하기 때문이다. 더욱 안전한 자율주행을 위해서 차량은 자신의 위치 및 주행상태를 끊임없이 도로에 알려야 하고, 도로는 차량 관제와 함께 위험요소를 사전에 예측해 차량이 피해갈 수 있도록 유도해야 한다. 즉, 차량과 도로의 끊임없는 소통이 필수적이다. 이를 실현하는 인프라가 C-ITSCooperative Intelligent Transport Systems 이다. C-ITS는 기존 교통시스템에 AI 기술을 탑재하여, 정보 및 데이터를 제공하고 이를 바탕으로 교통시설이 상황에 따라 원격으로 제어됨으로써, 교통체계의 효율성과 안정성을 도모함과 동시에 이용자에게 편의를 제공한다. 차량의 위치 및 상태를 바탕으로 차량 단위의 안전정보 및 실시간 정보를 제공한다는 점에서 기존의 시스템과 다르며, 근거리 무선통신 및 차량과 차량, 차량과 인프라 간 직접 통신이 가능토록 하는 센서(단말기), 메시지, 주파수, 보안, 단말기, GPS 기술이 C-ITS의 핵심기술이라고 할 수 있다.[5]

자율주행 기술 구성요소 및 설명

기술	주요 세부기술	설명
환경인식	카메라 센서, 레이더 센서, 라이더 센서 등	• 센서를 사용한 장애물, 도로 및 신호 인식
위치인식 및 맵핑	GPS 기술, INS, HD 맵 등	• 차량의 위치(절대 및 상대적 기준) 추정 및 위치 맵핑
판단	ECU, ADAS, DCU, 통합 DCU 등	• 인지신호 처리 기반 경로계획, 장애물 회피경로 설정 및 상황별 차량 행동 판단/지시
제어	스마트 액추에이터 등	• 지시된 행동 이행 위한 차량 주요 기능(조향, 속도조절 등) 제어
인터랙션	HVI, VX2 등	• 차량과 운전자, 차량과 주행환경이 상호 정보교환 • 운전자에게 경고 및 정보제공, 운전자로부터 명령 입력

자료: 안경환 외(2013)[6]

자율주행 및 교통시스템 기술개발 현황

　시장조사업체 네비건트리서치Navigant Research(2013)와 프로스트 앤설리번Frost and Sullivan(2018)은 자율주행차의 전 세계 시장규모가 향후 연평균 41% 성장하여, 제한 자율주행과 완전 자율주행 합산 2020년 기준 70.5억 달러에서 2035년 1조 1,204억 달러로 급성장할 것으로 예상했다. 또한 ISH마킷IHS Markit은 2040년 시점을 기준으로 연간 약 3,000만 대의 자율주행차량이 전 세계 시장에서 판매될 것으로 전망했다. 이처럼, 다양한 국외 시장조사업체들은 자율주행 산업이 중장기적으로 급성장할 것으로 내다봤다. 국내 시장에 대한 전망 역시 긍정적인데, 자율주행자동차 국내 시장규모는 2020년 기

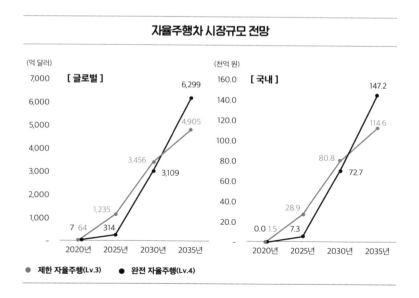

자율주행차 시장규모 전망

준 약 1,500억 원, 2025년 약 3조 6,200억 원, 2030년 15조 3,400억 원, 2035년 약 26조 1,800억 원을 달성할 것으로 전망된다. 특히, 국내 시장에서도 2030년이 지나면 기술 발전을 바탕으로 완전 자율주행(Level 4) 시장규모가 제한 자율주행(Level 3)을 역전할 것으로 예상하고 있다.

글로벌 자율주행자동차 시장에서는 GM, 포드, 폭스바겐Volkswagen, 다임러-보쉬Daimler-Bosch 등 기존 차량 제조사와 구글 웨이모 Google Waymo, 모빌아이Mobileye, 우버 등 비제조사가 경쟁 양상을 보이고 있는데, IT업체인 구글 웨이모와 차량 제조사 GM이 글로벌 기술을 선도하고 있다. 국내에서 자율주행차 관련 기술에 대한 R&D는 기존 완성차 제조업체인 현대기아차 중심으로 이뤄지고 있으며, 주요 통신사 및 IT기업도 점차 시장진입에 적극성을 띠고 있다. LG전자는 히어Here 사와 '차세대 커넥티드카 솔루션' 공동개발 파트너십을 체결하고 NXP 사와 '차세대 ADASAdvanced Driver Assistance Systems 통합 솔루션' 공동개발 업무협약을 체결하는 등 기술개발을 위한 협력관계 형성에 박차를 가하고 있다. 또한 삼성전자는 자율주행 기술 발전에 따라 요구되는 차량용 반도체 국제표준인증(ISO 26262 등)을 획득해 신뢰성 높은 부품을 생산하고 차량용 반도체 솔루션 공급 확대를 견인하고 있다. SKT는 인텔과 MOU를 체결하고 서울특별시와 '자율주행 시대를 위한 정밀도로지도 기술개발 및 실증협약'을 체결하는 성과를 거뒀다. 또한 네이버는 이스라엘 라이더 업체인 이노비즈 테크놀로지스Innoviz Technologies에 공동 투자하는 등 자율주행 기술개발에 적극적으로 투자하고 있다. 국내외 주요 기업의 자율주행 기술 개발 및 상용화 동향은 아래 표와 같이 정리할 수 있다.

자율주행의 발달에 공유경제의 개념이 접목되면서, 차량공유 플랫폼에 무인화와 자동화가 도입돼 고객의 새로운 니즈를 충족시켜나

국내외 주요 기업의 자율주행 기술개발 및 상용화 동향

기업	진행 내용
구글 웨이모	• 1,000만 마일 주행과 100억 번의 시뮬레이션을 진행했으며, 애리조나주에서 1년간 자율주행 택시 서비스를 진행함
GM 크루즈	• 운전대와 가속제동 페달이 없는 Level 4 자율주행차량 개발 진행
죽스Zoox	• 2021년 내 로보택시Robo-taxi 서비스 시작 계획
테슬라	• 2019년 딥스케일Deepscale 인수하여 자율주행차량 기술개발 역량 확대
포드	• 고성능차뿐만 아니라 대중적인 모델에도 Level 4 적용 계획 • 2021년부터 미국 내 주요 도시(텍사스, 마이애미, 워싱턴 DC 등)에서 자율주행차량 시범운행 계획
폭스바겐	• 자율주행차량 내 소프트웨어 및 관련 서비스 자체개발 비중 확대 목표 수립
다임러 메르세데스-벤츠	• 자율주행차 개발을 위하여 부품사 보쉬와 협업, 완성차 회사 BMW, 아우디Audi 등과 파트너십 체결
인텔	• 2017년 ADAS 기업인 모빌아이 인수를 통해, 자율주행 솔루션을 반도체로 구현(System on Chip)하는 방법 시도
현대자동차	• 2020년 이후, Level 3 자율주행 시스템 양산 계획
LG전자	• 차세대 커넥티드 자율주행차량 솔루션 개발 위한 글로벌 파트너십(히어 및 NXP 등과) 체결
삼성전자	• 차량용 반도체 솔루션 공급 확대 위한 국제표준인증 획득
SKT	• 인텔과 기술개발 위한 MOU 체결 및 서울시와 정밀도로지도 기술개발 및 실증협약 체결

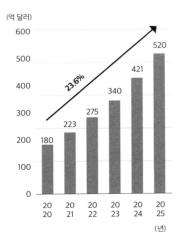

자율주행 서비스의 성장과 소프트웨어 시장 전망

고객 중심의 자율주행 서비스

1. 자산 공유서비스	2. 개인화 서비스
• 크라우드소싱 물류 • 라이드 셰어링 　(차량공유) • 스쿠터 공유	• 여행 계획 도우미 • 통합 모빌리티 서비스 • 맞춤형 차량 수리 　서비스
3. 후방 서비스	**4. 연결된 생활 서비스**
• 마이데이터 • 스마트 보상 서비스 • 스마트 결제 서비스	• 커넥티드 통근 서비스 • 레저 연계 모빌리티 • 커머스 연계 모빌리티
5. 온디맨드 서비스	**6. 인프라 서비스**
• 여행자 간 연결 서비스 • 실시간 배송 서비스 • 드론 서비스	• 실시간 교통관리 　서비스 • 도시·지방 인프라 제공

글로벌 자율주행 S/W 시장규모 전망

(억 달러)

23.6%

180 (2020), 223 (2021), 275 (2022), 340 (2023), 421 (2024), 520 (2025)

(년)

자료: 삼정 KPMG(2020)

갈 것으로 보인다. 그에 따라 크라우드소싱 물류, 개인화된 통합 모빌리티 서비스, 커넥티드 통근 서비스, 실시간 배송 서비스, 스마트 결제서비스 등 고객의 새로운 니즈를 충족하는 융합 서비스가 다양하게 출시되고, 자율주행 기술의 확산은 더욱 가속화될 것으로 전망된다. 이를 바탕으로, 글로벌 자율주행 소프트웨어 시장규모는 2020년 180억 달러 규모에서, 2025년 약 520억 달러를 돌파할 것으로 예측된다.

디지털 물류시스템 및 무인배송이란 무엇인가

언택트가 뉴노멀이 되면서 가장 폭발적으로 성장한 분야가 바로 물류와 배송 분야이다. 그러나 현재 물류시스템은 수익구조가 열악하고 효율성도 떨어지며, 지나친 포장재로 인해 환경문제까지 대두되고 있다. 이러한 문제에 대응하기 위해 현재 전통적인 물류 네트워크의 변화가 가속화되고 있다.

디지털 물류시스템

기존 물류 선도기업뿐만 아니라 전자상거래 기업들이 자체 물류 네트워크를 구축하면서 디지털 물류에 적극적으로 임하고 있다. 디지털 물류시스템 관련 주요 기술과 적용 영역 및 기업을 정리하면 아래 표와 같다.

디지털 물류시스템 관련 주요 기술, 적용 영역 및 기업

주요 기술	영역	주요 기업
AI, 로봇, IoT	디지털 물류창고, 스마트 항만	아마존, 알리바바, 징동京東
IoT	물류 모니터링	DHL, 페덱스fedEx
블록체인, 클라우드	물류 공급망, 디지털 플랫폼	IBM, 머스크Maersk
3D프린팅	(다품종 소량) 생산 및 공급	UPS, DHL, Kazzata
디지털 트윈	물류 시뮬레이션	DHL
드론, 배송로봇	물류 무인 운송, 배송	아마존, 징동, 알리바바, 페덱스, 뉴로NURO 등

4차 산업혁명 기술을 기반으로 한 디지털 물류창고/스마트 항만

경쟁이 심화된 환경에서 물류비용 감소는 물류기업이 해결해야 할 가장 큰 과제인데, IoT, 빅데이터, AI 및 로봇으로 대표되는 4차 산업혁명 기술을 기반으로 한 디지털 물류창고가 대안으로 떠오르고 있다. 구체적으로, 디지털 물류창고에서는 IoT를 통해 수집한 빅데이터를 스스로 분석하고 이를 바탕으로 변화하는 상황에 자율적으로 대처하는 AI 로봇을 중심으로 작업이 진행된다. 비정형 작업이 발생하는 물류현장에서 스스로 변화를 감지하고 그에 맞는 행동을 하는 것이다.

전 세계에 120개의 물류창고를 가지고 있는 아마존은 화물 이동 로봇인 키바Kiva를 통해 창고 운영비용을 5분의 1 수준으로 절감시켰으며, 키바 투입을 매년 두 배 이상 확대하고 있다.[7] 최근에는 AI 기술을 이용해서 창고 내 모든 물품을 파악하고 로봇으로 무인창고를 운영하고 있다. 알리바바 그룹의 물류 계열사인 차이냐오CAINIAO의 클라우드 물류창고는 물류센터의 70% 이상의 작업을 이미 로봇으로 수행하고 있다. 아울러 과거 판매량, 재고, 소비패턴 등을 빅데이터로 분석하여 소비자와 가장 가까운 물류창고에 제품을 미리 준비해두고, 평균 3분 이내에 제품을 출고한다. 또한 중국 제2의 전자상거래 업체 징동은 2018년 아시아 최초로 상하이에 무인 물류센터를 개장했는데, 스마트 물류시스템이 상품 입고부터 적재, 분류, 포장, 출고에 이르는 전 과정을 관리하고, 모든 업무는 100% 로봇으로 처리한다.

IoT를 통한 물류 모니터링

디지털 물류시스템 구축에 있어서 주요 기술 중 하나가 IoT다. 창고·물류·운송 시스템 전반에 IoT를 활용해 다양한 기기가 유기적으로 연결되면 운송 정보를 실시간으로 수집·공유·분석하는 물류 정보시스템을 구축할 수 있다. 이를 기반으로 위치확인, 상태(온도, 습도) 및 봉인해제 감지 등을 위한 공급망 내 컨테이너 실시간 모니터링, 위험물질 운송관리 및 재고관리가 가능하다. 부품(센서, 반도체 등) 가격하락, 무선 네트워크 속도 향상 및 데이터 처리능력 향상 등으로 인해 향후 10년간 IoT가 물류 분야에서 혁신적으로 적용될 것으로 예상된다.[8]

물류 분야 IoT 활용 가능 사례

창고 관리
- 스마트 재고 관리
- 예측 정비
- 스마트 창고 에너지 관리
- 기기 활용의 최적화
- 건강과 안전

사물인터넷 활용
(물류 분야)

화물 운송
- 위치 및 상황 감지
- 운송 수단 관리
- 수명 예측 관리
- 건강과 안전
- 공급망 리스크 관리

최종 고객 배송
- 우편물 수거의 최적화
- 자동 공급 및 예측 발송
- 맞춤 배송 주소
- 맞춤 방문 서비스의 최적화
- 배송 물품 상태 확인 및 추적

자료: DHL(2015)을 인용한 박소연(2016) 재인용

블록체인 기술을 적용한 물류 공급망 관리

물류시스템에는 다양한 이해관계자가 참여하고, 복잡한 계약과 통관절차가 수반된다. DHL(2018)에 따르면, 냉장제품을 동아프리카에서 유럽으로 선적만 하려 해도 약 30명을 통과하고, 이해관계자들 사이에서 200가지가 넘는 서로 다른 상호작용과 커뮤니케이션을 해야 한다. 아울러, 디지털 물류시스템에서는 물류 공급망의 연결 및 지능화가 중요한데 이 과정에서 신뢰와 보안이 요구된다. 분산성, 확장성, 보안성을 바탕으로 한 블록체인 기술을 활용하면 물류 과정을 간소화하고 위변조 가능성을 차단하면서 빠르게 업무를 처리할 수 있다. 더불어 이해관계자가 정보를 공유함으로써 정보 비대칭 문제를 해결하고, 제품 생산에서부터 최종 소비자까지의 생산, 보관과 운송 이력을 투명하게 관리할 수 있으며, 원산지 조작, 유통기간 변경 및 허위광고가 불가능해진다.

현재 블록체인을 활용한 사업 모델은 금융 분야를 중심으로 진행되고 있으며, 향후 물류시스템에도 적극적으로 도입될 것으로 예상된다. 일례로 IBM과 머스크 사는 조인트 벤처를 설립하고, 블록체인 기술을 적용한 국제무역 및 글로벌 공급망 디지털 플랫폼 트레이드렌즈 TradeLens를 개발했다. 이는 물류 이동에 개입하는 다양한 이해관계자가 종이 문서 없이 정보를 쉽고 안전하게 교환할 수 있도록 만든 시스템이며, 여기서 블록체인 기술은 암호화된 데이터 교환 및 변조 방지 저장소를 보장한다. 이를 기반으로 거래·운송·선적을 실시간으로 관리할 수 있다. 국내에서는 SK C&C가 컨테이너 화물을 대상으로 블록체인 기술을 적용했으며, 2017년에는 물류 및 IT 제조기업, 정부 및 국책연구기관으로 이뤄진 해운물류 블록체인 연합체가 출범했다.

3D프린팅 기술을 통한 민첩한 생산 및 공급

DHL(2016)에 따르면, 재고는 실제 판매의 20%를 초과한다. 이러한 초과 재고는 저장비용을 높이고 초과 재고 생산에 따른 공급망의 비효율성을 키운다. 게다가 소비자 선호도가 빠르게 변화하고 다양화되면서 이러한 문제점이 더욱 가속화될 것이다. 이러한 초과 재고 문제를 해결할 수 있는 기술이 바로 3D프린팅이다. 이 기술을 이용하면 맞춤형 제품을 저렴하고 빠르게 공급할 수 있으며, 공급사슬 전체에 민첩성을 확보할 수 있다.

미래형 3D프린터 인쇄소

자료: DHL(2016)

3D프린팅 기술을 통한 제품 공급을 이미 구현한 기업이 있는데, 바로 카자타Kazzata이다. 이 회사는 CAD 파일만 있으면 로컬 3D 인쇄 서비스를 통해 제작을 하는 온라인 마켓플레이스를 최초로 제공했다. 또한 UPS는 싱가포르에 3D프린터 공장을 설립했으며, 이 공장은 동남아 각지의 제조업체에서 수리, 유지용 부품을 직접 3D프린터로 제조해서 납품한다.

물류를 활용해 새로운 3D프린팅 서비스를 제공하는 데 초점을 맞춘 앞선 사례와 달리, 3D프린팅 기술 자체가 전통적인 물류시스템의 패러다임을 변화시킬 수도 있다. 다시 말해, 3D프린팅 인프라를 가진 서비스점이나 소매점을 구축하면 고객은 제품이 배송될 때까지 오래 기다릴 필요 없이, 가장 가까운 시설에서 직접 맞춤형 제품을 제작하거나 배송받을 수 있다.

디지털 트윈 기술을 활용한 물류 최적화 시뮬레이션

DHL(2019)에 따르면, 디지털 트윈Digital Twin은 물류 운영에 큰 변화를 가져올 기술로 평가받고 있다. 디지털 트윈은 사물인터넷, 인공지능, 클라우드 컴퓨팅과 고급 시각화 기술을 이용해서 물리적 세계를 가상의 공간에 외형뿐 아니라 행동방식까지도 구현하여 시뮬레이션할 수 있는 기술을 말한다. IoT를 통해 수집한 데이터를 바탕으로 현재 상황을 파악하고 문제해결, 운영개선 및 변화 대응을 위한 시뮬레이션을 구현할 수 있다. 물류시스템에 디지털 트윈 기술을 적용하면 개별 컨테이너 관리, 효율적 배치, 재고와 납품 관리 및 물류시스템 개선 등 물류의 최적화와 위기관리에 활용할 수 있다.

무인배송

배송에 있어서 인건비가 비용의 대부분을 차지하는 만큼 인건비를 최소화하면서도 빠르고 효율적으로 배송하기 위해 많은 기업이 무인배송 서비스 도입에 치열하게 임하고 있다.

드론

드론을 이용해 물품을 배송하면 낮은 물류비용으로 빠르게 배송할 수 있을 뿐만 아니라 도서 산간 지역에도 배송할 수 있고, 의료물품도 긴급하게 공급할 수 있다. 드론을 활용한 무인배송에 가장 활발하게 투자하는 기업은 아마존이다. 아마존은 2013년 드론 배송 서비스에 대한 구상을 밝히고, 2015년 드론 배송 서비스를 시험 시행했다. 2019년 6월 아마존 인공지능 컨퍼런스 'Amazon re: MARS'에서는 새로운 디자인의 배달 드론 '프라임 에어Prime Air'도 발표했다. 기존 드론이 후방 프로펠러를 이용해 비행기처럼 수평으로 비행했다면 프라임 에어는 자세를 기울여 비행하는 것이 특징이다.[9] 영상, 열상, 초음파 센서 및 머신러닝 기술을 통해 주변을 감지할 수 있으며, 2.3kg 이하의 택배상자를 들고 최대 25km를 30분 동안 이동할 수 있다. 하지만 미국에서의 드론 규제 때문에 여전히 상용화는 못 하고 있다.

세계최대 상업용 소형 드론 생산기지인 중국은 드론을 이용한 배송 시범 서비스를 활발하게 진행하고 있다. 대표적인 기업으로 알리바바, 징동 및 순펑順丰 등이 있다. 알리바바는 2018년에 상하이 진산 공업지역에서 음식을 드론으로 배달할 수 있는 허가를 받고 배달 서비스를 시작했으며, 2019년에 중국 베이항샤인Beihang Shine과 공동으로 '톤 레벨ton level' 물류 드론을 개발해 2020~2021년에 상용화할 예정이다. 징동은 중국에서 드론 배송에 가장 적극적인 기업으로, 2015년 초중형 드론 개발에 착수했으며 2016년에 첫 드론 택배를 성공시켰다. 2018년 7월 말 기준으로 40여 대의 드론이 실제 현장에서 사용됐고, 총 13만km 이상을 비행하고 2만 건의 배송을 돌파했다.[10] 아울러, 중국 100여 곳에 무인기 공항을 세워 지역 농산품이 24시간 이내 도시로 배달될 수 있도록 물류망을 구축한다는 계획을 세웠다.

자율주행 배송로봇 및 차량

자율주행 배송로봇은 5G와 AI 기술을 활용해 스스로 위치, 경로, 물체를 인식하여 도착지까지 자율적으로 주행할 수 있는 로봇이다. 드론 배송에 집중하던 아마존은 2017년에 자율주행 로봇 스타트업 디스패치Dispatch를 인수했으며, 2019년에 '아마존 스카우트Amazon Scout'라는 자율주행 배송로봇을 공개하고 주행 테스트를 시작했다. 2019년 8월에는 미국 서부 어바인에서 본격적으로 아마존 스카우트를 활용한 상품 배달 서비스를 시작했다. 한편 페덱스는 2019년 세임데이봇SameDayBot을 공개하고 시험 주행을 진행했고, 현재 로우스

Lowe's, 피자헛, 월마트 등과 함께 자율배송로봇 개발과 도입을 협의하고 있다. 그 외에 2014년 설립된 영국의 스타트업 스타십테크놀로지 Starship Technologies도 배송로봇을 개발해 100개가 넘는 유럽 내 도시에서 테스트를 진행했다.[11]

중국 기업 역시 배송로봇 개발에 적극적으로 참여하고 있다. 중국의 대표적인 물류·택배 기업인 알리바바(G Plus), 징동, 차이나오菜鸟(샤오G), 쑤닝苏宁(위롱1호), 순펑 등은 자체 배송로봇을 개발하고, 도로주행 테스트를 하거나 제한적인 공간에서 배송 서비스를 시작했다.

자율주행차량 배송 분야의 대표 기업으로는 미국의 스타트업인 뉴로를 들 수 있다. 주로 식료품·음식 배달을 목적으로 하고 기존 자동차의 필수적 장치인 운전대와 백미러가 전혀 없는 무인배송 차량을 개발 중이다. 2020년 뉴로의 자율주행 배송 차량(R2)은 미국 고속도로교통안전청NHTSA으로부터 일반도로에서 주행 승인을 받았는데, 이는 미국 최초의 사례이다. 현재 유통업체인 크로거와 배송 테스트를 진행하고 있으며, 향후 지역 유통업체나 물류업체에 제품을 공급할 계획이다.

국내에서도 자율주행 로봇·차량 개발이 활발하게 진행되고 있다. 과학기술정보통신부 우정사업본부는 우편물 배달, 이동 우체국을 위한 자율주행 로봇·차량을 2020년 10월부터 2021년 말까지 시범 운영한다. 배송로봇·차량이 지정된 시간과 장소로 이동해 우편물 신청을 받고 결제와 배송도 할 수 있다. 국내 중소·벤처 개발업체들이 관련 기술을 개발한 뒤 우정사업본부가 시범운영을 진행하는 방식이다. 또한 배달의민족을 운영하는 우아한형제들은 2017년부터 '푸드테크(음식+기술)' 기업으로 변신하겠다며 자율주행 배달·서빙 로봇 분야에 투자를 시작했다. 우아한형제들은 로봇 관련 기업, 대학과 활발하게 협력하고 있으며, 2018년에 고려대학교 연구팀과 로봇 스타트업인 베어로보틱스와 협력해 각각 음식배달 로봇 딜리Dilly와 서빙 로봇 딜리플레이트Dilly Plate를 선보였다. 2020년부터는 LG전자와 협력하여 배송·서빙 로봇을 공동개발 중이다. LG전자의 AI, 자율주행과 같은 로봇 개발 역량과 우아한형제들의 서비스 플랫폼 운영 노하우를 결합해 시너지를 내기 위함이다. 서비스 로봇 관련 솔루션을 제공하는 기업인 로보티즈ROBOTIS도 눈여겨볼 만하다. 그동안 로보티즈는 글로벌 로봇 완제품 업체에 부품 및 소프트웨어 등을 납품해왔는데, 2009년에 배송로봇 사업에 진출해 기술을 개발하고, 2020년부터 본격적으로 서울 강서 지역에서 배송로봇 서비스를 시범운영하고 있다.

5장

이동의
새로운 미래

이동의 미래, 어떻게 전망하는가

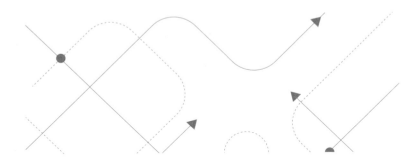

앞서 살펴본 이동 분야의 다섯 가지 테마별로 브레인스토밍, 브레인라이팅, 클러스터링을 실시한 이후 다시 참가자 의견과 워크숍 결과를 반영해 최종적으로 선정한 미래 사건은 다음과 같다.

이동 분야 미래 사건

무인 자율주행차량의 도입	무인 자율주행차량이 상용화되면서 노약자나 장애인의 행동반경이 넓어진다. 운전자의 잉여 시간이 증가하면서 이동 시간 동안 수면, 여가생활, 문화생활, 업무, 식사 등 다양한 활동을 할 수 있게 된다.
무인 자율주행차량과 유인 자동차의 공존	무인 자율주행차량과 유인 자동차가 교통수단으로 함께 운행된다. 무인 자율주행차량, 스스로 운전하는 유인 자동차, 기사를 대동한 유인 자동차 등 이동수단에 따른 계급이 생긴다.
공유 자율주행차량	공유 자율주행차량이 늘어나면서 자가 소유 자동차가 줄어든다. 취약계층을 위한 교통수단이 복지 정책으로 마련된다. 공유가치와 개개인의 편의성을 위한 가치가 충돌한다.

자율주행세 신설	사회 전반에 무인시스템이 도입되면서 일자리를 잃는 사람들이 늘어난다. 자율주행세와 로봇세가 신설되고 기본소득제가 시행된다.
AI 기반 교통시스템	운전자의 행동패턴을 분석해 활용하는 AI 교통시스템이 도입된다. 최적화된 길을 알려주는 도로가 생기고, AI가 교통시스템 전반을 통제할 수 있게 되면서 신호등이 사라진다.
드론 배송 도입	드론 배송이 도입되어 더 빠른 배송이 가능해진다. 이에 따라 드론 길을 위한 체계적인 교통시스템이 마련되고, 운행기준법규도 강화된다. 자동차 소리처럼 드론의 소리도 일상의 소리로 자리 잡는다.
배송로봇 도입	무인 배송로봇이 활용되고, 물류량이 급증한다. 오류가 난 배송로봇들이 길거리에 있는 풍경이 당연해진다.
카메라의 활용과 관련 시스템 도입	비대면 배송이 보편화되면서 집 안, 거리, 교통수단 등 사회 전반에 카메라 사용이 증가한다. 서비스 제공자의 실시간 위치, 동향, 경과 조회 및 보고가 자동으로 이뤄진다.
1인용 이동수단 사용	전동킥보드 같은 1인용 이동수단이 늘어나면서 전용도로 및 주차공간이 마련된다. 교통사고 및 도난사고 방지를 위해 국가에서 이용 자격을 관리하기 시작한다. 운전능력뿐 아니라 인성과 도덕성을 갖춘 사람에게만 자격을 부여한다.
이동범위 축소	원격시스템 발달로 물리적 이동의 필요성이 낮아지고, 1인용 이동수단 활용 시 날씨로 인한 제약과 안전성 등의 이유로 기본 활동범위가 축소된다.
산업구조 변화	3D프린팅 기술을 활용해 자동차가 제작되면서 공급가가 하락한다. 날씨의 영향을 덜 받게 해주는 과학기술 보조 장치, 센싱 기술, 카메라 기술이 발달하면서 신산업이 나타난다.
초고속 이동수단 발달	초고속 이동수단의 발달로 세계가 1일 생활권이 된다. 민족과 국가의 개념이 약화되고, 영어 사용이 활발해진다.
친환경 교통수단	친환경 교통수단이 보편화되면서, 주유소가 사라진다. 전기 외에 새로운 에너지를 활용한 교통수단이 등장하고, 친환경 기준에 따라 보유세가 부과된다.
거리 두기 여행문화	단체여행이 사라지고 거리 두기가 가능한 개인여행이 활성화된다. 보디가드를 대동하여 여행하는 문화도 생겨난다. 한적한 곳을 개인적으로 여행할 수 있는 코스가 발굴된다.

도출된 미래 사건은 크게 무인 자율주행차량 시스템 도입, 무인배송시스템 구축, 새로운 이동수단의 발달, 비대면 이동 문화 확산으로 분류된다. 무인 자율주행차량 시스템 도입과 관련한 미래 사건으로는 '무인 자율주행차량의 도입', '무인 자율주행차량과 유인 자동차

의 공존', '공유 자율주행차량', '자율주행세 신설', 'AI 기반 교통시스템'을 도출했다. 무인 자율주행차량과 유인 자동차의 공존으로 발생할 수 있는 사회적 혼란, 공유 자율주행차량의 도입, 자율주행세가 신설되면서 시행되는 기본소득제, 이 밖에도 AI 기반 무인 교통시스템의 활용으로 변화할 교통시스템 등을 전망했다.

무인배송시스템 구축과 관련한 미래 사건으로는 '드론 배송 도입', '배송로봇 도입', '카메라의 활용과 관련 시스템 도입'이 도출됐다. 비대면 배송이 주류로 자리 잡으면서 드론이나 무인 로봇을 활용한 배송이 활성화될 것으로 봤다. 또한 카메라 기술이 발달하고 활용도가 높아지면서 발생할 수 있는 사생활 침해에 대해 우려하기도 했다.

새로운 이동수단의 발달과 관련한 미래 사건으로는 '1인용 이동수단 사용', '이동범위 축소', '산업구조 변화', '초고속 이동수단 발달', '친환경 교통수단'이 도출됐다. 거리 두기 문화가 확산되면서 대중교통보다는 1인용 이동수단 사용이 증가할 것이고, 원격시스템의 발달로 이동 필요성이 낮아지면서 오히려 이동범위가 축소될 것이라고 보는 의견도 있었다. 또한 3D프린팅 기술을 활용한 자동차 제작 등 산업구조 변화도 예측됐다. 초고속 이동수단의 발달은 세계를 1일 생활권으로 만들어주지만 이에 대한 혜택은 일부에게 돌아갈 수 있다는 의견도 제기됐다. 이 외에도 새로운 교통수단의 발달이 친환경 에너지 발달과 함께 이뤄져 환경오염이 완화될 것으로 전망했다.

비대면 이동 문화와 관련된 미래 사건으로는 '거리 두기 여행문화'가 있었다. 기존의 단체여행이 사라지고 개인여행이 활성화되며,

이에 따라 새로운 여행 코스가 개발될 것으로 예측됐다.

　워크숍 참가자들은 무인 자율주행차량의 도입으로 인해 개인의 여가시간이 늘어날 것으로 봤고, AI 시스템이 교통에 활용되면 더 안전하고 편리하게 이동할 수 있으리라 전망했다. 다만, 무인 차량과 유인 차량이 도로에 상존할 때 발생할 수 있는 혼란에 대한 법제정 마련과 같은 철저한 대비가 사전에 이뤄져야 한다는 의견이 많았다. 한편, 2030년 한국의 미래를 생각할 때 꼭 이루고 싶은 것을 사후 설문을 통해 물었을 때, 참가자들은 계층 간의 갈등 완화와 혜택을 누릴 수 있는 기회가 공정하게 제공되기를 바랐다.

우리가 원하는 것과 가능한 것

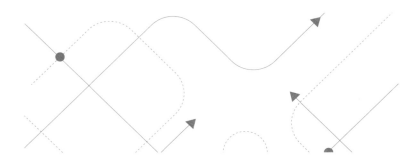

미래 사건에 대한 인식을 조사한 결과, 이동 분야에서는 실현가능성과 선호도의 경향성이 유사하게 나타났다. 실현가능성의 평균은 3.83점(5점 만점)이고, 선호도 평균은 3.43점(5점 만점)이었다. 이는 다가올 미래 사건에 대해 사람들이 대부분 이해하고 있으며, 막연한 두려움이 비교적 해소된 결과라고 볼 수 있다.

이동 분야에서 실현가능성과 선호도가 모두 높게 나타난 미래 사건은 무인 자율주행차량의 상용화와 드론 배송의 도입, 친환경 교통수단, AI 기반 교통시스템이었다. 실현가능성은 높지만 대중이 선호하지 않는 미래는 카메라의 활용과 관련 시스템 도입, 무인 자율주행차량과 유인 자동차의 공존, 자율주행세 신설이었다. 선호도는 높지만 실현되기 어려운 미래 사건으로는 산업구조의 변화, 1인용 이동수

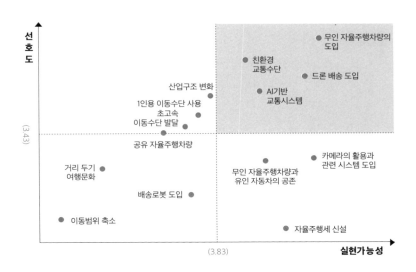

이동 분야 실현가능성/선호도 기준 미래 사건 매핑

단 사용, 초고속 이동수단의 발달, 공유 자율주행차량을 꼽았다. 마지막으로 선호도와 실현가능성이 모두 낮은 사건은 거리 두기 여행문화, 이동범위 축소, 배송로봇 도입(유지보수)으로 나타났다.

요약하자면, 언택트 문화와 디지털화로 인한 자율시스템의 확산을 바라고 기대하지만, 그 이면에는 거부감도 있다는 것으로 해석할수 있다. 특히 자율주행차량과 AI 기반 교통시스템 인프라에는 카메라와 라이다LiDAR 등이 장착될 것으로 예측되는데, 사람들은 해당 시스템으로 인해 개인의 자유가 침해되는 것은 바라지 않았다.

세대 간 차이도 있었다. 예상과 달리 20대에 비해 60대가 많은 사

미래 사건에 대한 세대 간 인식 차이

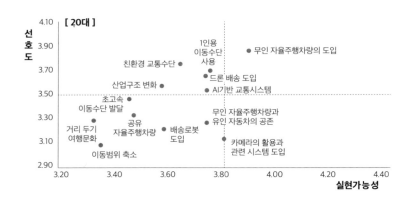

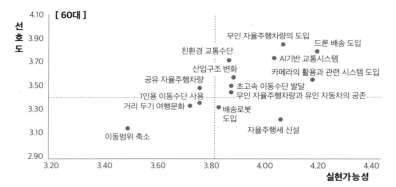

건을 긍정적으로 바라봤는데, 20대는 무인 자율주행차량의 도입만을 실현가능하고 선호하는 미래로 본 반면 60대는 무인 자율주행차량의 도입을 포함한 여덟 개 미래 사건을 실현가능하고 선호하는 미래로 뽑았다. 또한 20대는 거리 두기 여행문화의 도래를 포함한 여섯 가지 미래 사건을 선호하지 않으며 실현가능하지 않다고 봤지만,

60대는 거리 두기 여행문화, 1인용 이동수단 사용, 이동범위 축소 등 세 가지를 선호하지도 실현가능하지도 않은 미래로 봤다.

두 세대에 인식의 차이를 유발하는 특징 중 하나는 '경험'이다. 60대는 빠른 기술발전 속도를 경험했기에 많은 신기술이 실현가능할 것으로 내다봤지만 20대는 이를 대부분 낮게 봤다. 또한 1인용 이동수단을 보자면 20대는 전동킥보드 등과 같은 1인용 이동수단을 다수 사용해봤지만, 60대는 가족 단위의 이동 등을 이유로 1인용 이동수단을 사용해본 경험이 부족하다. 그 결과, 미래 사건에 대한 인식 차이가 두드러진 것으로 보인다.

집을
떠나는,
모험

정소연

"응, 내일 22시 40분 도착이야. 응, 밤 10시. 한국 시간 맞아. 고마워."

수진은 모니터를 끄고 모니터 옆 액자를 오랫동안 바라보았다. 드디어 집으로 간다. 서울로. 하연과 어머니가 있는 공간으로.

출장은 아주 드문 일이었다. 입사했을 때, 수진은 해외출장을 할 줄은 상상도 못 했다. 애당초 기업들은 어지간해서는 국내든 국외든 출장을 명하지 않았다. 어떤 원격통신 설비를 쓰고 어떤 현지 인력을 불러도 사람을 옮기는 것보다는 효율적이기 때문이었다. 출장은 모험이었다. 준비가 많이 필요한 모험. 한 달 전에 직접 병원에 가 항체 형성 여부를 확인하고, 한국어 확인증을 자그마치 '종이'로 발급받았다. 현지 번역문에 아포스티유까지 받아 '실물' 제출한 다음, 특수방문비자를 신청했다.

10년 전이었다면 불안한 마음에 번거롭더라도 기꺼이 했을 일이지만, 이제 수진은 모험을 떠날 나이가 아니다. 이 모든 경로의존적 관행이 남은 먼 곳까지 떠나고 싶지 않았다. 하연이 태어난 다음부터는 더 조심스러웠다. 원래 백신을 맞을 시기가 아닌데 서류를 갖추기 위해 또 병원에 가는 일도, 집을 비우는 일도, 낯선 공기를 피부로 느끼고 낯선 곳의 물을 마시는 일도 모두 조심스러웠다. 엄마인 수진이 하연의 활동범위를 벗어나는 일 자체가 아이를 위험하게 하는 일처럼 느껴졌다.

그래도 오지 않을 수 없었다. 처음에는 사소한 문제였다. 공장의 예상 생산량과 실제 생산량에 오차가 생겼다. 드물지만 있을 법한 일이었다. 인간 작업자도 있는 공장이었다. 소수라도 인간 작업자가 있으면 단순 오차가 생기기 마련이다. 예측범위 내에 있던 작업량 오차가 점차 커지더니, 예측범위를 벗어났다. 여기까지도 대처 가능한 일이었다. 현지에서 자동적으로 점검에 들어갔다. 공장 내 카메라와 출퇴근 인식기와 로봇의 전력소모량과 작업자들의 이동경로를 확인했다. 문제가 없었다. 확인하는 프로그램을 재점검했다. 문제가 없었다. 그사이에도 작업량이 목표와 맞지 않는 상황은 계속되었다. 아니, 더 심각해졌다. 작업량이 적다면 차라리 단순했겠지만, 너무 적게 만들거나 너무 많이 만들거나 해 격주간 보고에 올라오는 최종 납품량은 또 얼추 맞았다. 아예 안 맞는 것보다 더 안 좋은 상황이었다.

현지 직원이 실사를 나갔다. 여기부터 복잡해지기 시작했다. 다르에스살람에 사는 현지 직원들이 아루사에 있는 공장을 다녀오는 데 사흘이 걸렸다. 비행기로는 한 시간 거리지만 표가 없었다. 한국공단 전용 비행기도 2주를 기다려야 했다. 차로 이동하기로 했다. 네 명 이상이 같은 차에 타고 이동하려면 추가 서류가 필요해 세 명밖에 보낼 수 없었다. 그나마도 회사에 자율운전 공용차가 있어 한 사람을 더 태울 수 있었다. 차간 간격을 유지하지 않으면 단속되어 언제나 묘한 정체 상태인 도로에서 일곱 시간을 보내고 공장에 도착한 현지 직원들은 다음 날 오전 근무부터 5교대를 감시했다. 아무

문제도 발견하지 못했다. 드나드는 사람들도 움직이는 로봇들도 아무 문제가 없었다. 더 환장할 일은, 현지 직원들이 지켜보는 동안에는 작업량이 정상 범위였다는 사실이었다. 현지 직원 둘은 소프트웨어와 하드웨어를 모두 확인했다. 두 번 세 번 확인하고 검사 프로그램을 돌리고 심지어 몇몇 작업장을 무작위로 선정해 물리적인 카메라와 열감지 설비 등을 점검하기까지 했는데, 모두 멀쩡했다.

당연히 기계에 문제가 있을 줄 알고 인간 직원 인터뷰를 계획하지 않은 것도 실수였다. 미리 등록되어 있지 않은 낯선 사람끼리 대면 인터뷰를 하려면 지방정부에 미리 신청을 하고 허가를 받아야 했다. 그때까지는 아무도 아루샤 공장 직원과 다르에스살람 관리 직원 사이를 대면접촉안전관계인으로 등록할 생각을 하지 못했었다. 공장이 정상 가동을 시작한 이래 그럴 일이 한 번도 없었기 때문이었다. 사람과 사람은 어지간해서는 만나지 않는다. 낯선 사람이라면 더 그렇다. 등록하지 않아 위법일 뿐 아니라, 전 세계 어디에서나 예의에도 어긋나는 일이다. 사람은 약하고, 복잡하고, 조심스레 닿아야 하는 존재다.

출장을 다녀온 현지 직원들은 결국 현장에서 아무 이상도 발견할 수 없었다는 보고를 했다. 사람이 다른 지역으로, 게다가 사흘이나 움직였으니 엄청난 비용이 들었다. 얻은 것은 전 세계 다른 공장에서는 몇몇 직원들을 대면접촉안전관계인으로 등록하는 것이 좋겠다는 경영제안 정도였다. 그런데 이들이 아루샤로 복귀하고 이틀 만에 다시 작업량이 맞지 않기 시작했다. 오차폭이 더 커졌다. 이제 최종 납품량도 안 맞았다.

결국 본사는 차라리 수진을 탄자니아로 보내기로 했다. 현지 공장장과 함께 문제를 확인하고 돌아오는 미션이었다.

해외출장이라니. 입사할 때 안내받은 특별조사팀의 업무에 이 비슷한 것이 있기는 했다. 그러나 수진은 당연히 서울 자택근무가 기본이라고 생각했다. 설령 출장을 가더라도 분리 이동망이 완전히 구축된 한국 안에서나 있을 일이라 생각했다. 실제로 지난 2년 동안 출장은커녕 본사에 직접 출근한 날도 손에 꼽았다. "모든 사용자는 근로자에게 출근을 요하는 업무를 지시할 경우 이동수단과 이동에 소요된 지출실비를 지급 혹은 보전해야 한다"는 근로기준법에 따라 거의 모든 회사는 출근수당을 지급하느니 원격업무 지시를 했다.

이 출장이 수진에게 떨어진 과정도 마음에 들지 않았다. 모두가 기피하는 해외출장이었다. 팀장은 팀장이라 빠지고, 선임조사역은 아프리카가 아니라 남미 담당이라며 발을 뺐다. 남미 담당은 무슨. 대륙이 아니라 타임존별로 업무가 나뉜 게 언젠데. 말도 안 되는 구시대적 핑계였지만 이것도 사회생활이라고 그 핑계가 통하긴 했다. 이 사람은 이래서 빠지고 저 사람은 저래서 빼고 하다 보니 일을 떠맡은 사람은 경력직 입사자 중 가장 근무연차가 낮은 수진이었다.

수진은 병원에 가 항체형성검사를 하면서도, 현지기준치 미달이라 새로 예방접종을 받으러 병원에 또 가면서도, 회사에서 우편으로 보내준 서류를 들고 공항에 가면서도 현지 상황이 정상화되었다는 소식을 기다렸다. 공항에는 어머니와 함께 갔다. 하연은 시터에게 맡겼다. 차 안에 있겠지만, 그래도 아이를 공항같이 먼 곳까지 데리고 나오기가 내키지 않았다.

어머니는 공항에 가는 내내 "우리 때는 여름 휴가면 해외여행을 갔는

데", "네 아빠하고 교토에서 봤던 단풍이 그리 좋았지" 하고 말을 계속했다. 수진도 기억하고 있었다. 2010년대 말, 부모님의 은혼식 기념 일본 여행이 었는데, 사실 공항 가는 길에 꺼내기 좋은 화제는 아니었다. 부모님의 마지막 해외여행이었으니까.

어머니의 손이 떨렸다. 수진보다는 자신을 안심시키려 계속 말하는 것 같았다. 수진은 어머니의 손을 끌어당겨 잡았다. 어머니가 흠칫했다. 어렸을 때에는 학교에서 돌아오자마자 어머니에게 폭 안기곤 했었다. 지금은 대면접촉안전관계인 사이라도 스킨십을 잘 하지 않는다. 그저 그렇게 되었다. 마치 이제는 과태료가 없는데도 모두들 2미터 이상 멀찍이 떨어져 걸어 다니듯이, 수진이 하연에게 "엄마랑 포옹하자"라고 말하면 하연이 환한 얼굴로 샤워부스로 뛰어 들어가 전신소독을 하고 나오듯이. 하연이 때로, 아이돌보미의 센서가 있는 자리인 수진의 배나 어깨를 터치했다가 살이 눌리는 감각에 흠칫 놀라듯이.

"잘 다녀올 거예요. 괜찮아요. 엄마. 엄마 말씀처럼 옛날에는 만날 나갔잖아요. 요새는 다 안전해요."

공항은 한산했다. 진입하는 수진의 차량번호를 인식한 공항 시스템이 수진을 제2터미널로 안내했다. 수진은 자신의 이름이 쓰인 초록색 선을 따라 걸었다. 아무도 만나지 않고 비행기에 올랐다. 두바이 경유 비행기였다. 두바이에서 몇 사람이 더 탄 것 같았다. 수진은 비행기에서 내리지 않았다. 이제 사람들은 경유지에서 내리지 않는다. 열일곱 시간 걸려 다르에스살람에 도착하고, 현지 공장장과 대면접촉안전관계인 등록을 하고, 함께 아루샤로 갔다.

수진이 아루사에서 목격한 연대, 안전하지 못한 처지의 사람들이 기계를 사이에 두고 연결되어 움직이던 장엄한 광경, 하연에게 들려줄 때마다 점점 더 거창해졌던 해외여행담, 수진이 제출한 보고서, 지나치게 성실히 작성했던 그 보고서 때문에 수진이 결국 온갖 직무상 비밀유지 서약을 하고 신체고유정보를 제출하고 공무원이 되었던 과정은, 수진의 귀국길만큼이나 길고 멀어, 다른 곳에서 다음에 이어 해야 할 이야기이다.

한눈에 살펴보는
미래 이동

❶ 무인 자율주행차 도입

· 업무, 여가, 휴식 등 이동 중
  차 안에서 누릴 수 있는 활동 확대
· 자동차가 중요한 일상 공간으로
  부상

❷ AI 기반 교통시스템

교통 흐름 파악, 돌발상황 감지,
AI 기반 도로환경 분석으로
교통사고 방지

❸ 실시간 배송시스템

이동 중에도 실시간 배송이
가능한 드론 배송시스템
보편화

2030년 이내에 벌어질 미래 이동의 모습을 일러스트와 간략한 시나리오 형식으로 표현했다. 대중 선호도가 높게 나타나 향후 적극적인 대응이 필요한 이동 분야 미래 사건을 중심으로 구성했다.

❹ 빅데이터를 활용한 거리 두기 여행문화

지역이나 공간의 방문객 밀집도를 파악해 안전한 여행을 제안하는 빅데이터 시스템 발달

▬▬▬ 코로나 이후 한국 사회는 거리 두기 문화를 정착시켜나갔다. 이에 따라 대중교통에도 많은 변화가 일어났다. 지하철이나 버스는 탑승객이 안전거리를 확보할 수 있는 밀도를 유지해 운행했고, 탑승객 수에 제한을 두기 시작했다. 2030년 현재 대중교통에 나란히 붙어 앉는 좌석은 없으며 버스와 지하철 모두 개인 좌석으로 재설계되어 운영된다. '안전 밀도 운행' 초기에는 출퇴근 시간에 이동이 지연되면서 불만이 나오기도 했다. 하지만 원격근무 도입, 출근 요일제 권고, 탄력출근제 등 다양한 정책을 통해 문제가 점차 해결됐다. 이제 수도권 거주 직장인은 평균 2.3회 물리적 출근을 하며, 100% 원격근무를 도입한 회사도 늘어나는 추세다.

가장 혁신적인 변화는 무인 자율주행차 기술이 이끌고 있다. 판교, 상암 등 수도권 일부 지역에서 시범운영을 해오던 무인 자율주행차는 이제 전국 단위로 운행되고 있다. 무인 버스, 무인 지하철 등 대중교통부터 도입된 공공 무인 자율주행차는 개인이 단독으로 이용할 수 있는 범위로 확장되고 있다. 원격시스템과 무인자동차의 결합은 달리는 자동차 안에서 모든 것을 할 수 있는 삶, 즉 이동식 라이프스타일을 정착시켰다.

사람들은 이제 이동하며 업무를 하고, 학교 수업을 받고, 취미활동을 하고, 수면을 취한다. 만 13세 이상 청소년도 보호자의 동의가 있으면 혼자서 무인 자율주행차를 탈 수 있으며, 이에 따라 혼자서 이동하는 청소년을 위한 다양한 교육과 놀이 프로그램이 개발되고 있다. 도심뿐 아니라 산간벽지 등 전국 모든 곳에서 자율주행차량을 이용할 수 있게 되면서 장애인과 노약자 등 교통약자의 이동권리도 확장되고 있다. 자동차는 이동수단 이상의 역할을 하게 됐으며 이에 따라 일상 대부분을 자율주행차에서 영위하는 사람도 늘고 있다. 이처럼 집 없이 차에서만 사는 사람들을 '드라이빙 노마드족'이라고 부른다.

AI 기반 교통시스템은 무인 자율주행차 도입과 함께 교통사고 위험을 줄여주고 있다. 교통 상황을 실시간으로 교신하여 최적의 운행을 이끌어내는 AI 기술과 보행자 및 상대 차량을 민감하게 감지하는 센싱 기술의 발달은 교통사고로 인한 사망사고 제로 시대를 이끌고 있다. 1인용 이동수단의 발달은 안전 이동에 대한 필요성을 더욱 높였고, 전용도로 신설 및 확충은 이동수단의 다양성을 확보하는 데 기여했다. 이에 따라 친환경 에너지 사용이 늘면서 10년 전보다 도시의 환경오염이 개선되고 있다.

사람의 이동이 개인화를 통해 안전과 편리함을 추구한다면 물류 이동의 화두는 무인화이다. 이를 대표하는 기술은 드론 배송시스템으로 전국 어디서나 24시간 실시간 배송이 가능해졌다. 이제 달리는 자동차 안에서도 배송을 받을 수 있으며, 개인과 개인 간의 배송 이용도 늘고 있다. 원격으로 함께 요리하고, 완성된 음식을 실시간으로 참가자에게 배송시켜 나눠 먹는 '드론 포트럭 파티'도 유행 중이다. 밤낮으로 하늘 위에 떠 있는 드론은 이제 없어서는 안 될 필수품이 됐으며, 드론이 내는 윙윙 소리는 도시의 친숙한 소음이 됐다. 무인 배송로봇도 활용도를 늘려가고 있는데 드론과 함께 더 빠르고 편리한 배송 문화를 이끌고 있다.

코로나 이후 안전을 위해 지역 비자가 도입되기도 했다. 모든 지역은 한 달 방문객 수가 한정돼 있는데, 여행객이 많은 지역의 경우 미리 비자를 신청해놓지 않으면 방문 자체가 어려울 수 있다. 이제 여행을 가기 위해서는 숙소 예약보다 먼저 지역 비자 발급 가능 여부를 체크해야 한다. 또한 비자를 받아 여행하는 경우에도 주요 관광지나 번화가는 방문객 밀집도를 확인하며 거리 두기 여행을 하도록 권고한다. 이제 지도 앱에는 이동 방법이나 거리 정보뿐 아니라 해당 지역 및 장소의 인구 밀집도가 실시간으로 제공된다.

코로나 이후 한국 사회는 다양한 이동기술 발달로 교통사고 감소, 빠른 배송, 친환경 교통수단 사용 등 긍정적인 변화를 맞이하고 있다. 이를 위해 도시는 실시간 데이터 수집을 하며 수집한 데이터는 빠른 속도로 공유된다. 원격 시대가 도래하면서 주거지 중심으로 생활반경이 줄어들고 물리적 여행을 대체하는 다양한 가상경험 문화가 들어오면서 개개인의 물리적 이동범위는 축소되는 추세다. 그럼에도 개인과 개인을 이어주는 물류와 정보의 이동은 전에 없이 폭발적으로 증가하고 있다.

6장

이동의 미래,
어디로 가는가

이동의 4대 영역 분석

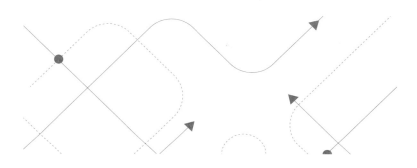

이동 분야에서 도출된 미래상의 특징은 네 가지로 요약할 수 있다. 바로 ①통합화/유연화 ②다양화 ③무인화 ④인간중심 체계화이다. 통합화/유연화는 파편화돼 있는 요소가 디지털화로 체계화되면서 통합되고, 시스템 대처능력이 유연해지는 현상이다. 다양화는 교통 및 물류 시스템에서 여러 유형의 운송/수송 수단이 발달하고 있는 현상을 말한다. 또 무인화는 자율주행, 로봇 배송, 드론 배송 등의 도입으로 사람이 하던 일이 기계로 대체된다는 뜻이고, 마지막 인간중심 체계화는 퍼스널 모빌리티처럼 무인시스템의 탑재와 활용이 제한되는 분야에서 나타나는 특징이다. 비대면-비접촉 추세가 강하게 나타나도 운영 및 작동에서는 사람의 활동이 크게 작용하기 때문이다.

시스템 관점과 운영 및 작동 관점에서의 미래상

시스템 관점		운영 및 작동 관점	
		인간중심 체계화	무인화
시스템 관점	통합화/유연화	• 공유서비스	• 물류시스템 • 교통시스템
	다양화	• 여행 • 퍼스널 모빌리티	• 자율주행차 • 유통시스템

이제 미래 시나리오의 분석 결과에 대한 전문가의 의견을 수렴해 2030년 내에 도달할 미래에 대해 살펴보도록 하자. 이동수단 전문가 7인, 물류시스템 전문가 2인, 여행 전문가 2인, 교통시스템 및 보안 전문가 3인의 자문을 수렴한 결과, 대부분 대중의 바람이 현실과 다소 동떨어져 있으며, 현실과 바람의 차이를 자각해야 한다는 의견을 내놓았다. 이러한 시각 차이는 자율주행의 도입, 친환경 교통수단의 도입, AI 기반 교통시스템의 도입, 이동범위의 축소 부분에서 나타났다.

전문가들은 지금 당장은 이동범위가 축소됐지만, 포스트 코로나 시대에 이동범위는 축소되지 않으며 이전과는 다른 패턴으로 효율적이고 효과적으로 이동하리라고 전망했다. 또한 자율주행차는 향후 10년 내에 완전 상용화는 어렵다는 견해가 지배적이었다. 현재 스마트시티 같은 시범단지에서 운영하는 무인 자율주행 셔틀은 3년 내에도 도입할 수 있지만, 일반 차량의 무인 자율주행화는 향후 30년 정도는 거쳐야 겨우 도달할 미래라고 진단했다. 또한 유럽에서는 2030년에 판매되는 차량을 모두 친환경차로 전환한다고 선언했으나 일부 전문가는 그때까지 전기차 비율은 많아야 30% 수준에 이를 것으로 전망했다. AI 기반의 교통시스템 또한 현재 C-ITS를 도입하고 테스트하는 연구개발 단계에 있으나 2030년까지 도입되기 어렵다고 내다봤다.

사람들이 선호하는 미래 사건 중, 드론 배송만이 유일하게 2030년 내에 도달할 미래로 전망됐으며, 대부분의 선호 사건은 도달하기 어려운 미래로 점쳐졌다. 반면 선호하지 않는 미래는 2030년 내에 도달할 것으로 전망돼 이에 대한 대비책 마련이 필요하다. 비선호미래 사건을 보완하고 선호미래 사건을 달성하려면 무엇을 어떻게 해야 할지 대책을 세우기 위해, 현재 상황부터 살펴보자.

이동수단의 미래, 어떻게 될까?

앞서 살펴봤듯 미래 이동수단의 개발은 자율주행차를 중심으로 진행되고 있다. 또한 휴대성 좋은 퍼스널 모빌리티의 보편화로 개인용 이동수단이 다양해지는 추세다. 그러나 퍼스널 모빌리티나 자율주행차와 같은 새로운 이동수단과 관련된 국내의 제도 정비는 상대적으로 뒤처져 있다. 2019년 KPMG가 발표한 AVRIAutonomous Vehicles Readiness Index(자율주행자동차 특허, 관련 투자 정도, 최신 기술에 대한 접근성 및 전기자동차 시장점유율 등의 지표를 종합적으로 고려하여 평가한다)에 따르면 국내 자율주행자동차 관련 규제는 선도국가와 비교했을 때 상대적으로 높은 수준이고, 퍼스널 모빌리티도 제도 마련과 인프라 정비가 주요 선진국에 비해 뒤처진 것으로 평가됐다.

자율주행차

자율주행자동차의 상용화를 위해 주요 선진국은 다양한 정책 및 자금 지원을 포함해 기존 규제를 개선하는 등 제도적 혁신을 추진하고 있다. 특히, 미국은 2012년 네바다주에서 자율주행차량의 시험운행을 최초로 합법화한 이후 지금까지 애리조나, 캘리포니아, 플로리다, 워싱턴 DC 등을 포함한 37개 주정부에서 자율주행차 입법을 완료한 상황이다.[12] 그리고 미국 교통부와 도로교통안전국은 2016년부터 매년 연방 자율주행차 정책인 'Automated Vehicle' 가이드라인을 업데이트해 발표함으로써, 자율주행 시스템의 안정성과 연방정부 및 주정부의 권한 배분에 관한 사항을 제시하고 있다.

미국 연방정부 단위 Automated Vehicle 정책 가이드라인 주요 내용

구분	주요 내용
기본 원칙	• 사용자와 지역사회 보호, 효율적인 자율주행차 시장 조성, 주정부-연방정부 간 협업 및 정보교환 촉진
자율주행 기술개발 관련 정책 지원	• 첨단제조기술, 인공지능 및 기계학습 등 프론티어 기술개발 지원 STEM 교육 및 인력양성 강조 • ICT 제품 및 서비스 등 value-chain 내 외국 기업의 시장진입 제한
자율주행 관련 연방정부 투자 분야	• 기초연구, 보안 및 사이버보안, 교통시스템 인프라, 대국민 홍보 등

자료: 미 운수부 발표 내용을 활용한 백장균(2020) 재인용[13]

유럽은 유럽교통안전위원회European Transport Safety Council, ETSC, 유럽도로교통연구자문위원회European Road Transport Research Advisory Council, ERTRAC가 중심이 되어 기술개발 표준을 제정하고 있으며, ERTRAC는 기술개발 로드맵Automated Driving Roadmap을 마련하여 공표하고 있다. 특히 미국과의 기술격차를 줄이기 위해 자율주행차량 관련 규제 및 법제도 정비와 신기술 및 서비스 테스트베드 구축에 초점을 맞추고 있다.

일본의 경우에는 Level 3 수준의 자율주행차량 운행 허용을 위해 관련 법 개정안을 의결하여 시행 중에 있다. 2019년 3월 일반도로에서 Level 3 수준의 자율주행자동차 주행 허용을 위해 '도로교통법 개정안' 및 '도로운송차량법 개정안'을 의결하고 운행과 관련한 안전의무 및 대책을 추가하였다. 특히 고도화된 완전자율주행 기술 도래를 대비하여 자율주행자동차 시스템 정의, 교통규칙, 사고 시 책임, 안전기준 등을 포함한 법제화를 추진하고 있다. 2014년 이후 매년 정부 차원의 기술개발 로드맵을 업데이트하여 발표하고 있으며 이를 바탕으로, 1단계(2014~2018년)에서는 HMIHuman Machine Interface, 동적지도, 보안, 시뮬레이션, 데이터베이스 등 열한 개 분야에 대한 연구개발에 집중적으로 투자했고, 2단계(2018~2022년)에서는 개발된 결과물을 공용도로와 공공운송에까지 확대하고, 다양한 사용자 중심 서비스 개발에 연구개발 투자를 집중하고 있다.[14]

그렇다면 우리나라는 어떨까? 우리나라는 2019년 미래차 산업발전 전략을 발표하여 2027년에 완전자율주행(Level 4)을 세계 최초로 상용화한다는 목표를 제시하고 있다. 구체적으로, 2021년에 Level 3 자율주행차량을 출시하고 2024년에 Level 4를 일부 구간에 상용화하며, 2027년에 Level 4를 전국 주요 도로에 상용화하겠다는 계획을 발표했다. 이와 함께, 2018년 발표한 '자율주행차 선제적 규제혁파 로드맵'에서는 ICT가 융합된 자율주행차의 발전단계를 고려해 운전주체, 차량장치, 운행, 인프라의 4대 영역에 대해 30개의 규제 이슈를 발굴하고, 이에 대한 개선방안을 마련했다.

그리고 2019년 발표된 '미래차 산업 신속전환을 위한 3대 전략'에서는 2024년까지 완전자율주행을 위한 제도 도입 및 정비 시기를

'자율주행자동차 상용화 촉진 및 지원에 관한 법률' 주요 내용

구분	주요 내용
관련 정의 세분화	자율주행 기술단계를 운전자 개입 필요 여부에 따라 부분자율주행과 완전자율주행으로 구분하고, 자율주행시스템 및 관련 인프라 등의 정의를 신설함으로써 향후 안전기준, 사고 책임 등 관련 제도 적용의 근거를 마련한다.
정책추진 체계 정비	인프라 구축, 대중교통과 같은 교통물류체계 도입 등에 관한 기본계획을 5년마다 수립하도록 함으로써 민간의 정책 예측가능성을 제고한다.
안전운행 여건 정비	사람이 아닌 자율주행차 관점에서 도로를 평가하여 '자율주행 안전구간'을 지정하고, 도로시설과 자율주행협력시스템 등 인프라를 집중관리하고 투자하여 자율주행이 용이한 안전구간 상태를 유지하고 안전구간을 더욱 확대하도록 한다.
시험운행지구 도입	일정 지역 내에서 자동차 안전기준, 여객·화물운송 등 다양한 규제특례를 부여하여, 자율주행차를 활용한 새로운 서비스·비즈니스 모델의 실증과 사업화를 허용한다.
인프라 구축 및 관리	원활한 자율주행을 위해 자율주행협력시스템·정밀도로지도를 구축하며, 특히 정확도가 중요한 정밀도로지도의 경우 도로관리청은 갱신이 필요한 도로시설의 변화를 국토부장관에게 통보하도록 한다.
관련 생태계 기반 조성	자율주행차의 도입·확산과 교통물류체계의 발전을 위해 안전·인프라·교통물류와 관련된 기술개발, 전문인력 양성, 국제협력 등을 지원한다.

단축함으로써, 자율주행 제도 및 인프라(통신시설, 정밀지도, 교통관제 및 도로)를 세계 최초로 완비한다는 목표를 세웠다. 특히, 2019년 4월에 통과된 '자율주행자동차 상용화 촉진 및 지원에 관한 법률'은 ①자율주행 관련 정의 세분화 ②정책추진 체계 정비 ③안전운행 여건 정비 ④시범운행지구 도입 ⑤인프라 구축 및 관리 ⑥관련 생태계 기반 조성 등을 포함하고 있다. 그에 따라 자율주행차 상용화에 대비한 법적 기틀이 마련됨으로써, 미래 자율주행차 시장의 성장을 뒷받침하는 주요 지원 인프라가 형성되고 제도가 개선될 것으로 기대된다. 그리고 이를 바탕으로, 최근(2020년 1월)에는 세계 최초 부분자율주행차(Level 3) 안전기준을 제정하여 도입하는 성과를 거두기도 했다.

퍼스널 모빌리티

퍼스널 모빌리티에 대한 제도적 기반은 나라마다 접근방식이 상이하다. 크게는 법적으로 허가된 제품에 한정하여 도로 이용을 허용하는 경우와 반대로 전면적 혹은 원칙적으로 금지하는 국가로 구분할 수 있다. 구체적인 국가별 현황은 다음 페이지 표와 같다.

퍼스널 모빌리티 관련 제도를 마련하는 동시에 이용 확대를 위해 전용도로를 마련하는 등 인프라도 활발하게 구축하고 있다. 미국 시카고는 바이크 시카고 네트워크 구축 사업을 통해 시카고 전역에 645마일의 자전거 전용도로를 고도화 및 확장하여 자전거 이용에 대한 접근성을 높이고 있다. 이와 동시에 네트워크 내에 6,000대의 공공 자전거를 배치하여 교통체증 완화를 위한 인프라를 구축하고 있다.

국내의 상황을 살펴보자면, 퍼스널 모빌리티의 보급을 확대하고 관련 산업을 육성하기 위해서는 그에 법적 지위를 부여하는 것부터 짚어봐야 한다. 전동휠체어는 보행자로, 전기자전거 중 PAS 형태는 자전거로, 그리고 전기자동차는 자동차로 명확하게 규정된 편이다. 그러나 그 외 전동킥보드, 전동휠, 스로틀throttle 방식의 전기자전거 등에는 명시적인 법적 지위가 없다. 현재 대부분의 퍼스널 모빌리

국가별 퍼스널 모빌리티 통행 방법

국가	통행 방법
영국	• 도로 이용 불가
스위스	• 차도/자전거도로 이용 가능 • 장애인은 보도 이용 가능
스웨덴	• 도로 이용 불가
네덜란드	• 차도/자전거도로 이용 가능 • 장애인에 한하여 보도 이용 가능
독일	• 차도/자전거도로 이용 가능
프랑스	• 자전거도로/보도 이용 가능
호주	• (퀸즈랜드) 자전거도로/보도 이용 가능 • (노던준주) 공유경로 이용 가능 • (그 외) 도로 이용 불가
미국	• (워싱턴) 차도/자전거도로/보도 이용 가능(전동킥보드는 보도 이용 불가) • (뉴욕) 차도/자전거도로/보도 이용 가능 • (캘리포니아) 차도/자전거도로/보도 이용 가능 • (그 외) 차도 이용 가능
싱가포르	• 차도/자전거도로/보도 이용 가능
중국	• 도로 이용 불가
일본	• 자전거도로/보도 이용 가능

티는 동법 제2조 제19항에 따라 원동기장치자전거(배기량 125cc 이하의 이륜자동차이거나 배기량 50cc 미만의 원동기를 단 차)에 속한다. 이에 따라 퍼스널 모빌리티는 현행법상 보도와 차도로 구분된 곳에서는 차도로 통행해야 하며, 자전거도로 또는 길 가장자리 구역으로 통행해서는 안 된다. 퍼스널 모빌리티에 적합하지 않는 자동차 수준의 운행방법을 제시하고 있다는 것과, 교통수단으로서의 안전성을 보장할 수 있는 기준이 마련되어 있지 않다는 점은 현행 법체계의 가장 큰 문제점이다. 해외 선진국들은 퍼스널 모빌리티 운행도로 지침이나 속도 등 구체적인 규정을 마련하고 있는 반면, 우리나라는 퍼스널 모빌리티에 대한 법규가 미비한 상황이다. 이에 「도로교통법」 개정안에 퍼스널 모빌리티 관련 법규를 정비하여 포함시켰으며, 2020년 12월 10일부로 시행하고 2021년까지 실증을 통해 퍼스널 모빌리티의 통행방법에 대한 법·제도 정비 및 운행 가이드라인을 마련하고자 하는 등 다양한 방향으로 대응 방법을 모색하는 중이다.

물류시스템의 미래, 어떻게 될까?

우리나라의 물류 분야는 선도국가에 비해 많이 뒤처져 있는 상황이다. 로봇에 들어가는 핵심 부품 및 S/W는 일본, 독일 및 미국에 의존하며, 로봇산업의 전반적 경쟁력은 취약하다. 드론의 경우 기술력(세계 최고 대비 65% 수준)과 가격경쟁력 모두 부족하고, 대다수가 영세한 중소기업으로 R&D 투자에도 소극적이다.[15] 이에 관련 기술을 개발하고 산업을 육성하기 위해 정책과 규제 마련에 박차를 가하고 있다.

디지털 물류시스템

육해공 물류 분야 전반을 포괄하는 계획으로서 가장 최근(2015년)에 확정된 「(3차) 국가물류기본계획수정계획('16~'25)」은 4대 추진전략 중 하나로 미래대응형 스마트 물류기술 개발 및 확산을 제시했다.

미래대응형 스마트 물류기술 개발 및 확산

추진과제	세부과제
첨단 물류기술 개발 및 보급	• 첨단 물류시설 및 기술의 개발, 보급을 위한 기반 조성
	• 첨단 물류기술 개발 및 보급 • 차세대 물류기술 선점을 위한 미래형 물류기술 개발
ICT 기반의 스마트 물류정보화 사업 추진	• 육해공 물류거점 통합정보 인프라 및 국제적 연계망 구축
	• ICT 기반의 스마트 물류정보화 사업 추진 • 빅데이터 기반의 통합 물류통계관리체계 구축

자료: 국토교통부&해양수산부(2016), 「(3차) 국가물류기본계획수정계획('16~'25)」

최근에는 코로나19에 따른 위기를 경기부양과 비대면화 및 디지털화의 기회로 활용하기 위해 2020년 5월에 「한국판 뉴딜」 정책의 밑그림을 공개했는데, 그 중점과제 중 하나로 디지털 물류서비스 체계 구축이 포함되기도 했다.

한국판 뉴딜 10대 중점과제

1. 데이터 수집-개방·결합-거래-활용 인프라 강화	6. AI 융합 전산업 확산
2. 금융·의료 등 6대 분야 데이터 활용 활성화	7. 비대면 서비스 확산 기반 조성
3. 5G 인프라 조기 구축	8. 클라우드 및 사이버 안정망 강화
4. 5G+ 융복합 사업 촉진	9. 노후 국가기반 시설 디지털화
5. AI 데이터·인프라 확충	10. 디지털 물류서비스 체계 구축

자료: 비상경제 중앙대책본부(2020)

무인배송

드론

드론은 미래성장동력 중에서도 성장 잠재력이 높은 분야이기 때문에 드론산업을 육성하기 위한 정부의 정책 의지는 매우 강하다. 2017년 12월 「드론산업발전 기본계획」을 시작으로, 「드론 활용 촉진 및 기반조성에 관한 법률」, 「드론분야 선제적 규제혁파 단계별 계획(로드맵)」과 「2020년도 무인이동체 기술개발사업 시행계획」이 시행되고 있다. 관련 계획과 법률은 크게 ①기술개발 및 관련 인프라 구축 ②규제개선으로 정리할 수 있다.

자율주행 배송로봇 및 차량/선박

산업통상자원부는 2019년 3월 발표한 「로봇산업 발전방안」에서 물류 분야를 성장 가능성이 높은 4대 서비스 로봇 분야 중 하나로 선정했고, 향후 부산, 세종 등 스마트시티를 대상으로 배송로봇 실증사업을 통해 2023년까지 도로교통법상의 안전성을 시험·검증할 계획이다. 보행자가 이동 중인 일반보도에서 배달, 배송 등을 위한 자율주행로봇 시험이 이뤄지며, 이로써 로봇 기술 및 운영을 위한 다양한 데이터를 확보할 수 있다. 실증 구역은 1단계로 강서구 마곡지구를 중심으로 이뤄지고, 2단계는 강서구 전반으로 단계별 확대된다. 선도국가와 비교했을 때 상대적으로 자율주행차량에 대한 규제 수준이 높기 때문에 현재 부분자율 수준에서 2035년 완전자율을 목표로 2018년에 「자율주행차 분야 선제적 규제혁파 로드맵」을 발표하고, 2020년 5월부터 「자율주행자동차 상용화 촉진 및 지원에 관한 법률」을 시행하는 등 관련 법·제도를 정비하고 있다.

자율운항 선박 개발을 위해서는 2015년 「(3차) 국가물류기본계획수정계획('16~'25)」, 2019년 「해양수산 스마트화 전략」을 발표해, 2025년까지 자율운항 선박을 개발하고, 2030년까지 완전 무인 자율운항 선박 개발을 목표로 하고 있다.

여행의 미래, 어떻게 될까?

세계관광기구는 코로나19가 관광산업에 미치는 영향이 적어도 2023년 중반까지 이어질 것이며, 가장 긍정적인 시나리오를 가정하면 2.5년 후인 2023년 중반에 이전과 유사한 수준으로 회복될 것으로 봤다. 그러나 함께 발표한 다른 시나리오에서는 4년 후인 2024년

말에나 이전 수준으로 회복할 수 있을 것으로 예상했다. 그러나 이는 V자형의 급격한 회복을 가정한 시나리오고, 현실적으로 백신과 치료 제가 개발된다고 해도 전 세계적으로 보급되고 각 국가의 봉쇄, 거리 두기와 자가격리 등이 점진적으로 해소되기까지는 시간이 필요하다는 시각도 존재한다. 이러한 전망을 종합해보면 전 세계 관광산업이 이전 수준까지 회복되는 데에는 앞으로도 수년의 시간이 소요될 것으로 보인다.

이처럼 코로나19로 가장 큰 타격을 입은 관광 분야에서는 이후의 트렌드 변화에 주목하고 있다. 2015년부터 매년 국내여행 트렌드를 발표해온 컨슈머인사이트는 코로나19로 인해 여행의 소비심리, 형태, 기간, 이동수단 등에 상당한 변화가 발생할 것이라고 예측했다.

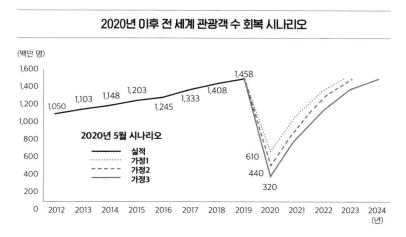

2020년 이후 전 세계 관광객 수 회복 시나리오

자료: 한국관광공사, 정승(2020)**16**

비포 코로나와 애프터 코로나 여행 키워드 비교

구분	비포 코로나	애프터 코로나
여행 소비심리	소확행	절제의 생활화
생활의 중심	집 안-집 밖 균형	집 안
주요 동반자	가족, 친구, 혼행	혼행, 스마트폰
여행의 가치	자기 만족	위험 회피
여행의 모습	일상화/여가화	급속한 일상화/여가화
여행 기간	단기간/당일 여행 증가	초단기-장기 칩거형 양극화
이동수단의 선택	승용차 외 열차/택시 이용 증가	승용차 선호, 차종 다양화
여행 먹거리	식도락, 매식	맛보다 청결 중시, 매식 기피
보건과 숙박	호텔 선호	숙박 기피
여행산업 전략	외지인 중심 연계-체류형	현지인의 '지금-여기' 중심 소비

자료: 컨슈머인사이트(2020), <국내여행 트렌드 예측>

컨슈머인사이트의 발표를 종합해보면 여행의 기준이 안전과 위생 중심으로 변화하면서 그 형태와 수요가 다변화되고, 느린 관광slow tourism과 스마트 관광smart tourism 형태가 새롭게 등장할 것으로 예상된다.[17] 관광객들이 여러 장소로의 이동을 선호하지 않으면서 여행의 양보다 질을 우선하는 여행이 새로운 트렌드로 등장할 것이다. 이에 따라 현지인, 장기 체류, 풍부한 경험 제공 등에 중점을 둔 관광 상품이 새롭게 개발될 것으로 예상된다.[18]

국내외 정부는 관광산업의 피해를 완화하기 위해 정부 보조금과 소비지원 등 다양한 지원정책을 펼치고 있다. 독일 연방정부 관광청은 'Corona-Navigator' 사이트를 개설하고 관광역량센터를 통해 운영하고 있다. 일본은 추가경정예산안을 통해 약 1조 6,000억 엔의 대규모 현금지원 정책을 펼치고 있는데, 여행상품을 구매하면 보조금을 지원하고 이와 더불어 관광상품을 개발하고 홍보하는 등 다양한 이벤트를 개최하고 있다. 미국에서는 '공항 및 관광보조금 AIRPORT AND TOURISM GRANTS' 정책을 통해 관광산업 타격 완화와 공항 운영 유지를 위한 보조금을 제공하고 있고, 호주는 남호주 South Australia 관광위원회를 개최해 570만 달러 규모의 종합적인 관광산업 지원대책을 마련했다.

우리나라의 경우, 피해 기업 지원정책으로 금융, 고용, 세정, 대출보증, 경영 분야에 대해 보조금 지급 정책을 펼치는 한편 수요를 확대하기 위한 다양한 홍보정책을 마련하고 있다. 그러나 현재 정부의 기업 지원정책은 신청과 지급 절차가 복잡하고, 이를 실행하는 인력이 부족하여 집행에 시간이 다소 소요된다는 한계가 있다. 이와 더불어 수요 확대를 위해 정보제공과 할인혜택 등으로 여행을 장려하는 정책을 함께 펼치고 있다. 구체적으로 한국관광공사 및 지자체와 함께 비대면 관광지를 100곳 선정하여 사전예약을 통해 인원을 제한하고, 기존에 인파가 많지 않은 야외 관광지를 발굴하고 홍보할 예정이다. 더불어 통신과 교통, 신용카드 등의 빅데이터를 활용하여 혼잡도가 높지 않은 개인별 맞춤 여행지를 추천해주는 여행예보서비스와 관광지의 혼잡도 정보를 제공할 예정이다.

교통시스템의 미래, 어떻게 될까?

기존 교통시스템에 AI 기술과 5세대 이동통신 기술을 탑재하여, 수집한 교통데이터를 분석하고 이를 바탕으로 교통시설을 상황에 따라 원격으로 제어하면서 교통체계의 효율성과 안정성, 편의성을 증대시키는 기술인 C-ITS를 도입하기 위해 국내외 다수 국가가 오래 전부터 아젠다 발굴과 기술개발을 지속적으로 진행해왔다.

미국은 1990년대 후반부터 V2X 서비스의 필요성을 인식하고 관련 프로젝트를 진행해왔다.[19] 미국은 국토 면적이 넓고 도로망에 인프라 설치가 어렵기 때문에 차량 간 서비스Vehicle-to-Vehicle, V2V인 무선통신에 중점을 두고 관련 정책을 추진했다. 현재까지 미국에서 진행

대차량 통신(V2X) 개념도

차량-보행자 간 통신(V2P)
전방 보행로를 지나는 보행자

차량-네트워크 간 통신(V2N)
5km 전방 교통 상황

차량-차량 간 통신(V2V)
응급차량 접근

차량-인프라 간 통신(V2I)
적색으로 바뀌는 신호등

자료: KIPOST(2018.01.30) 재인용

된 C-ITS 프로젝트들은 크게 미국 교통부가 추진한 정책과 폭스바겐·도요타·GM 등 주요 글로벌 자동차 제조기업이 참여하는 컨소시엄인 CAMP를 통해 진행된 VSCVehicle Safety Communication 프로젝트로 구분된다. CAMP는 미국 교통국과 협력하여 VSC 관련 표준인 '보안 인증 관리 시스템SCMS' 규격을 제정하기도 했다.[20]

미국은 또한 교통정체, 안전, 환경보호 등의 교통문제를 혁신적으로 해결하기 위해 5,000만 달러를 지원하는 스마트시티 챌린지 프로젝트를 발표하고, 대상 도시로 콜럼버스를 선정하여 관련 사업을 지원하고 있다. 스마트 콜럼버스smart columbus의 주요 사업으로는 교통 네트워크 구축, 와이파이 스마트 신호등 설치, 지불수단 통합시스템 구축 사업을 포함한 인프라 정비 및 일원화 정책 등이 있다.

미국 스마트 콜럼버스 사업 내용

연결된 교통 네트워크	전기차 인프라	데이터 통합 및 공유	고객 서비스 개선
• 200여 개의 노변 기지국 • Wi-Fi 스마트 신호등 • 교통 신호 제어기 • 3,000대의 커넥티드 카 등	• 도시 내 전기차 및 저탄소차 공급 • 충전 인프라 구축 • 2018년까지 3,200대 이상 전기 자동차 보급	• 콜럼버스시 교통 데이터를 통합하여 민간 애플리케이션 개발자, 공공 평가 부문 등에 제공	• 고객 중심 서비스 - MaaS 형태의 통합 서비스를 제공하는 인프라 구축 - 통합 지불 시스템

자료: 삼정 KPMG(2020)

유럽은 다수의 국가가 인접하고 있기 때문에 국가간 통합된 ITS 서비스를 제공하고자 EU 차원에서 ITS 관련 연구와 정책을 추진해왔다. 2010년 ITS 시스템 규제프레임워크로서 ITS Directive를 채택하고, 유럽 ITS 위원회와 유럽 ITS 자문그룹을 조직하여 관련 정책과 연구개발을 추진해왔다.[21] 이후 더 통합적으로 C-ITS를 추진하기 위해 자동차 제조업체, 이동통신 사업자 등 민간기업이 포함된 C-ITS 플랫폼을 구성하여 기술과 표준화 이슈를 검토했다. 이어 2016년에는 이를 토대로 C-ITS 추진전략을 발표하면서 구체적인 계획을 제시했다. 2019년에는 유럽연합 내 C-ITS 구축의 기초적인 기반을 마련했으며, 유럽 내 대규모 C-ITS 구축사업을 시행하고 있다.[22] 차량용 통신시스템과 관련해 EU는 근거리 통신기술과 장거리 통신기술을 결합한 하이브리드 통신기술을 사용하는 전략을 추진 중이다.

싱가포르는 2017년 발표한 '스마트 네이션 이니셔티브'의 일환으로 인프라를 스마트화하기 위한 프로젝트를 진행하고 있고, 자국의 교통관리시스템과 ERP Electronic Road Pricing 시스템을 개선하는 등 향후 자율주행 인프라 구축을 위한 기초적인 시스템을 정비하고 있다.[23] 이러한 프로젝트의 일환으로 싱가포르 국토교통청 Land Transport Authority, LTA은 2017년 공통교통관리시스템 Common Fleet Management System, CFMS을 전체 대중버스에 설치해 대중버스의 교통정보를 실시간으로 모니터링할 수 있도록 했다. 이와 더불어 2022년 이후에는 자율주행 기술을 대중교통 시스템에 도입할 계획을 세우고 있다.[24]

국내에서도 교통 혼잡 감소와 편리성, 안전성을 목적으로 1990년

C-ITS 국내 및 주요국 정책 현황

구분	2000~2005	2006~2010	2011~2015	2016~2020	2021~
미국	통신 기술·서비스 개발, 표준화	정책 수립	실도로 구현 효과 검증	시범사업	확대구축
유럽		통신 기술·서비스 개발, 표준화	실도로 구현 효과 검증 / 정책 수립	시범사업	확대구축
일본		통신 기술·서비스 개발, 표준화	실도로 구현 효과 검증 / 시범사업 / 정책 수립	확대구축	
국내			기초기술개발	통신기술·서비스 개발과 표준화(시범사업, 실증사업)	확대구축

자료: C-ITS 시범사업 홍보관 홈페이지**25**

국내 C-ITS 시범사업 시스템 구성

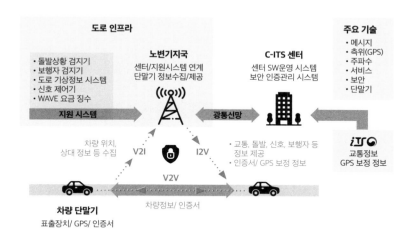

자료: C-ITS 시범사업 홍보관 홈페이지**26**

대부터 ITS가 도입돼 대중교통 정보 등 다양한 관련 서비스가 제공되고 있었으며, 5G 등 차세대 이동통신 기술의 발전에 따라 차량과 도로의 상호연계를 포함하는 C-ITS로 정책영역이 확대되고 있다.

그러나 현재 C-ITS 도입 시, 구축 통신망을 DSRC(WAVE)로 할 것인지 셀룰러로 할 것인지를 두고 이해관계자 간의 논의가 좁혀지지 않고 있어 구체적인 추진 방안은 도출되지 못하고 있다. 고속도로와 지방도로의 인프라, 주관부처 등이 고려대상이며, 5G 통신망을 활용한다고 해도 비용 문제, 데이터 소유 및 관리 주체의 문제, 요금 책정의 문제 등 앞으로 가야 할 길이 많이 남은 상황이다.

미래 이동, 어떻게 준비할 것인가

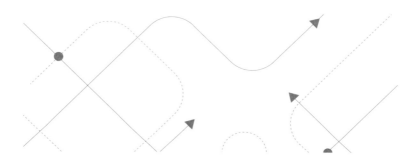

이동수단, 물류시스템, 여행, 교통시스템 분야의 산학연 전문가 열두 명의 의견을 수렴하여, 기술개발 현황, 산업생태계의 문제점, 제도적 한계(규제)를 파악하고 단기적 대안과 중장기적 대안 수립이 필요한 부분을 도출했다.

이동수단 분야, 어떻게 대응할까?

자율주행

자율주행 기술이 고도화된 차량을 도입하기 위해서는 기술적으로 시범운행을 통해 우선적으로 알고리즘을 업데이트해야 하고, 자율주행 기술 중 센서 기술과 입력된 정보를 프로세싱하는 반도체 개발이 시급하다. 기술성숙도도 중요하지만 수익창출 방안에 대한 고민이 필요하며, 장기적으로 비즈니스 모델을 실험하고 개발하기 위해서는 테스트베드 운영과 함께 데이터플랫폼을 구축해야 한다.

현재 국내에서는 판교 테크노밸리 자율주행 시범운영단지에 자율주행 보안 테스트베드를 운영하고 있는데, 안전성, 내구성, 보안성 강화를 위한 시범운행 및 분석이 필요하다. 면허제도에 자율주행에 대한 항목을 반영해야 하는 과제도 남아 있다.

퍼스널 모빌리티

퍼스널 모빌리티는 도로 인프라가 구축되지 않으면 운행이 어려운데, 복잡한 도시에서 이러한 인프라를 구축하기가 어렵다. 운행 빈도를 높이기 위해서는 관련 제도에 대한 고민도 필요하다. 최근 개정된 도로교통법에서는 퍼스널 모빌리티를 자전거도로에서 운행하도록 지침을 마련했는데, 중장기적으로는 속도제한 규정을 마련하고 중앙통제시스템에서 속도제한을 유지하도록 권고하는 지침을 마련해야 한다.

공유형 퍼스널 모빌리티의 보안인증 문제, 퍼스널 모빌리티와 그 외 이동수단 간 공존 등도 고려해 계속적으로 제도와 규정을 미세하게 조정해나가야 한다.

드론

드론을 포함한 UAMUrban Air Mobility 자율주행은 안전문제(보행자 안전 및 탑승자 안전)와 소음문제가 가장 크다. 소음 저감을 위한 보완 기술을 개발해야 하며, 통제불가 등에 대한 사고 대책 및 긴급상황에 대한 조치 기술개발이 필요하다.

교통문화

새로운 이동수단이 도입되면 기업의 사회적 책임을 기반으로 교통약자를 배려하고 성숙한 교통문화를 형성해나갈 필요가 있다. 대부분의 모빌리티가 젊은 사람이나 특정 계층을 지원하기 위해 개발 중이기 때문에 교통약자나 교통 취약계층을 지원하기 위한 추가적인 고민도 필요하다. 자율주행차를 비롯한 차세대 이동수단은 교통 소외계층에 많은 혜택을 줄 것으로 기대되기 때문에, 사회적으로 인식을 제고하고 이해관계자들과 대국민적 이해를 이끌어낼 필요가 있다.

물류시스템 분야, 어떻게 대응할까?

코로나19 이후 공급사슬의 각 과정에서 사람의 개입을 최소화하면서 효율적으로 생산, 수송 및 배송할 수 있는 디지털 물류로의 전환이 가속화되고 있다. 특히, 물류창고에서는 활발히 로봇을 도입하고 있다. 대표적인 사례로 영국의 오카도Ocado와 중국 상하이의 징동 물류창고를 들 수 있다. 정동 물류창고는 완전 자동화된 물류창고라고 홍보하고 있지만, 사람의 손가락처럼 유연하게 움직일 수 있는 로봇 팔이 아직 도입되지 않았으며 물건을 분류하는 체계가 아직 완성되지 않았다는 한계가 있어, 기술개발과 표준화가 필요하다.

물류시스템에서 감염병과 관련해 가장 유의해야 할 부분은 확진자의 발생이 아닌 냉장·냉동창고의 문제이다. 낮은 온도에서 바이러스가 살기 좋으며, 작업자의 면역력이 떨어지기 때문이다. 그렇기에 기술적 보완책으로 자동화가 가능한 로봇의 도입이 시급하다.

물류시스템의 산업생태계는 단기적으로는 생활 밀착형 물류서비스가 흐름을 주도할 것이므로 배달과 배송 물품 보관 시스템의 선진화가 필요하고, 중장기적으로는 중소기업, 스타트업 간 협업 지원이 필요하며, 국내 물류기업과 물류기술기업의 해외 진출 지원체계 마련이 필요하다.

여행 분야, 어떻게 대응할까?

여행 분야에서는 관련 업계 생태계를 일정 수준으로 유지하면서 새로운 패러다임에 맞추어 전환하기 위해서 재정정책을 이행해야 한다. 또 앞으로의 '위드 팬데믹with pandemic' 시대에 대응하기 위한 위기대응전략을 수립해야 한다. 팬데믹 발생 초기에는 대응전략으로 긴급자금 지원과 같은 재정정책을 펼치고, 팬데믹 확산 시에는 여행 분야 업체들이 비즈니스 모델을 유연하게 전환할 수 있는 시스템을 마련해야 한다. 또한 팬데믹에 대응하기 위해 여행 및 관광 데이터플랫폼을 구축하여 여행객들의 이동경로를 분석하고, 밀집도 예보 시스템을 도입하여 안전한 여행을 제공해야 한다.

향후 포스트 코로나 시대에 여행을 하기 위해, 건강증명이 가능한 면역여권의 도입, 트레블 버블travel bubble을 형성하여 방역 안전 국가 간에 여행을 할 수 있도록 체계를 확보해야 한다. 산업생태계의 전환을 위해 관광과 기술을 융합하여 창업 인력을 양성하는 데도 힘써야 한다. 코로나라는 변수보다는 기본에 충실하여 여행 분야의 경쟁력을 강화할 수 있도록 정책을 마련해야 할 것이다.

교통시스템 분야, 어떻게 대응할까?

C-ITS와 관련해서는 보안과 데이터 부분에서 고민이 필요하다. 많은 이가 우려하는 사생활 침해는 각종 카메라에 안면인식 필터링 기술을 적용해 해결할 수 있지만, 필터링과 영상과 이미지의 암호화를 강제할 수 있는 제도적 장치를 마련할 필요가 있다. 특히 데이터는 현재 마련된 데이터 3법(개인정보보호법, 정보통신망법, 신용정보법)의 구체성 결여와 단방향 및 쌍방향 암호화의 기술적 한계를 해결해야 한다.

우선적으로 개인정보 유출, 인증우회문제, 신호 탈취 등에 대한 방안을 담은 단기 가이드라인을 만들어 C-ITS 보안 문제를 관리하고 있는데, 이를 넘어 자율주행을 비롯한 차세대 이동수단이 도입되는 C-ITS 구축 및 운영을 위한 장기적인 계획을 확정하고 관련 지침과 규정을 견고히 마련해야 한다.

이동 분야 이슈와 대응 방향

분야	분류	현황	미래 단기(~5년)	미래 중장기(5년~)
이동수단	기술	• 기술표준의 부재 • 보안인증 부실 • 통제불가 상황 대응 기술개발 부족	• 자율주행 알고리즘 개발 • 보안시스템 구축	• 자율주행 안전성 테스트 • 긴급상황 대응 기술개발
	산업	• 완성차, 전기차, 소프트웨어 기업의 경쟁 • 기업의 사회적 책임에 대한 인식 형성	• 자율주행 이동수단 부품업체를 비롯한 산업 생태계 재편 • 준민간시장에 생태계 확보 관련 사업 지원	• 응용사례 개발 및 사업화 모델 구축 • 플랫폼 개발 투자 • 교통약자 지원 교통수단 도입
	제도	• 도로교통법 개정 • 차세대 이동수단을 위한 인프라 부족	• 하드웨어와 소프트웨어를 모두 고려한 연구개발 심사 체계 마련 • 대국민 교통교육 제공	• 책임소재/운전자 책무 법적근거 마련 • 면허제도에 자율주행 항목 반영
물류시스템	기술	• 디지털물류로 전환	• 물류 로봇 기술 고도화(예: 물건을 집는 방법)	• 자율주행 트럭, 선박, 드론 도입을 통한 유통 배송 체계화
	산업	• 대형 유통기업을 중심으로 한 공급망 통합	• 다양한 이동수단을 활용한 배달 체계 도입	• 드론 배송 상용화를 위한 비즈니스 모델 개발 • 중소기업, 스타트업 간 협업지원 등 물류기업의 해외 진출 지원 체계 마련
	제도	• 물류창고 내의 제도적 영향은 거의 없음 • 유통과 배송에서 무인화시스템 인프라 및 제도 미비	• 물류기업과 물류기술기업 간 협업과 시범운영을 위한 테스트베드 마련 • 무인배송 시, 도난방지 인프라 및 처벌규정 강화	• 무인화와 인간중심 체계 운영 분야의 구분 및 제도 재정비 • 임금체계의 변화에 대응한 기존 노동자 재교육 체계 마련
여행	기술	• OTA 플랫폼 개발	• 빅데이터 분석을 통한 혼잡도 및 관광상품 개발	• 여행지 안내 로봇 개발
	산업	• 여행산업의 돌파구 부족	• 자금 지원을 통한 산업 생태계 괴멸 최소화 • 기술융합형 창업 인력 양성	• 기술기반 상품과 서비스 확보 등 관광 트렌드 파악 역량 강화
	제도	• 현상유지를 위한 자금 지원	• 건강증명을 위한 면역여권 도입 • 안전국 여행을 위한 트래블 버블 형성	• 위기대응을 위한 마스터플랜 수립
교통시스템	기술	• C-ITS 표준 부재	• C-ITS 통신망 표준 마련	• C-ITS 보안시스템 고도화
	산업	• 스마트시티 등에 테스트베드 운영	• 보안기업을 포함한 교통시스템 협의체 구성 • 기업 간 의사소통 촉진	• 보안시스템이 강화된 C-ITS 구축사례 확보 및 해외수출 지원
	제도	• 데이터 3법 구체성 결여	• 외산제품 보안인증 강화 • 필터링과 암호화 강제화	• C-ITS 구축 및 운영을 위한 가이드라인 명문화

3부

포스트 코로나 시대의

먹거리

▶▶▶▶

7장

오늘의 먹거리와
내일의 먹거리

식탁 위에 오르기까지 안전하게

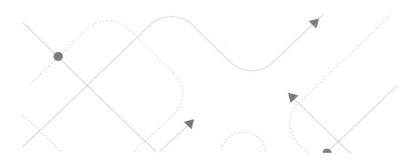

먹거리 문화 역시 코로나19의 영향을 비껴가지 못했다. 어찌 보면 가장 큰 변화를 맞이했다고도 볼 수 있을 정도다. 배달음식이 급격히 증가하고, 회식은 각자의 공간에서 온라인으로 진행하며, 단체급식을 실시하는 구내식당에서는 한 줄 식사로 사회적 거리 두기를 실천하는 이상한 현상이 큰 거부감 없이 이어지고 있다. 그러나 '먹거리'란 단순히 식품을 섭취하는 최종 단계의 단면만을 의미하지 않는다. '팜투테이블farm to table'이라는 말마따나 농작물 '생산'부터 '유통' 과정을 거쳐 최종적으로 소비자의 식탁에서 식품이 '소비'되기까지 모든 과정을 포함한다. 코로나19와 같은 사회적 위기 속에서는 '소비'의 마지막 과정인 음식 섭취과정에서 나타나는 비대면 문화를 포함해 먹거리 '생산-유통-소비'의 모든 과정에서 발생하는 변화와 특징에 주목해야 한다.

코로나19가 일으킨 가장 큰 변화는 사람들의 인식이다. 〈코로나 이후 농업·농촌에 대한 도시민의 인식과 수요 변화〉 조사[1] 결과, 국민 경제에서 농업이 차지하는 중요성이 더 중요해졌다는 응답이 67.6%에 달하는 것으로 나타났다. 더 나아가 식량안보에 대한 중요성이 더 커졌다는 응답 또한 74.9%에 달했다. 농업의 중요성에 대한 도시민의 인식은 2011년 73.1%에서 2019년 54.5%까지 지속적으로 하락하고 있었으나,[2] 코로나19로 인해 극적으로 변하기 시작한 것이다. 이러한 인식의 변화는 '스마트팜'에 대한 중요성 증대로 이어졌다. 2020년 전국경제인연합회가 경제·금융 전문가를 대상으로 한 '코로나19 이후 유망산업' 설문조사에서 '스마트팜'은 4위를 기록했다.

식사, 디저트, 음주를 집에서 혼자 해결하는 문화의 확산도 빼놓을 수 없는 변화다. 가정간편식은 전년 대비 매출이 490.79% 증가했으며,[3] 배달음식(8.4%), 카페·디저트(18%), 편의점 주문(27%) 또한 폭발적으로 증가하는 현상이 이를 뒷받침한다.[4] 편의점이나 대형마트에서는 홈술 관련 매출이 급증하며 '홈술족'까지 탄생했다.[5] 식당이나 주점의 주류 판매량이 약 30% 감소한 것과 대조되는 현상이다. 레스토랑이나 카페의 업태도 많이 달라졌다. 2020년 5월 12일 발표된 '캘리포니아 리오픈re-open 플랜'에 제시된 레스토랑 운영의 가이드라인에는 이 같은 변화가 잘 드러나 있다.[6,7] 캘리포니아에서는 가족만이 같은 테이블에서 식사를 할 수 있고, 메뉴판은 1회용으로 제공되며, 테이블 위 공용 향신료의 사용은 금지됐다. 테이크아웃은 손님이 직접 포장하고, 손님이 오기 전 테이블 세팅도 금지됐다. 이 외에도 제임스비어드재단James Beard Foundation, 전국레스토랑연합The Restaurant Association, 블랙쉽레스토랑그룹Black Sheep Restaurant Group 등 외식산업 관련 민간단체 역시 유사한 가이드라인을 제시하며 영업을 지속하기 위한 노력을 기울이고 있다. 코로나19 이전의 평범한 외식이 더 이상 허용되지 않는 것이다.

코로나19는 비대면 음식 소비문화와 관련된 로봇 기반 푸드테크 산업에도 큰 변화를 일으키고 있다.[8,9] 실리콘밸리의 로봇 기반 레스토랑과 카페는 창업 초기 현장에 도입된 다양한 로봇들이 펼치는 신기한 광경으로 큰 인기를 모았지만, 로봇에 대한 소비자의 거부감을 극복하지 못했었다. 하지만 코로나19는 이러한 로봇식당에 새로운 기회를 제공하고 있다. AI 로봇이 버거 제조의 모든 과정을 담당하는 미국의 버거 레스토랑 '크리에이터Creator'는 코로나 이후 배달 주문만 받고 있음에도 손님이 더 늘어났고, 로봇 샐러드 레스토랑 '스파이스Spyce'는 주문과 동시에 AI 알고리즘을 통해 최적의 맛을 제공함으로써 2호점을 오픈할 정도로 꾸준히 성장하고 있다. 휴머노이드 로봇이 일하는 쥬스 매장 '로보쥬스Robojuice'의 성장도 눈에 띈다.

사람들의 인식, 음식 소비문화, 푸드테크 산업의 변화로 요약할 수 있는 먹거리 분야 변화의 기저에는 '안전한 먹거리의 안정적인 공급'이라는 갈망이 자리하고 있다.

먹거리의 미래를 결정할 5가지 테마

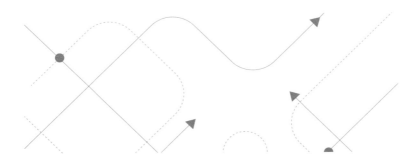

비단 코로나19뿐만 아니라 앞으로 발생할 수 있는 다양한 전염병까지 포괄적으로 분석하기 위해 셰이핑 투모로에서 'Food & Agriculture'와 'Pandemic'을 조합해 미래 이슈를 탐색했다.

농식품 분야의 팬데믹 현상에서 가장 주요하게 논의되는 토픽은 농업, 식품, 소비, 경제 등으로 나타났으며, 그 외에도 변화, 기후, 비즈니스와 같은 토픽이 관찰됐다. UN, 미국 농무부, 세계보건기구, 유엔세계식량기구 등 국제기구가 주요 기관으로 분석됐고, 골드만삭스Goldman Sachs, 무디스Moody's 등 투자·금융·컨설팅과 관련된 기업들 또한 연관성이 강하게 나타났다.

농식품 분야의 팬데믹에 대한 SWOT 분석 결과, 기회요인이 46.2%로 가장 높게 나타났으며 위협요인 역시 29.0%에 달했다.

농업용 AI 및 IoT 시장의 확대, 식물 유래 식품plant-based 및 플렉시테리언flexiterian(채식 위주로 식사하되 가끔 육류나 해산물도 섭취하는 사람)의 증가 등은 팬데믹 상황의 기회요인으로 분석됐다. 유전자편집기술, 스마트농업기술 등 신기술의 발전은 팬데믹이 촉발한 글로벌 위기 상황에서도 농식품 분야의 강점요인으로 작용했다. CRISPR-Cas9과 같은 유전자가위를 이용한 유전자편집 기술은 수년 내 농업에서 가장 활발하게 활용될 것으로 예측되고 있다.[10] 반면, 전 세계적인 인구증가와 식품 물가상승률은 약점요인으로 나타났다. 팬데믹으로 인한 농작물의 손실, 농가부채 증가, 식량부족 현상 등은 강력한 위협요인으로 분석됐다.

구체적인 미래 이슈를 상세하게 분석하기 위해 키워드 네트워크 분석을 실시한 후 각 키워드 간의 연결도와 관련성을 고려해 미래에 발생할 수 있는 다섯 개의 핵심 테마를 도출했다. 각 테마에 대해 살펴보자.

테마 1. 진짜와 크게 다르지 않은 대체식품의 보편화

키워드 네트워크 분석에서 나타난 '동물', '육류', '지속가능성' 등의 관련성을 조합하고, 이와 관련한 최근의 환경문제, 육류소비 문화 등의 패턴을 고려해 테마를 도출했다. 코로나19로 인해 환경문제에 대한 의식이 새로워지고 지속가능성에 가치를 부여하는 인식이 확대됐다. 축산업이 야기하는 환경오염 문제, 동물복지, 건강문제 등에 대한 다양한 관심으로 수년 전부터 육류 대체식품이 폭발적으로 개발되고 있었고, 코로나19를 계기로 건강한 음식healthy food으로서 대체단백질alternative proteins 이슈가 강하게 떠올랐다.[11] 특히 배양육cultured meat, 식물성고기plant-based meat, 식물성 우유 같은 대체식품 개발기술이 급속도로 발전하면서 가격과 품질 측면에서 경쟁력을 갖추고 있다. 이에 머지않은 미래에는 품질 측면에서 진짜와 크게 다르지 않은 대체식품을 저렴한 가격에 보편적으로 즐길 수 있을 것으로 보인다.

대체식품 관련 이슈의 발생 강도는 전반적으로 약하지만 약 10년을 주기로 반복적으로 이슈화되면서 향후 50여 년 동안 지속될 것으로 예측된다. 농식품 분야에서 '지속가능한 목표'와 관련된 이슈는 기회가 될 확률이 44.9%로 가장 높게 나타났고, 위협요인 역시 30.5%로 비교적 높게 분석됐다. 이는 전 세계적인 기후변화, 환경오염, 전염병 등 다양한 위험요인으로 인해 농업의 지속가능성이 위협받고 있음을 의미하며, 더불어 새로운 기술의 발달에 따른 육류 대체식품, 식물 유래 식품 등 다양한 대체식품의 개발이 기회요인이 될 수 있을 것으로 분석된다.

이미 도달해 있는 대체식품의 미래

전 세계적으로 개발 및 상용화가 확산되고 있는 대체단백질은 단백질공급원에 따라 크게 식물성 단백질, 배양육, 곤충 단백질, 미생물 단백질로 나뉜다. 구글 트렌드 조사 결과, 최근 15년간 비건식품의 구매가 연평균 16%의 증가율을 나타내며 폭발적으로 증가했는데 이는 대체단백질에 대한 관심이 실제 구매로 이어지고 있음을 의미한다.

식물성 고기: 임파서블푸드

2018년 세계경제포럼World Economics Forum, WEF에서 식물성 패티로 만든 버거가 소개되면서 전 세계적으로 유명해진 '임파서블푸드Impossible Foods'는 식물성 고기를 개발하는 대표적인 푸드테크 기업이다. 2011년 창업 이래 빌게이츠 재단을 포함한 글로벌 투자회사들이 경쟁적으로 투자하면서 총 4억 달러의 투자금을 유치했고, 3억 달러에 달하는 구글의 인수 제의를 거절하며 푸드테크 기업으로서의 확고함을 유지하고 있다. 콩으로 식물성 고기를 제조하고 있으며, 2018년 7월 미국 식품의약품안전청FDA으로부터 콩의 뿌리혹 헤모글로빈의 안전성을 인증받은 바 있다.

이미 샌프란시스코, 뉴욕, LA 등의 지역에서 '임파서블 버거'를 판매하며 소비자들로부터 호응을 얻었고, 미국의 대형 패스트푸드 업체인 버거킹은 2019년 4월 임파서블푸드의 식물성 고기 패티로 만든 '임파서블 와퍼'를 처음으로 출시해, 같은 해 하반기에는 유럽에서 채식주의 버거인 '레벨 와퍼'의 판매를 개시했다.

2020년 1월에는 세계 최대 가전박람회인 'CES 2020'에서 '임파서블 포크impossible pork'를 발표하면서 다시 한번 전 세계의 이목을 집중시켰다. 그동안에는 소고기 대체육을 집중적으로 육성했다면 이제 돼지고기 대체육에 대한 투자를 확대하면서 돼지고기 소비량이 많은 아시아 지역을 타깃으로 시장을 확대하고자 한 것이다. 임파서블푸드의 CEO인 패트릭 O. 브라운Patrick O. Brown 박사는 축산업으로 야기되는 환경오염문제, 동물복지 등에 대한 관심으로 식물성 고기를 개발하기 시작했다고 한다. 전 세계적으로 지구의 지속가능성에 대한 가치를 공감하는 소비자가 증가하면서 임파서블푸드의 브랜드 가치 역시 상승하고 있다.

식물성 고기: 비욘드미트

2009년 설립한 '비욘드미트Beyond Meat'는 임파서블푸드와 함께 식물성 고기 분야를 대표하는 푸드테크 기업이다. 식물성 햄버거 패티를 사용한 2016년 출시된 '비욘드 버거'는 현재 3만 5,000개 레스토랑 및 식품매장을 통해 전 세계에 판매되고 있으며, 2019년 하반기에는 세계 최대 패스트푸드 체인인 맥도날드가 비욘드미트의 식물성 패티를 이용해 만든 식물성 버거 'P.L.T. 버거'를 판매하기 시작했다. 2020년 3월에는 캐나다의 스타벅스 1,500여 개 매장에서 비욘드미트가 들어간 샌드위치를 판매하면서 계속해서 사업을 확장하고 있다.[12]

식물성 고기: 젠미트

전 세계 돼지고기 소비 1위 국가인 중국에서도 육류 대체식품을 개발하는 기업이 탄생했다. 스타트업 '젠미트Zhenmeat'다. 임파서블푸드, 비욘드미트 등 대부분의 대체식품 선도업체들이 대체 소고기에 중점을 두는 것과 달리 젠미트는 중국인의 소비 특성을 반영해 돼지고기 개발을 목표로 하고 있다.

배양육: 모사미트 & 멤피스미트

2013년 세계 최초로 배양육 개발에 성공한 기업은 네덜란드 마스트리흐트대학교의 마르크 포스트Mark Post 교수가 세운 '모사미트Mosa Meat'이다. 당시 햄버거 패티 한 장을 개발하는 데 드는 비용은 32만 5,000달러였으나 2015년에 11달러로 감소했고 2022년에는 10달러까지 내려갈 것으로 전망되고 있다.[13]

한편 '멤피스미트Memphis Meats'는 배양육을 이용해 햄버거 패티는 물론 미트볼, 치킨, 오리고기, 소시지 등 다양한 형태의 육류 제품을 개발하고 있으며 2021년 상품 출시를 목표로 하고 있다.

식물성 우유: 리플푸드 & 퍼펙트데이

노란 완두콩으로 우유 대체품을 만드는 '리플푸드Ripple Foods'는 2014년 구글, 2018년 골드만삭스로부터 각각 4,400만 달러, 6,500만 달러를 투자받았다. 2017년 미국의 식물성 우유 시장점유율은 4.3%에 불과했지만, 연평균 9.0%의 성장률을 기록하며 급성장하고 있다. 동물성 우유의 연평균성장률이 -6.0%인 것과 대조적인 현상이다. 리플푸드는 아이스크림이나 푸딩같이 식물성 우유를 이용한 다양한 유제품을 출시하고 있다.

실리콘밸리의 스타트업인 '퍼펙트데이Perfect Day'는 2014년 창업

이래 3D프린팅 기술을 이용한 유제품을 개발하고 있다. 리플푸드 등이 식물성 원료를 활용해 우유를 개발하는 것과 달리, 효모 균주와 설탕을 재료로 3D프린팅 기술을 이용해 우유 단백질을 합성해낸다. 2018년 싱가포르 타마섹홀딩스Temasek Holdings로부터 2,470만 달러의 투자를 유치하고 세계적인 식품회사인 ADMArcher Daniels Midland과 파트너십을 체결하며 본격적인 출시를 앞두고 있다.[14]

식물성 계란: 클라라푸즈 & 잇저스트

세계 최초로 식물성 계란을 개발한 '클라라푸즈Clara Foods'는 효모 세포에 계란 흰자의 단백질 유전자를 삽입해 인공 계란 흰자를 개발했다. 세포가 자라면서 계란 흰자와 같은 성분이 지속적으로 배양되며, 흰자 성분의 단백질이 만들어지면 효모와 단백질 성분이 분리되는데, 이 단백질 성분이 제과제빵에 주로 사용되는 계란 흰자가 된다.

식물성 계란을 개발하는 스타트업 '잇저스트Eat Just'는 노란 완두콩 추출성분으로 만든 마요네즈 '저스트 마요'와 수수 추출성분으로 만든 쿠키 반죽을 출시해 미국 내 주류 시장을 형성하고 있다. 관련 기술을 이용해서 실제 스크램블과 맛의 차이가 거의 없는 스크램블용 인공 계란 '저스트 에그'를 출시하면서 전 세계의 이목을 집중시켰다.

국내 대체육 산업은 어디까지 왔나

식물성 대체육 스타트업, 지구인컴퍼니

식물성 대체고기 '언리미트Unlimited'를 개발한 '지구인컴퍼니

Zikooin Company'**15**는 2020년 9월 한국 매장을 시작으로 전 세계 4만 개 이상의 매장에 언리미트 제품 공급을 앞두고 있다. 2017년에 창업한 이후 지금까지 여덟 개 외식 브랜드에서 열세 개 비건 메뉴를 출시했다.

토종 배양육 스타트업, 셀미트

2019년 3월 창업 4개월 만에 4억 원의 초기 투자를 유치한 '셀미트Cellmeat'**16**는 전남대학교를 근간으로 한 토종 배양육 스타트업이다. 실리콘밸리의 '멤피스미트'처럼 살아 있는 소, 돼지, 닭의 조직에서 추출한 세포를 대량 배양하여 고기 고유의 맛과 질감을 구현하기 위한 기술을 고도화하고 있다.

인공 마요네즈 개발업체, 더플랜잇

'더플랜잇The PlantEat'**17**은 두유와 국내산 약콩을 배합해 계란 노른자와 가장 유사한 단백질 대체물질을 개발했다. 이를 이용해 만든 식물성 마요네즈 '잇츠베러 마요'는 마요네즈 특유의 질감과 맛이 살아 있다는 평가를 받으며 드레싱 등 다양한 식물성 제품을 개발 및 출시하고 있다.

테마 2. 먹거리 생산·소비의 무인 자동화 시대의 도래

'직업', '인공지능', '산업' 등의 키워드 간 관련성을 조합하고, 최근의 ICT 융복합기술 발전에 따른 농식품 산업의 자동화 트렌드를 반영해 이 두 번째 테마를 도출했다. 최신 ICT가 활발하게 적용되면서 전 세계적으로 스마트농업이 확대되고 있으며 농업용 로봇, 드론을 활용한 정밀농업, 인공지능을 이용한 농업, 배달로봇 등이 이미 상용화 단계에 이르렀다.[18] 3D프린팅 기술을 이용해 원하는 제품을 스스로 출력해서 사용할 수 있는 수준에 이르렀으며, 적절한 잉크가 개발되면 원하는 식품을 3D프린터에서 바로 꺼내 소비할 수 있는 시대가 곧 도래할 것으로 예측된다. 이러한 상황을 종합해보면, 생산부터 소비까지 무인자동화 시대가 머지않아 찾아올 것으로 점쳐진다.

이미 미국 몬산토Monsato의 필드스크립스FieldScrips, 네덜란드의 프리바 시스템Priva system을 비롯해 여러 나라에서 스마트농업smart farm-ing 형태로 다양한 첨단농업 생산이 이뤄지고 있다. 더 나아가 농업 현장에 부착된 다양한 센서로 생육정보를 수집해 AI 로직으로 분석하고 IoT 기술을 통해 생산로봇을 제어하는 로봇농업 시대가 곧 도래할 것으로 예측된다.

농식품 분야에서 IT 활용 확대와 관련된 이슈들은 기회가 될 확률이 63.1%로 가장 높게 나타났고, 위협요인은 16.7%로 분석됐다. 스마트농업 시대가 도래함에 따라 농업의 생산성 향상, 환경오염 저감, 지속가능성 증대 등의 긍정적인 변화가 발생할 것으로 예측되는 반면, 농업 일자리 감소, 신기술 도입 격차 심화, 전통농업 소외현상 등도 발생할 수 있음을 의미한다.

이미 도달해 있는 무인자동화의 미래

농업용 드론

팬데믹이 장기화되는 상황에서 무인 배달에 드론이 대량 활용되면서 판매량이 급증하고 있다. 또한 코로나 확진자의 이동 동선 중 지상 방역이 어려운 곳을 중심으로 바이러스 차단을 위한 방역활동에 농업용 드론이 다량 투입되면서 중국의 DJI, XAG, 이페이 테크놀로지 등 농업용 드론 제조업체들의 매출이 급상승하고 있다.[19] 농업 방제용 드론인 DJI의 'AGRAS T16'은 경기도 성남시의 방역에 활용되면서 영국의 국영방송 BBC에 소개되기도 했다.[20]

농업 분야에서는 노동력 부족 문제를 해결하고 효율성을 높이기 위해 농업용 드론의 활용이 활발해지고 있다. 국제무인시스템협회 AUVSI에 따르면 2025년 기준 85조 원 규모로 성장할 것으로 전망되는 상업용 드론의 80%는 농업용으로 활용될 것으로 예측한다.[21] 특히 GPS 기능과 다양한 센서 등을 탑재하면 실시간 모니터링을 통해 농장의 환경을 정확히 판단해 농약이나 비료를 최적의 조건으로 살포하여 농업 생산성 극대화에 기여할 수 있다.

로봇 레스토랑 및 푸드봇

비대면 경제활동의 확대와 함께 로봇 기술을 바탕으로 하는 레스토랑도 활성화할 것이다. 특히 미국 실리콘밸리를 중심으로 전통 식품산업에 AI, 빅데이터, 로봇, IoT 등 다양한 ICT를 접목한 푸드테크 스타트업들이 빠른 속도로 성장하고 있다. AI 로봇이 햄버거를 만드는 버거 레스토랑 크리에이터에서는 350여 개의 센서와 20개의 마이크로컴퓨터가 내장된 AI 로봇이 5분 만에 버거를 만들어내며, 투명한 수직통로를 통해 모든 제조과정이 공개된다.[22]

무인 채소농장 플랜티Planty는 컨테이너 형태의 실내 무인농장으로 직원 대신 로봇이 케일, 루콜라 등 다양한 채소를 재배한다. 농작물 재배부터 수확, 포장에 이르는 전 과정을 로봇이 담당해 농작물이 바이러스나 유해물질에 오염되는 위험에서 자유롭다. 코로나19 이후 먹거리의 안전성에 대한 소비자 선호가 증가하면서 플랜티는 매출이 30%가량 증가했고, 미국 슈퍼마켓 체인인 몰리스톤스Mollie Stone's에도 납품을 시작했다.

국내에서는 우아한형제들이 LG전자와 함께 배달로봇 상용화를 추진하고 있는데, 2018년 개발한 실내 서빙로봇 '딜리 플레이트'를 피자헛에 시범 도입했다. LG전자는 2019년 11월 패밀리 레스토랑 빕스VIPS에 요리하는 로봇인 'LG 클로이 셰프봇CLOi ChefBot'을 처음 선보인 이후, 2020년 1월에는 제일제면소에 서빙로봇인 'LG 클로이 서브봇CLOi ServeBot'을 도입했고, 미국 라스베이거스에서 열린 세계 최대 가전박람회 'CES 2020'에서 레스토랑 운영 통합 로봇서비스 'LG 클로이 다이닝 솔루션CLOi Dining Solution'을 선보이기도 했다.

이 외에도 로봇카페 비트b;eat를 운영하는 달콤커피는 2018년 처음 커피 만드는 로봇을 선보였으며, 2020년 4월에는 고속도로 휴게소에 무인카페인 비트 매장을 오픈했다.[23]

3D프린팅 식품

미국 코넬대학교의 호드 립슨Hod Lipson 교수 연구진이 3D프린팅 기술을 이용한 과자를 처음 시도한 이후, 초콜릿, 과자, 피자, 대체육 등 다양한 3D프린팅 식품이 선을 보이고 있다. 식품 중에서는 초콜릿 제조 분야에서 가장 활발히 사용되는데 미국의 3D프린터 전문업체 '3D 시스템즈3D Systems'가 '허쉬The Hershey Company'와 공동 개발한 'CocoJetTM',[24] 세계 최초로 초콜릿 프린터를 상용화한 영국의 '초코엣지Choc Edge'의 'Choc Creator v2.0 Plus',[25] 이탈리아 'WASP'가 개발한 초콜릿 전용 프린터 'Power WASP EVO'[26] 등이 대표적이다.

최근에는 대체육 산업에 3D프린팅 기술이 접목되면서 대체육을 프린팅하는 기술까지 개발됐다.[27] 스페인의 푸드테크 스타트업 '노바미트Nova Meat'가 대표적이다.

테마 3. 식자재 수급 불안정에 따른 자급적 식문화의 부활

'수요', '공급', '공급사슬', '가격', '교역' 등의 키워드 관련성을 조합하고, 코로나19로 인해 크게 떠오른 식량안보의 중요성을 반영해 테마를 도출했다. 식량안보는 특히 일부 국가에서 자국민 보호정책으로 식량수출금지조치가 내려지면서 우리나라를 포함해 자급률이 낮은 국가를 중심으로 식량위기설이 거론되기도 했다.[28] 식량문제는 국내외 농산물의 수요-공급 균형에 좌우되는 경향이 매우 커서 코로나19 같은 글로벌 위기 속에서는 식량 수급이 매우 불안정해질 수 있다. 이에 대응하기 위해 개인 차원에서 가정용 식물공장이나 텃밭 등을 이용해 농산물을 직접 재배하여 섭취하려는 경향성이 높아진다. 또한 해외 농산물 유입이 지속적으로 제한되면 내수의존도가 급격히 상승하고 과거의 신토불이 문화가 재확산될 가능성도 있다. 결국 자급적 식문화가 부활하는 것이다.

식량위기론의 대두

UN 식량농업기구는 팬데믹 상황에서 물류 차질은 물론 농업인력의 부족으로 인해 농작물 수확이 어려워져 글로벌 식량위기가 발생할 수 있다고 경고하며 식량공급사슬을 정상화시켜 수요가 있는 곳에 적절히 공급될 수 있도록 해야 한다고 강조했다.[29] UN 역시 식량공급사슬을 조절하여 지속가능한 개발목표Sustainable Development Goals, SDGs 중 하나인 '기아종식zero hunger'을 지키기 위한 협력을 당부했다.[30] G20은 식량 수급 정상화를 위해 각국의 수출제한을 최소화하여 불필요한 무역장벽을 만들지 않기로 했다.[31] IMF와 WTO는 각국이 식료품에 대해 취한 수출제한조치가 오히려 역효과를 야기할 수 있으므로 규제 완화를 당부했으며, 이에 주요 국가들은 농산물에 대한 수출제한과 식량비축을 최소화하기로 했다.

우리나라의 식량자급률은 2018년 기준 46.7%이지만, 사료용 곡물을 포함한 곡물자급률은 23.4%로 떨어진다. 주식인 쌀의 자급률은 수년간 100%를 상회하여 국내 자급이 가능하지만 사료용이나 가공용으로 70% 이상 소비되는 밀, 콩, 옥수수 등의 90% 이상은 수입에 의존한다. 팬데믹 장기화로 일부 곡물의 수입이 제한된다면 국내가공산업이나 축산업에 사용되는 곡물의 공급에 매우 큰 차질이 발생할 수 있으며 물가에도 영향을 미칠 수 있다.[32]

실내농업 & 도시농업은 어디까지 와 있나

팬데믹 현상의 장기화는 도심 한복판에서의 도시농업urban farming이나 건물 내 시설을 이용한 실내농업indoor farming을 활성화시키고 있다. 특히 중동의 사막국가, 홍콩, 싱가포르 등 농업의 비중이 지극히 낮은 국가들을 중심으로 실내농업이나 도시농업이 확대되고 있다. 실내농업은 기존의 전통농업을 대체할 수 있는 최적의 농업으로 평가되며, 실내농업과 관련된 시장은 연평균 15.2% 성장하며 2024년에 약 120억 달러에 이를 것으로 전망된다.[33]

UAE의 수도 아부다비와 두바이 사이 사막 한가운데에서는 세계 최초로 100% LED 인공조명을 이용한 토마토가 상업용으로 재배되고 있다. 최근 아부다비투자국Abu Dhabi Investment Office은 UAE의 실내농장 개발을 위해 네 곳의 농산업 기업에 1억 달러를 투자했다. 수직농장 선도기업인 에어로팜Aerofarm은 대형 R&D센터를 운영하고, 스타트업인 마다르팜Madar Farms, RDI, RNZ는 각각 실내 토마토 농장 시설, 관개 시스템, 비료시스템을 개발한다. 총 9만 평방피트의 연구시설에서 60명이 넘는 엔지니어와 과학자들이 고온의 사막기후 한가운데에서 저투입 고효율 생산을 위한 연구개발에 참여한다.

식량의 90%를 수입하는 싱가포르는 2030년까지 소비량의 최대 30%를 국내에서 생산할 것을 목표로 세웠다.[34] 단기적으로는 현지 농산물 생산을 늘리기 위한 보조금정책을 추진하는 한편, 장기적 대응을 위해 옥상농업rooftop farming을 포함한 도시농업을 적극 추진하고자 했다. 팬데믹 상황에서 발생 가능한 식량공급 차단의 위기를 국내 생산 확대로 수입의존도를 완화시키려는 것이다.

대표적인 식량 수입국가 홍콩에서도 도시농업이 이뤄지고 있다.[35] 오래된 공장 건물을 개조하여 만든 수직농장인 'Farm66'은 약 280평의 규모에 네 명의 농부만이 일하고 있는데, 연간 200톤에 가까운 샐러드 채소가 생산된다. Farm66은 수직농법, 아쿠아포닉스aquafonics, LED 조명, 드론을 이용한 환경모니터링·제어기술을 결합함으로써 소규모 인력으로 도시농업을 실현해냈다.

우리나라에는 아파트 내부에 스마트팜을 설치한 새로운 도시농업을 실현하는 단지가 생긴다. 현대건설의 'H 클린팜H CleanFarm'은 빛, 온도, 습도 등 생육에 필요한 요소들이 인공적으로 제어되는 밀폐형 재배시스템으로, 단지 내에서 오염물질 없는 작물의 재배가 가능하다. 건강과 안전한 먹거리를 추구하는 현대인들을 겨냥한 미래 아파트의 나아갈 방향으로 여겨지고 있다.

테마 4. 먹거리 유통·판매의 급격한 위축과 착한 소비의 확대

'농민', '소비자', '소비' 등의 키워드 연결성과 최근 국내 농산물에 대한 착한 소비문화의 확산을 반영해 테마를 도출했다. 코로나19로 인해 농업 현장에서 재배한 농산물의 수확과 판매가 모두 마비되는 상황이 지속적으로 발생했었다.[36] 이에 소비되지 못하고 버려지는 농수축산 폐기물을 방지하자는 뜻에서 착한 소비에 대한 관심이 크게 증가했다. 팬데믹 현상이 장기화된다면 신선한 먹거리를 유통·판매하는 새로운 온라인 직거래 플랫폼이 개발될 것으로 예측된다.

팬데믹이 불러온 농산물 폐기처분 사태

이동제한과 사회적 거리 두기 장기화로 농산물 소비가 급감하면서 농장에서 수확 후 판매되어야 할 신선 농산물들이 그대로 폐기되는 사태가 발생했다. 최대 농업 선진국인 미국에서는 오이, 상추, 콩, 양배추 등 신선 농산물을 그대로 폐기하거나 농장을 갈아엎었고,[37] 축산물의 경우에는 가공공장 종사자의 바이러스 감염으로 인해 '스미스필드Smithfield', '타이슨푸드Tyson Foods' 등 대형 가공 및 포장업체가 생산을 중단하는 사태가 다수 발생했다. 또한 대형마트, 식당, 단체급식 등이 모두 운영을 중지하면서 대량으로 유통되어야 하는 우유가 매일 370만 갤런(약 1,400만 리터)씩 버려졌지만 소비자 입장에서는 살 우유가 없어지는 수급 불균형이 이어졌다.[38]

세계 2위 농업 수출국인 네덜란드도 마찬가지다. 농산물 수출이 급락하고 오랜 전통이던 튤립축제 또한 취소되며 농민들의 소득이 급락하고 있다. 대표적인 키위 생산국인 뉴질랜드도 시장 붕괴로 인해 주요 수출작목의 거래가 제한되고 있으며, 특히 전체 수출량의 25%가 중국으로 수출되던 키위의 경우 막대한 피해가 예상된다.[39]

국내에서도 단체급식에 납품해야 할 농산물이 폐기되고, 졸업식, 입학식, 예식 등의 행사가 취소되면서 화훼농가도 큰 피해를 입었다. 농업은 농작물 생산을 위한 투자가 판매를 통해 소득으로 이어지고, 이 소득이 다음 해의 생산을 위한 투자로 이어지는 과정이 반복되는 산업이다. 팬데믹으로 인한 농가의 피해는 일회성으로 끝나지 않는다.

농가를 살리는 착한 소비

소비되지 못하고 버려지는 농수축산 폐기물 발생에 대한 사회운동의 일환으로 가성비價性比를 고려한 합리적 소비 대신 가심비價心比를 고려한 착한 소비 문화의 참여자가 증가하고 있다. 강원도는 가장 먼저 지역 특산품 팔아주기 운동을 시작해서 다양한 농산물을 소개하고 홍보하는 이벤트를 지속적으로 펼쳤으며, 더불어 지역경제를 살리기 위한 소비 촉진운동을 병행했다. 국내외 판로가 막힌 농가를 대신해서 도지사가 직접 감자, 아스파라거스, 토마토 등 지역 농산물을 팔아주기 위한 홍보캠페인을 연속적으로 펼치면서 전 국민을 착한 소비에 동참시키는 반향을 일으킨 바 있다.[40]

대기업에서도 이와 같은 착한 소비 문화 운동에 적극적으로 참여하고 있다. 특히 이들의 동참은 판로가 막힌 농수축산물의 대량 유통, 가공·판매를 통해 해당 지역에 매우 큰 경제적 혜택을 준다. 신세계 부회장의 '강릉 못난이 감자'와 '해남 왕고구마' 팔아주기 운동[41], 오뚜기 회장의 '완도 다시마' 팔아주기 운동[42]이 대표적이다.

테마 5. 불안으로부터 자유로운 먹거리 정보 투명사회의 도래

'건강', '질병', '가치' 등의 키워드 연결성과 최근 질병, 화학물질, 유전자조작 등 다양한 불안요소가 급격히 증가하는 트렌드를 반영해 테마를 도출했다. 코로나와 같은 전염병, 가축전염병, 기후변화에 따른 잦은 병해충, 살충제 계란과 같은 화학물질 오염, GMO 등 먹거리의 안전성을 위협하는 다양한 위험요소가 드러나고 있다. 이에 먹거리 재료의 원산지는 물론 생산 및 제조 전 과정 등에 대한 정보에 민감해졌으며, 이러한 불안요소로부터 자유로운 선택을 할 수 있는 사회가 찾아올 것으로 예측된다.

건강과 웰빙 등 삶의 질과 관련된 이슈는 도래 시기가 빠르고 강도 또한 매우 강하게 나타났다. 농식품 분야에서 불안요소로부터 자유로운 투명사회와 관련된 이슈는 기회가 될 확률이 53.6%로 가장 높게 나타났고, 위협요인은 23.6%로 분석됐다. 블록체인기술 등 첨단 정보통신 기술이 급격히 발전하면서, 건강과 안전에 대한 높아진 관심과 투명한 정보 제공에 대한 높은 요구가 기회 요소로 인식되는 반면, GMO, 화학물질 오염 등 먹거리 안전을 침해하는 요소가 끊임없이 등장하고 있기에 위협이 될 확률 또한 계속해서 높게 나타날 것으로 보인다.

이미 도달해 있는 정보투명화 사회
블록체인을 이용한 식품이력 관리 시스템, IBM 푸드 트러스트

미국의 다국적 기업 IBM은 2018년 약 2년의 연구를 거쳐 블록체인 기반의 식품 정보 클라우드 플랫폼인 '푸드 트러스트IBM Food Trust™'를 출시했다. 이 네트워크에는 월마트를 시작으로 까르푸, 크로거, 네슬레, 타이슨푸드, 유니레버 등 글로벌 식품 유통업체, 소매업체, 공급업체 등 다양한 업체가 참여하고 있다. IBM 푸드 트러스트는 식품 업계가 식품 에코시스템의 데이터에 접근해 추적 가능성traceability, 투명성transparency, 효율성efficiency을 높이도록 했다. 이로써 전에는 일주일가량 소요되던 식품의 생산, 경로 추적이 바로 이뤄지고 신뢰도 높은 정보를 제공한다. 블록체인 기술의 이점을 이용해 잠재적 식품 오염을 신속하게 추적하여 질병을 예방하고, 문제가 발생하면 신속하게 원인을 규명하고 신속하게 차단할 수 있는 것이다.

글로벌 식품기업인 스위스의 네슬레는 2017년부터 IBM의 푸드 트러스트 기술을 시범적으로 도입하고 있다. 대표적으로 유럽의 최대 유통업체인 까르푸와 함께 매쉬드포테이토 식품 '무슬린 퓨레Mousline purée', 분유 '기고Guigoz'에 이어 자사의 커피 브랜드인 '조가

IBM 푸드 트러스트

자료: IBM 웹사이트**43**

스Zoégas'에 푸드 트러스트를 접목했다. 조가스의 경우 원두의 생산, 유통, 판매의 전 과정을 아우르는 데이터가 푸드 트러스트에 수집되고, 소비자는 제품 포장에 있는 QR 코드를 스캔해 커피의 원산지, 수확 시기, 로스팅 정보, 가공, 포장에 대한 모든 정보를 확인할 수 있다.44

인공지능을 활용한 제품 트렌드 예측 시스템, 엘시아

롯데제과는 2018년부터 인공지능을 활용한 트렌드 예측 시스템 '엘시아Lotte Confectionery Intelligence Advisor, LCIA'를 신제품 개발에 도입했다. 엘시아는 IBM의 인공지능 콘텐츠 분석 플랫폼인 'IBM 왓슨 익스플로어'를 기반으로 7,000만 건의 소셜데이터와 POS 판매 데이

'푸드 트러스트'를 활용한 네슬레의 블록체인 서비스

자료: 네슬레 웹사이트45

터, 날씨 등의 정보를 고유 알고리즘으로 분석하고 딥러닝 기술을 적
용하여 미래의 트렌드를 예측해 제품 개발 아이디어를 제공한다.

8장

먹거리의
새로운 미래

먹거리의 미래, 어떻게 전망하는가

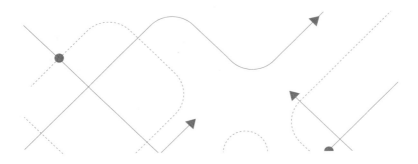

먹거리의 미래를 결정할 다섯 가지 테마별로 미래 사건을 발굴하기 위해 브레인스토밍과 브레인라이팅, 클러스터링, 워크숍을 거쳐 최종 적으로 다음과 같은 열네 건의 미래 사건을 선정했다. 각 미래 사건은 크게 빅데이터 기반의 먹거리 산업 발달, 개인 맞춤형 식문화 발달, 자 급자족 문화 확산, 첨단기술 접목 먹거리 변화로 요약할 수 있다.

　워크숍 참가자들은 3D프린터와 같은 새로운 기술 도입으로 생활 이 더 간편해질 것이며 이로 인한 잉여 시간이 증가하리라고 기대했 다. 또한 먹거리는 생존 및 삶의 질과 직결되는 분야이니만큼 적극적 인 정책이 필요하다고 판단했으며, 그와 동시에 격차 발생에 대한 우 려도 크게 나타났다. 클러스터링 의견 중에는 먹거리 양극화를 의미 하는 '먹거리 설국열차'라는 키워드가 도출되기도 했는데, 전체 참

먹거리 분야 미래 사건

빅데이터 기반 먹거리 산업 발달	빅데이터 기반 푸드케어 시스템	내 몸 상태를 실시간으로 체크해 영양 분석을 해주고, 식단을 추천해주는 푸드케어 시스템이 보편화된다. 가정 내 냉장고 정보를 파악하여 자동으로 식품을 배송해주는 서비스도 시행된다. 빅데이터 기반 식문화가 보편화된다.
	먹거리 정보의 신뢰도 상승	하나의 식품이 생산, 유통, 판매되기까지의 과정이 모든 식품에 정보로 저장된다. 각각의 과정은 블록체인 기술을 활용해 조작할 수 없도록 한다. 소비자는 전체 정보를 보고 구입 여부를 결정한다.
	대기업 중심 먹거리 생산	더 정확한 정보를 제공할 수 있는 대기업이 농축산물 생산을 점유하기 시작한다. 로컬 식품이 사라지고, 안전평가를 받은 대기업 식품이 상품을 독점하여 유통한다.
개인 맞춤형 식문화 발달	직거래 구매 활성화	제철 농산물과 지역 특산품을 직거래하는 문화가 활성화된다. 판매자에 대한 신뢰를 기반으로 신선식품도 비대면 구매를 하게 된다.
	1인을 위한 식문화	1인분 음식 배달은 물론 귤 한 개도 주문할 수 있게 된다. 1인분 레시피도 유행한다.
	메뉴 없는 맞춤형 식당	정해진 메뉴를 보고 선택하는 것이 아니라 그날그날 먹고 싶은 것을 주문할 수 있는 맞춤형 식당이 늘어난다. 최고급 스테이크와 인스턴트 라면을 한 식당에서 먹을 수 있게 된다.
자급자족 문화 확산	스마트팜 아파트	식자재를 무인으로 생산해내는 스마트팜이 아파트의 기본 옵션으로 들어간다. 도시 안에 자급자족 식물 재배 빌딩이 늘어나면서, 먹거리와 관련된 유통이 줄어든다.
	대리 농사 서비스	더욱 안전한 먹거리를 원하되 스스로 자급자족 할 수 없는 사람들은 '대리재배'를 통해 먹거리를 공급받는다. 원하는 식재료를 농부에게 의뢰하면 개인을 위해 재배해준다. 의뢰인들은 원격시스템을 활용해 재배상태를 체크한다.
	3D프린터 음식 보편화	3D프린터를 활용한 음식이 보편화되면서, 가정 내 부엌이 사라진다. 요리를 하는 대신 대부분의 음식을 프린팅하여 먹는다.
첨단기술을 접목한 먹거리 변화	대체식품의 발달	햄버거 모양이지만 식물성 재료로 만든 음식, 과일 모양이지만 당이 포함되지 않은 음식, 빵 모양이지만 탄수화물이 포함되지 않은 음식 등 외형과 맛, 성분이 다른 음식들이 많아진다. 알약 하나로 식사를 해결하는 사람도 늘어난다.
	첨단 과학기술이 접목된 농업 분야	인공지능 기술과 드론 기술 등 새로운 과학기술에 익숙한 사람들이 농부로 유입된다. 10대 농부의 등장 등, 농업인구의 연령이 낮아진다. 농업 분야에 첨단 과학기술이 적극 활용된다.
	도축형 육식 문화 축소	도축하여 먹는 육식이 줄어들면서 축산업 관련 공간이 사라진다. 채식 인구가 증가하고, 숲이 늘어난다. 인간과 야생동물이 공존하며 살아가게 된다.

첨단기술을 접목한 먹거리 변화	영양 격차 심화	원격시스템이나 3D프린터 사용 등 새로운 기술에 익숙하지 않은 노년층이 식생활에 불편함을 겪게 된다. 계층 간의 영양 불균형 이슈가 사회문제로 떠오른다.
	바이오 기술의 활용	유전자 조작, 세포배양 기술을 활용한 식품이 나온다. 이 기술로 도축 없이 고기를 먹을 수 있게 되지만, 이를 불법적으로 활용하려는 사람들도 증가한다.

가자의 3분의 1이 이 미래를 가능한 미래로 선택하기도 했다. 한편 2030년 한국의 미래를 생각할 때 꼭 이루고 싶은 것을 사후 설문을 통해 물었을 때, 참가자들은 계층 간 격차가 사라지고, 다수가 행복한 사회, 건강한 먹거리로 미래 세대가 안심할 수 있는 사회가 오길 원한다고 말했다. 종합해보면 사람들은 먹거리에 대한 획기적인 변화를 기대하면서도 그러한 변화가 격차 없이 모두가 건강한 먹거리를 누릴 수 있는 방향으로 움직이기를 기대했다.

우리가 원하는 것과 가능한 것

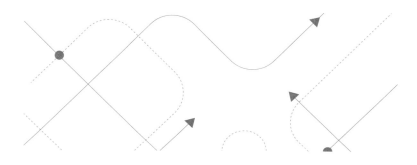

먹거리 분야에서 발생가능성과 선호도가 높은 미래 사건으로는 1인을 위한 식문화 발달, 믿을 수 있는 직거래 구매 활성화, 먹거리 정보의 신뢰도 상승이 꼽혔다.

먹거리 분야 열네 개 미래 사건에 대한 조사 결과, 발생가능성(x축, 3.70점)과 선호도(y축, 3.33점) 모두 평균 이상인 미래 사건은 총 여섯 개였는데, 위 세 가지에 더해 빅데이터를 기반으로 영양을 분석하고 식단을 추천해주는 푸드케어 시스템의 보편화, 첨단 과학기술이 적극 활용되는 농업 또한 발생가능성과 선호도가 높았다.

반면 도축형 육식 문화 축소, 3D프린터로 만든 음식, 기계 작동이 익숙치 않은 계층의 영양 격차 심화는 발생가능성과 선호도 모두 낮은 미래 사건으로 나타났다. 응답자들은 대체식품의 발달, 대기업 중

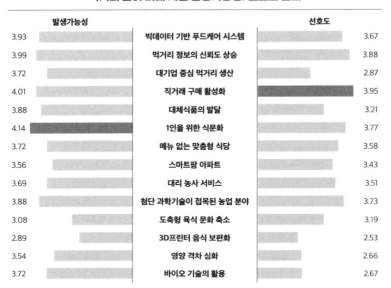

먹거리 분야 미래 사건 발생가능성/선호도 결과

발생가능성		선호도
3.93	빅데이터 기반 푸드케어 시스템	3.67
3.99	먹거리 정보의 신뢰도 상승	3.88
3.72	대기업 중심 먹거리 생산	2.87
4.01	직거래 구매 활성화	3.95
3.88	대체식품의 발달	3.21
4.14	1인을 위한 식문화	3.77
3.72	메뉴 없는 맞춤형 식당	3.58
3.56	스마트팜 아파트	3.43
3.69	대리 농사 서비스	3.51
3.88	첨단 과학기술이 접목된 농업 분야	3.73
3.08	도축형 육식 문화 축소	3.19
2.89	3D프린터 음식 보편화	2.53
3.54	영양 격차 심화	2.66
3.72	바이오 기술의 활용	2.67

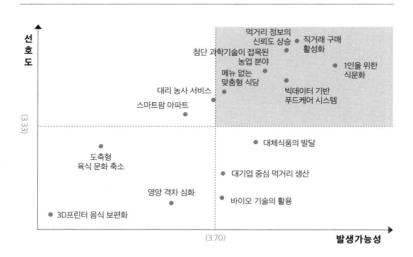

먹거리 분야 발생가능성/선호도 기준 미래 사건 매핑

심의 먹거리 생산, 바이오 기술을 활용한 식품에 대한 선호도가 낮았고 대리 농사 서비스, 무인 스마트팜이 포함된 아파트는 발생가능성에 비해 선호도가 높게 나타났다.

불필요한 유통 과정을 줄여 먹거리의 안전성과 신뢰도를 높이는 것은 선호하는 반면, 대체식품에 대한 선호도는 아직 낮은 것으로 해석된다.

주공아파트 옥상 텃밭 고추씨 사건

전혜진

날이 더웠다. 나는 온습도계를 체크하며 구획별 상자 사이를 바쁘게 오가는 안드로이드들을 쳐다보았다. 옥상에서 일만 해도 알아서 충전이 되도록, 휴지통만 한 몸 표면이 태양광 박막으로 뒤덮여 있었다.

한때 하늘에서 내려다보면 그저 초록색 우레탄 방수제 색깔로 뒤덮여 있던 아파트 옥상은, 옥상 텃밭이 보편화되며 진짜 초록색으로 뒤덮이기 시작했다. 옥상마다, 태양광으로 굴러다니는 농업 안드로이드들이 꿀벌처럼 바쁘게 돌아다니며 농사를 지었다. 그리고 그들을 관리하는 사람이 나, 농업관제사다. 나는 녀석들이 못 보고 지나친 곳이 있는지 한 번 돌아보고, 아파트 옥상 구석의 농업관제실로 향했다. 경비초소보다 작은 그 공간에서, 나는 매일 아침저녁으로 작업복을 갈아입고, 점심으로 압축 단백질 바를 먹는다.

엄마는 나보고, 겨울에는 따뜻하고 여름에는 시원한 곳에서 일하는 사람이 되라고 하셨다. 10년 전, 코로나바이러스가 한창이던 때, 엄마는 1층에 보건소가 있는 우리 동네 구청에서 쓰레기를 치우고 계셨다. 의료진들이 하얀

방호복과 마스크를 갑옷처럼 입고 쓰며 감염 의심자들을 마주하고 나면, 그 자리에는 산더미만큼의 쓰레기가 남았다. 엄마는 그런 쓰레기들을, 하루에 한 장씩 구청에서 나오는 마스크에 의지하여 쓸고 담고 분류했다. 아니, 정확히는 주에 다섯 개 나오는 마스크 중 네 개를 내게 가져다주고, 월요일에 받은 한 개를 한 주 내내 쓰고 다니면서 내게 말했다. 코로나가 돌기 시작한 처음에, 마스크를 구하기 힘들었을 때조차도 구청이며 보건소의 회의에 참석한 높으신 분들에게는 으레 새 마스크가 한 장씩 나오더라고. 너도 그렇게, 어디에 가도 네 앞으로 새 마스크가 나오는 사람이 되면 좋겠다고. 더운 날 더위를 모르고, 추운 날 추위를 모르며, 쓰레기 썩는 냄새, 땀이 쉬어 시큼해진 냄새를 모르는 사람이 되면 좋겠다고.

나는 엄마가 나름 곱게 키운 딸이었지만, 쓰레기를 치우던 엄마가 직장에서 얻어 온 마스크를 쓰고 학교에 다니던 고만고만한 성적의 나는, 어디로 봐도 곱게 자랄 수는 없었다. 미래에는 먹거리 산업이 취업이 잘될 거라는 말만 믿고 농업특성화고에 갔다. 취직은 되었지만, 내 일자리는 내가 안락하게 일하기를 바랐던 엄마의 소망과는 한참 거리가 멀었다. 그저 한 가지, 이곳에는 나를 위해 마스크와 장갑이 늘 준비되어 있다. 농업관제사의 건강은, 이 아파트 주민들의 건강과 직결되었으므로.

역사책에서 읽을 때는 몇십 년간 계속되었을 것 같지만, 1차 세계대전은 4년간의 일이었다. 2차 세계대전은 6년이었다. 코로나의 대유행은 그보다는 짧았지만, 사람들은 여전히 마스크를 쓴다. 배운 사람들일수록 위생과 건강에 강박적이고, 여전히 질병이나 전쟁, 지구온난화 때문에 필요한 식량이나 약품을 구하지 못할지도 모른다는 걱정을 하고 있다. 그들은 신토불이를 들먹이며, 내 집 가까운 곳에서 키운 로컬푸드를 먹어야 안전하다고 했다. 집 근처에서 채소를 길러 먹으면 탄소발자국이 줄어들어 환경에도 도움이 된다고 했다. 나 같은 농업특성화고 출신들이 주목받게 된 계기도 여기 있었다. 여기 대도시에 농사지을 땅은 없었지만, 아파트 옥상은 얼마든지 있었으니까. 그리고 관리사무소 입장에서는, 오랫동안 농사를 지어오신 분들보다는, 안드로이드들 잘 관리하고 소장이나 단지 주민들에게 고분고분하며 인건비가 싼 젊은 애들이 만만하고 좋았을 테니까.

"아이고, 잘 좀 길러야지 이게 다 뭐야. 응?"

단백질 바를 딱 한 입 깨물었는데 1층 할머니가 올라오셨다. 댁 베란다 앞의 화단에 경비실이 애써 심어놓은 화초를 밖에 한 줄만 남기고 싹 뽑아버린 뒤, 그 앞에다가 직접 온갖 채소를 길러 드시는 분이다.

"이래서 안드로이드에게 농사를 맡기면 안 된다는 것이야. 이거이거, 다 시들었네. 학생, 이거 봤어?"

"저 학생 아니거든요."

투덜거리며 마스크를 썼다. 할머니는 기세등등한 표정으로, 아까 안드로이드가 작업하다가 놓치고 간 그 상자를 딱 가리키셨다.

"월급 받고 키우면서 이렇게 하면 어떡해? 저기 내 남새밭만도 못하게 키워놓으면."

"아까 봤어요, 점심만 먹고서 손볼 거예요."

"봤으면 재깍 해야지, 어디서 어른이 말씀하시는데."

할머니는 내게 뭐라뭐라 말씀하시면서도, 상자를 살펴보고 시들한 싹을 솎아내며 쉬지 않고 움직이셨다.

"도대체가 말이야, 상추면 상추, 깻잎이면 깻잎, 좀 모아서 길러야지. 이 걸 이렇게 죄다 따로따로 상자에 담아놓으면 정신 사나워서 관리가 되겠어?"

"집집마다 요청하는 채소가 다르니까요."

"어디다 적어놓으면 되잖아. 요새 애들은 잔머리만 굴릴 줄 알았지, 아주……."

"아, 할머니. 그거 두세요. 헛갈려요!"

할머니가 깻잎이며 고추를 끼리끼리 모아놓으시는 것을 보고, 나는 기겁을 하며 가로막았다. 물론 할머니 말씀대로 같은 종류끼리 모아놓고 기르는 게 합리적이겠지만, 아파트 옥상 텃밭은 기본적으로 다품종 소량 생산이 원칙이었다. 일단 집집마다 원하는 채소도 전부 달랐다. 기본적인 모종이야 연초에 공동구매도 하지만, 당뇨에 좋다거나 어디에 좋다며, 특징에 맞게 품종개량을 한 모종이나 씨앗들을 특별히 따로 구입해서 요청하는 경우가 많았다. 심지어 어떤 병원에서는 의식동원이라고, 치료와 먹는 것은 한 가지로 가야 한다면서 의사들이 그런 씨앗들을 처방하기도 한다. 덕분에 나 같은 농업관제사들만 일이 바빠졌다. 의사들이야 그런 건 안드로이드에 입력해놓으면 되니까 손이 안 간다고 생각했겠지만, 저들끼리 꽃 피우고 열매 맺다가 비슷한 다른 종들과 섞이면 그것 나름대로 골치 아픈 일이니까.

처음에는 주민들도 안드로이드와 어린 농업관제사가 못 미덥다며 자기집 구석에 냉장고만 한 재배기를 들여놓고, 제 몸에 맞는 비싼 모종을 배양액에 띄워 직접 길러 먹었다. 하지만 한두 해가 지나자, 햇볕 받아가며 흙에서 자란 채소들이 더 아삭아삭하고 맛있다며 전부 이쪽으로 씨앗을 올려보내기 시작했다.

주민들은 채소는 유기농으로 길러야 한다며, 내게는 담배 같은 것에 손 대지 말라고 신신당부를 하고, 채소에 주는 물은 받아서 하루 뒀다가 써야 한다고 말했다. 비료 대신 음식물 쓰레기로 지렁이를 키워서 쓰면 좋겠다고 하지만, 싱크대 배수구를 거친 음식물 쓰레기에는 세제 성분이 남아 있어 서, 애먼 지렁이들을 시들시들하게 만들었다. 결국 나는 지렁이는 지렁이대 로 키우면서, 유기농 비료는 따로 사다가 써야 했다. 필요해서 유기농 비료 를 주문할 때마다 마치 주민들의 돈을 도둑질이라도 하는 듯한 기분이었다. 이곳에서 일하는 종일 내내, 아파트 가구 수만큼의 눈동자가 나를 지켜보고 있는 듯했다.

"앗, 할머니. 그거랑 그건 다른 거예요!"

"다르긴 어디가 달라."

"품종개량한 거랬다고요. 비만에 좋은 거라고."

"살 빠지는 고추는 그거 이렇게 생기지 않았어. 우리 사위 때문에 몇 포 기 길러봐서 알지."

"아니라고요?"

"이거 엘리트잖어, 이파리만 봐도 알겠네. 이것도 구별 못 하면서 농사 를 짓나?"

나는 눈을 깜빡거렸다. 엘리트는 우리 아파트에서 공동구매한 고추 모 종 두 가지 중 하나로, 이 단지에서 가장 흔했다. 808호는 비만에 좋다며 모 종도 아닌 신품종 고추 씨앗을 따로 올려보냈는데, 지금 그게 섞이기라도 했다고? 가슴이 쿵 하고 내려앉았다. 설마 도둑으로 의심받게 될까? 그나마이 직장도 잃게 되는 것은 아닐까?

"전부 뿌렸어?"

"아뇨⋯⋯. 따로 주신 건 샘플을 따로 보관하게 되어 있어서 일단 반은 덜어놓았는데요."

수상한 짓은 아무것도 하지 않았건만, 나는 잔뜩 기가 죽은 채 말했다. 할머니가 혀를 쯧쯧 차셨다.

"관리사무소장한테 전화해."

"예? 하, 하지만⋯⋯."

"학생 혼자 나섰다간 괜히 도둑으로 몰리잖아."

할머니 말씀대로 관리사무소에 전화를 걸었다. 사무소에서는 대체로 내 전화를 귀찮아했지만, 할머니가 나서시자 곧 관리사무소 직원 두 사람이 옥상으로 왔다. 나는 808호에서 따로 제공한 씨앗들을 꺼내 보였다. 잠시 후 경찰이 왔고, 어디서 무슨 소식을 듣고 왔는지 방송사 드론이 취재 허가를 받고 날아왔다. 어지간해선 나와 관리사무소 직원들, 그리고 할머니 말고는 사람 올라올 일 없는 아파트 옥상은 곧 낯선 사람들로 득시글거렸다. 마스크를 쓴 주민들도 자기네 채소들이 잘 자라는지 보러 왔다는 핑계로 옥상을 기웃거렸다. 마치 내가 뭘 훔치기라도 한 것처럼. 그리고 마지막으로 올라온 것은 연락을 받고 급히 퇴근한 808호 사람이었다.

"아이고, 그거요? 그거 다이어트에 좋은 거라고 약국에서 주문해서 산 건데!"

나 혼자였으면 내게 덤터기를 씌웠을지 모르는 808호 사람은, 사람이 이만큼 모여 있자 순순히 종자를 어디서 어설프게 구했는지 털어놓고 돌아갔다. 그렇게 아파트 옥상 농업관제실에서 시작된 사건은 다이어트를 미끼로 손님을 끌던 동네 약국으로, 다시 싼 종자를 비싼 종자인 듯 속여서 약국에 넘긴 업체까지 이어졌다.

"며칠 뒤에 한번 연락드릴 테니, 경찰서에 그때 잠깐 나오세요."

경찰은 명함을 주고 돌아갔다. 내가 도둑이 아닌 게 밝혀진 건 다행이지만, 계속 이 일을 할 수는 있는 걸까 걱정이 되었다. 사람들은 돌아갔고, 해가 저물고 있었다. 내 공식적인 퇴근 시간도 지나 있었다. 나는 농업관제실 안에 놓인, 먹다 만 단백질 바를 생각했다. 남들을 위해서는 친환경 유기농 채소를 기르면서, 나는 하다못해 단백질 바 한 입 마음대로 먹지 못하고 이게 뭐 하는 걸까. 게다가 오늘은 도둑으로 몰릴 뻔했고.

"욕봤다. 밥이나 먹고 가."

입이 이만큼 나와 있는데, 할머니가 한마디 하셨다. 빈말이겠거니 했는데, 할머니는 내 손을 잡아끌고 1층으로 가셨다. 할머니 댁에서 굴러다니던 가사 안드로이드가 따뜻한 밥에, 김치에, 제육볶음을 뚝딱 차려 내왔다.

"어서 먹어."

"하지만……."

오랜만에 제대로 차려진 밥상을 보자 입에 침이 고였지만, 나는 머뭇거렸다. 그러자 할머니가 내 등짝을 철썩 때리며 한마디 하셨다.

"어른이 밥 해주는데 거기서 뭐 하고 있나. 제사 지내나."

"아뇨, 그게……."

할머니는 내 건너편에 앉아, 먼저 수저를 드시며 이런저런 말씀을 하셨다. 예전에는 생선 통조림이 무척 흔했는데, 요즘은 귀한 물건이 되었다는 이야기부터, 10년 전에만 해도 동물의 권리도 있고 환경문제도 걸리니 고기를 끊어야 한다는 이야기도 많이 나왔지만, 요새는 아예 한 입 크기로 배양이 되어 나와서 그런 문제도 없거니와, 썰고 자시고 할 필요도 없이 편하다고. 세상 돌아가는 걱정도 하셨다. 어지간한 동네는 옥상을 텃밭 삼아 부족함 없이 채소를 키워 먹고 있다지만, 없는 사람들은 또 그마저도 못하는 게 아니냐고. 나는 대답하지 않았다. 그저 묵묵히 밥을 먹으며 할머니 말씀이 다 맞습니다, 하는 식으로 고개만 끄덕였다. 그러다가 할머니가 문득 물으셨다.

"너는, 밥은 잘 먹고 다니나."

문득 가슴이 답답해졌다. 하루 종일 볕이 드는 드넓은 옥상에서 다른 사람들을 위한 맞춤형 채소를 가꾸고 있지만, 나와 엄마는 시장에서 상추 한 봉지를 사는 데도 고민을 해야 한다. 누군가는 우리를 보고 채소가 필요하면 길러 먹으면 되지 않느냐고 묻겠지만, 그런 것을 기르려면 볕이 드는 양지가 필요했다. 베란다도 옥상도 손바닥만큼의 양지도 갖지 못한 우리에게는 불가능한 일이었다. 사람은 질병을 극복하고, 동물의 권리나 환경오염문제도 극복하고, 탄소발자국도 줄여나갔지만, 어떤 문제는 아무리 시간이 지나도, 넘어설 방법이 보이지 않는 것 같았다. 나는 고개를 푹 숙였다. 그리고 간만에 입에 넣는 성찬을 밥알 한 알까지 제대로 맛보자고, 우울한 생각은 하지 말자고 몇 번이나 속으로 중얼거렸다.

한눈에 살펴보는
미래 먹거리

**❶ 블록체인 기반
안심 먹거리 사회**

블록체인 기술을 활용하여
보다 투명한 먹거리 정보
제공 시스템 구축

❷ AI 로봇 레스토랑

레시피 습득, 조리, 뒷정리까지
스스로 하는 AI 로봇 셰프 도입

2030년 이내에 벌어질 미래 먹거리의 모습을 일러스트와 간략한 시나리오 형식으로 표현했다. 대중 선호도가 높게 나타나 향후 적극적인 대응이 필요한 먹거리 분야 미래 사건을 중심으로 구성했다.

❸ 도시형 스마트농업 활성화

청정 먹거리가 자동으로 재배되는
도심 속 스마트농업 시스템

**❹ 빅데이터 기반
푸드케어 시스템**

실시간 생체정보 분석 기술을
활용하여 개인 맞춤형 식단 제공

▬▬ 코로나 이후 한국 사회는 안전의 가치를 무엇보다 중요시하게 됐고, 이는 신뢰할 수 있는 안전한 먹거리에 대한 요구로 이어졌다. 비대면 소비가 증가하면서 정보의 객관성은 점점 더 중요해졌다. 이에 정보 조작을 원천적으로 차단하는 블록체인 기술이 먹거리 분야에 도입되어 소비자의 신뢰도를 높이는 데 기여하고 있다. 성분부터 생산 과정, 유통, 원료의 세부정보까지 다양한 데이터를 투명하게 제공함으로써 소비자가 안심하고 먹거리를 선택할 수 있는 환경을 제공한다.

토마토소스를 예로 들면 영양정보와 원산지 같은 기본정보를 넘어 원료가 되는 토마토의 농장 정보, 배합된 성분의 세부적인 내용, 유통의 전반적인 과정, 마케팅 방법 등 완성품이 나오기까지의 모든 과정을 투명하게 공개한다. 단계마다 인증제도가 있어 소비자는 영양성분뿐 아니라 친환경 등급, 노동환경 등급, 윤리적 생산 등급 등 다양한 정보를 한눈에 확인할 수 있게 됐으며 이에 따라 제품 선택지도 넓어지고 있다.

안전한 먹거리에 대한 관심이 높아짐에 따라 도시형 스마트농업도 활성화되고 있다. 빌딩이나 아파트에 도입된 무인 스마트팜을 통해 청정 먹거리에 대한 접근성이 높아지고 있으며, 원하는 작물을 골라 재배할 수 있는 맞춤형 농업 서비스도 늘어나고 있다. 누구나 간단하게 신청할 수 있는 맞춤 서비스는 원하는 작물을 선택한 후 거주지에서 가까운 스마트팜에 재배 요청을 하기만 하면 된다. 소비자는 자신이 선택한 작물이 자라는 전 과정을 영상으로 볼 수 있으며 수확 시기가 되면 자동 배송으로 받아본다. 원할 때는 스마트팜에 방문해 스스로 수확할 수도 있다. 스마트농업은 원하는 작물을 가장 신선한 상태로 먹을 수 있다는 점에서 주목받고 있다. 이와 함께 개개인의 특성에 맞는 작물을 추천해주는 '퍼스널 파머'도 새로운 직업으로 떠오르고 있다.

맞춤형 먹거리 서비스는 실시간 생체정보 수집 기술과 함께 빠르게 발달하고 있다. 원격의료의 토대가 되는 실시간 생체정보 수집 기술은 개인을 위한 영양 제안 및 식단 관리에도 활용되고 있다. 예방의학이 발달하면서 건강을 유지하기 위한 일상적인 노력이 중요해지고 있으며 빅데이터 기반 푸드케어 시스템은 이를 돕는 대표적인 기술 중 하나다. 이 시스템은 개개인의 생체정보를 분석해 알맞은 식단을 제공하는 데 필요한 영양정보뿐 아니라 사용자의 라이프스타일까지 파악해 다음 단계의 서비스로 연결해준다. 사용자가 직접 요리를 한다면, 해당 시스템을 냉장고와 연동해 필요 식자재를 자동으로 주문해주며, 요리할 시간이 없는 사용자라면 완제품을 주문할 수 있도록 돕는다. 이러한 주문 역시 사용자의 식사 시간을 파악해서 이뤄지는데 생체정보 분석만으로 최적의 식단을 일상의 패턴에 맞게 받아볼 수 있다.

AI 로봇 레스토랑은 요리 로봇의 발달과 함께 활성화되고 있다. 초창기에 로봇은 재료를 다듬거나 치킨을 튀기는 등 다소 반복적인 일에만 활용됐지만 이제 다양한 음식을 조리할 수 있게 됐다. 과정이 복잡한 요리도 혼자서 만들 수 있어 로봇 셰프라는 명칭으로 불린다. 정량의 재료로 맛의 변화 없이 음식을 만들 수 있다는 점과 청결한 환경에서 요리한다는 점이 가장 큰 장점인 로봇 셰프는 한식, 양식, 중식, 일식 등 전문 레스토랑에서도 각광받고 있다. 얼마 전부터는 가정용 로봇 셰프도 보급되어 가정 내 요리에 투입되는 시간과 노력을 단축해주고 있다. 현재 개발 중인 로봇 셰프는 완벽한 자동화를 목표로 하고 있는데 음식 이름만 입력하면 레시피 다운로드부터 식재료 주문, 조리, 뒷정리까지 전 과정을 스스로 해낼 수 있다. 원격으로 관리되기 때문에 집 안에 사람이 없어도 식사 시간에 맞춰 혼자서 조리한다. 이러한 수준의 가정용 로봇이 개발되면 식문화뿐 아니라 집안일 전반에 혁신적인 변화가 있을 것으로 기대된다.

자신에게 딱 맞는 안전한 먹거리에 대한 관심은 날로 높아지고 있다. 최첨단 농법과 빅데이터를 활용한 다양한 먹거리 기술은 개개인을 위한 맞춤형 먹거리 제공은 물론, 최적화된 라이프스타일을 제안해줄 것이다. 먹거리 선택은 이제 생존을 넘어 나다운 삶을 위한 필수 조건이 되고 있다.

9장

먹거리의 미래,
어디로 가는가

먹거리에서 고려해야 할 3가지 영역

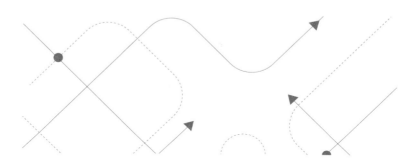

한국의 경우 먹거리 수급 및 유통 불안정과 기상이변이 겹쳐 일부에 한해 수급차질과 가격상승이 발생하긴 했지만, 큰 사회적 혼란이나 사재기 파동으로 이어지지는 않았다. 그러나 팬데믹 상황이 장기화, 만성화되면 먹거리 분야에서도 향후 크나큰 사회적 혼란과 불안을 피해갈 수 없을 것이다. 인간의 가장 기본적 욕구인 먹거리 분야에서의 위기대응은 팬데믹의 차단 및 치유 못지않게 중요하다. 물론 여기서 말하는 위기대응에는 단순히 먹거리의 양적 충족(안정)뿐 아니라 질적 충족(안전)과 더불어 사람들의 심리적·정서적 충족(신뢰, 안심)까지 포함돼야 한다. 앞서 살펴본 열네 개의 미래 사건을 분석해 정책적 고려가 필요한 세 가지 영역과 여섯 개 대응 방향을 제시해보도록 하겠다.

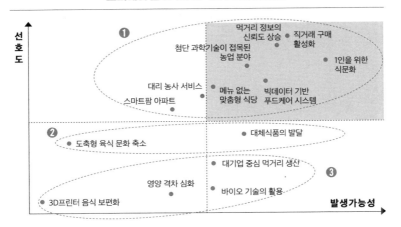

고려해야 할 3가지 영역과 6개 대응 방향

선호도

❶ 먹거리 정보의
신뢰도 상승 · 직거래 구매
활성화
첨단 과학기술이 접목된
농업 분야
· 1인을 위한
식문화

대리 농사 서비스
· 메뉴 없는 · 빅데이터 기반
스마트팜 아파트 맞춤형 식당 푸드케어 시스템

❷
· 도축형 육식 문화 축소 · 대체식품의 발달

· 대기업 중심 먹거리 생산
영양 격차 심화 ❸
· 바이오 기술의 활용

· 3D프린터 음식 보편화

발생가능성

❶ 시의적(공감) 영역	❷ 정교화(선별) 영역	❸ 재진단(재검토) 영역
• 국민적 선호와 공감, 발생 가능성에 대한 기대치 등 국민체감형 정책 영역 • 중단기적, 우선적인 정책 추진 필요	• 정책적 필요 판단에 따른 국민 인식 제고 • 정책수혜 대상·범위의 차별 적 접근	• 국민적 선호와 공감이 낮은 정책 영역 • 정책적 타당성·적절성의 재 검토 필요

1. 시의적(공감) 영역

첫 번째 영역은 '시의적(공감) 영역'이다. 사람들의 선호와 공감, 실현가능성에 대한 기대치에 바탕을 둔 체감형 영역으로서 신속하게 추진해야 하는 영역이다. 열네 개 미래 사건 중에서는 직거래 구매 활성화, 먹거리 정보의 신뢰도 상승 등 여덟 개의 미래 사건이 여기 포함된다. 이 여덟 가지는 내용의 상호연관성을 고려하면 네 개의 방향성으로 종합할 수 있다.

소비자가 안심할 수 있는 '먹거리 신뢰사회'

첫 번째 방향성인 '먹거리 신뢰사회'는 직거래 구매 활성화, 먹거리 정보의 신뢰도 상승, 빅데이터 기반 푸드케어 시스템이라는 세 개의 미래 사건과 연관된다. 코로나19로 인해 생활 전반에 불안이 팽배해진 가운데, 인간의 기본욕구이자 생존과 직결된 먹거리를 안심하고 섭취할 수 있는 먹거리 신뢰사회는 포스트 코로나 시대 먹거리 분야의 가장 근본적인 미래상이라 할 수 있다. 먹거리에 관한 충분하고도 질 높은 정보에 손쉽게 접근할 수 있고, 먹거리 소비에 대한 심리적 충족, 즉 안심의 기제가 견고하게 자리를 잡은 사회가 먹거리 신뢰사회이다.

소비자 참여의 먹거리 확보 선택권(자기결정권)

두 번째 방향성은 직거래 구매 활성화, 대리 농사 서비스, 스마트팜 아파트라는 미래 사건과 연관된다. 소비자는 먹거리의 생산·가공에서부터 소비에 이르는 전 과정에 직간접적 형태로 개입해 원하는 먹거리를 원하는 방식으로 확보할 수 있어야 한다. 요컨대 소비자가 다양한 유통채널을 통해 먹거리를 확보하는 미래상이다. 이는 지금까지 유통이 불안과 불신을 불러일으켰던 것과 관련된다. 유통에 대한 대중의 신뢰, 안심 확보가 이 방향성의 핵심이고, 데이터 기반의 정책 대응이 중요하다는 점에서 첫 번째 방향성과 밀접한 관련이 있다.

스마트농업으로 안전한 먹거리의 안정적 생산

첨단 과학기술이 접목된 농업 분야, 스마트팜 아파트라는 두 가지 미래 사건과 연관된다. 코로나를 경험하면서 국민경제에서 농업이 차지하는 위상, 식량안보의 중요성에 대한 사람들의 인식 수준이 크게 높아졌다. 농업의 경제적 효율성뿐 아니라, 포스트 코로나 시대의 각종 감염병, 동식물 질병 등 위험으로부터 자유롭고 안전한 먹거리를 공급한다는 측면에서 스마트농업을 추진해나가야 할 것이다.

개인 맞춤형 먹거리 소비 보편화

1인을 위한 식문화, 메뉴 없는 맞춤형 식당이라는 두 가지 미래 사건과 연관된다. 혼잡한 대형마트, 시장, 식당 등에서의 먹거리 소비에 따르는 위험에 대한 불안감이 확산되면서, 이미 다양한 형태의 밀키트meal kit, 가정간편식 등의 시장이 확대되고 있고, 대면 소비행위가 불필요하거나 최소화된 로봇·자동화 요식업(카페, 식당 등)이 다시금 각광받고 있다.

2. 정교화(선별) 영역

이 영역에는 중립적 선호도를 가진 두 개의 미래 사건인 도축형 육식 문화의 축소와 대체식품의 발달이 포함된다. 선호도가 중립적이기 때문에 필요성에 대한 정책적 판단을 기반으로 대중의 인식을 제고하고 공감을 이끌어내거나 정책수혜 대상 및 범위를 분명히 하여 소기의 정책효과를 확보할 수 있도록 접근해야 한다.

지속가능성에 최우선가치를 둔 대체식품의 시대

여기서 말하는 대체식품은 식물성 재료를 기반으로 하기 때문에 인간과 자연의 건강을 동시에 추구하는 수단이자, 도축형 육식 문화 축소와도 맥락을 같이한다. 지속가능성을 고려한 먹거리의 미래상이라는 점에서 긍정적 가치를 갖지만 선호도 측면에서 중간 정도의 결과를 보이기 때문에 시급하게 추진하기에는 다소 시기상조일 수 있다. 지속가능성과 대체식품의 가치에 대한 이해와 공감을 높이고 정책적 필요 기반을 강화하는 것이 우선이라 하겠다.

3. 재진단(재검토) 영역

이 영역에는 사람들의 선호도가 낮고 발생가능성에 대한 인식이 평균 이하 수준인 미래 사건 네 개가 배치된다. 그중 바이오 기술의 활용, 3D프린터 음식 보편화, 대기업 중심 먹거리 생산은 보편적으로 생각하는 먹거리의 확보방식에서 벗어나 있고, 기술적 개입이 강화된 인공적인 먹거리, 대기업이 독점적으로 공급하는 획일화된 먹거리라는 거부감이 강하게 반영되어 있다. 기술적으로는 충분히 구현할 수 있다 해도 대중 선호도가 낮아 수용되기 어려운 사건들로 구성된 영역이기 때문에 이와 관련된 정책은 대중 수용성을 고려해 추진속도의 완급을 조절해야 한다.

기술 만능의 새로운 먹거리 확대

먹거리 분야에서 바이오 기술, 3D프린터의 활용은 먹거리에 대한 통념과 괴리가 있기 때문에 대중이 쉽게 수용하기 어렵고 빠른 시간

먹거리 분야 미래 방향성

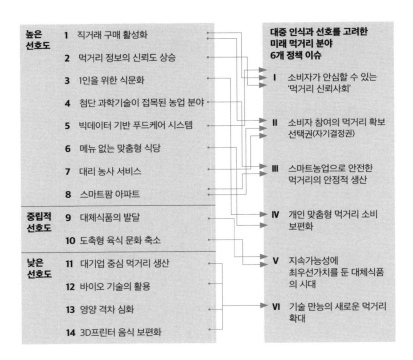

높은 선호도		대중 인식과 선호를 고려한 미래 먹거리 분야 6개 정책 이슈
	1 직거래 구매 활성화	
	2 먹거리 정보의 신뢰도 상승	
	3 1인을 위한 식문화	I 소비자가 안심할 수 있는 '먹거리 신뢰사회'
	4 첨단 과학기술이 접목된 농업 분야	
	5 빅데이터 기반 푸드케어 시스템	II 소비자 참여의 먹거리 확보 선택권(자기결정권)
	6 메뉴 없는 맞춤형 식당	
	7 대리 농사 서비스	III 스마트농업으로 안전한 먹거리의 안정적 생산
	8 스마트팜 아파트	
중립적 선호도	9 대체식품의 발달	IV 개인 맞춤형 먹거리 소비 보편화
	10 도축형 육식 문화 축소	
낮은 선호도	11 대기업 중심 먹거리 생산	V 지속가능성에 최우선가치를 둔 대체식품의 시대
	12 바이오 기술의 활용	
	13 영양 격차 심화	VI 기술 만능의 새로운 먹거리 확대
	14 3D프린터 음식 보편화	

내에 보편화되기 어렵다. 또한 대기업 중심 먹거리 생산은 기술, 자본, 독과점 유통 등으로 인해 지나친 표준화가 야기되고 먹거리 다양성이 훼손될 수 있으므로 이를 경계해야 한다. 영양 격차 심화는 원격시스템, 3D프린터 등과 같은 새로운 기술에 대한 수용성 내지 접근성의 격차에서 비롯된다. 기술을 중심에 둔 먹거리 확대 영역에서는 대중의 수요를 충분히 감안해 타당성·적절성을 재검토하는 것이 중요하다.

미래 먹거리, 어떻게 준비할 것인가

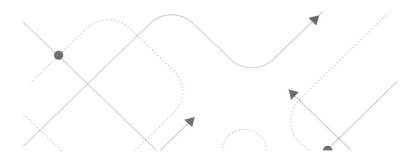

우리나라는 코로나19 발생 이전부터 먹거리와 관련해 '지속가능한 농식품 산업 기반 조성'과 '국민 건강을 지키는 생활안전 강화'라는 방향성을 설정하고 꾸준히 실행해왔다. 두 가지 모두에는 먹거리를 다룰 때는 종합적으로 접근해야 하고, 안전이 가장 중요한 키워드라는 인식이 밑바탕에 깔려 있다.

2021년에는 농어촌특별위원회가 주관하여 포스트 코로나 관련 정책 방향을 반영해 먹거리 종합전략을 수립할 예정이며, 「제3차 농림식품과학기술 육성 종합계획('20~'24)」에서는 연구개발 투자를 통한 과학기술 기반의 먹거리 정책을 구체적으로 추진해나갈 예정이다. 「제3차 농림식품과학기술 육성 종합계획」은 앞서 제시한 여섯 개의 방향성과도 두루 연관성을 보이며 특히 먹거리 신뢰사회, 스마트

농업, 기술 만능의 새로운 먹거리라는 트렌드를 실천하는 데 기여할 수 있을 것으로 보인다. 하지만 소비자 참여의 먹거리 확보 선택권, 개인 맞춤형 먹거리 소비, 대체식품 등의 방향성은 상대적으로 덜 강조되는 측면이 있다.

「제3차 농림식품과학기술 육성 종합계획」과 미래 방향성과의 연관성

정책이슈	정책 이슈와 직·간접적 연관성을 가진 종합계획 주요 내용

❶ 소비자가 안심할 수 있는 '먹거리 신뢰사회'	• 국내외 소비자 수요에 맞는 고품질 농산물 생산
	  - 생산성 향상을 위한 효율적 축산·유전자원 개발
	  - 친환경 안전 축산물 생산 기술
	  - 축산물 안전 및 이용성 증대 기술
	  - 국내외 소비자 맞춤형 원예작물 품종 육성·보급
	  - 농업생산 자동화·안정성 표준화 등
	• 기후변화/재난/동식물 질병 대응 농업생산시스템 구축
	  - 스마트 기술 기반 실시간 질병 감시 시스템 구축
	  - 식물질병 관련 병원체 분포 조사 및 외래유입 병원체 관리대책 수립 등
	• 국민 맞춤형 건강한 먹거리
	  - 영양·기능성 정보 제공
	  - Free-From 식품 및 클린라벨 식품 개발 및 산업화
	  - 농식품 유통·소비 단계 신뢰성 강화 및 품질 제고 기술

❷ 소비자 참여의 먹거리 확보 선택권(자기결정권)	• 국내외 소비자 수요에 맞는 고품질 농산물 생산
	  - 스마트유통체계 구축 (*생산-유통-소비 패키지형 최적화 유통전략)
	• 소비 트렌드 변화에 맞는 식품 및 유통산업
	  - 새로운 유통기술 개발

❸ 스마트농업으로 안전한 먹거리의 안정적 생산	• 혁신성장을 위한 농산업 전반의 융복합화
	  - K-FARM 핵심기술 고도화 및 2·3세대 스마트팜 실증연구
	  - 글로벌 스마트팜 융합·원천기술 개발
	  - 노지 스마트팜 혁신기술 개발
	  - 안정수급을 위한 스마트 유통·소비 관리기술 개발 등
	• 혁신선순환을 위한 농산업역량 강화
	  - 스마트 노지용 농업기계 개발
	  - 스마트 농업시설 기자재 개발 등

❹ 개인 맞춤형 먹거리 소비 보편화	• 소비 트렌드 변화에 맞는 식품 및 유통산업 - 특수목적형 식품가공·생산기술 개발 (*한 끼 완전식, 밀키트 등 1인 가구 대상)
❺ 지속가능성에 최우선가치를 둔 대체식품의 시대	• 소비 트렌드 변화에 맞는 식품 및 유통산업 - 건강증진 소재 및 서비스 개발

❻ 기술 만능의 새로운 먹거리 확대	• 고부가가치 창출을 위한 농생명 소재산업 개발
	  - 형질전환 가축 생산 및 생체활용 기술개발
	• 바이오경제 시대 BT 유전체 기반 기술 강화
	  - 작물 유전체 기술 선진화 및 제품화
	  - 동물 유전체 기술 선진화 및 제품화
	  - 형질전환 복제동물 생산기술 고도화 및 산업화
	• 소비 트렌드 변화에 맞는 식품 및 유통산업
	  - 미래 식량 확보를 위한 대체기술 및 식품 신소재 개발 (*대체육(배양육))
	  - 특수목적형 식품 가공·생산 기술개발 (*3D 식품)

대응 방향 1. 신뢰도 높은 데이터 생태계 조성과 활용가치 확대

포스트 코로나 시대에 먹거리 분야의 기본적 지향점은 '충분히 신뢰할 수 있는 신뢰사회'라고 볼 수 있다. 신뢰에는 충분한 경험과 시간이 필요한데, 우리는 이러한 경험과 시간을 단축하는 매개로서 농식품 데이터에 주목할 필요가 있다. 소비자가 안심할 수 있는 '먹거리 신뢰사회'는 결국 데이터와 데이터에 기반한 먹거리 소비의 활성화로 실현할 수 있기 때문이다. 그렇기에 포스트 코로나 시대에는 신뢰도 높은 먹거리 데이터 생태계를 조성하고 데이터의 활용가치를 확대할 필요가 있다. 이를 이룰 수 있는 방안을 다섯 가지로 정리했다.

1. 먹거리 데이터 통합과 거래 활성화

공공·민간 분야에서 다양한 목적에 따라 합당한 비용으로 먹거리 데이터를 구독·활용할 수 있도록 하는 먹거리 빅데이터 플랫폼을 구축하고 데이터거래소 설립을 추진해야 한다. 최근 과학기술정보통신부와 한국정보화진흥원에서 추진하고 있는 빅데이터 플랫폼 및 센터 구축사업은 2021년까지 총 1,516억 원의 예산을 투입해 통신, 유통·소비, 금융 등 열 개 분야의 빅데이터 플랫폼을 구축할 예정이다. 플랫폼을 통해 구축된 데이터는 거래소를 통해서 판매되고 다양한 목적으로 활용될 수 있다. 데이터거래소가 정착되고 합당한 가격으로 데이터의 판매·구입이 활성화되면 데이터의 품질과 신뢰도는 자연스럽게 향상될 수 있다. 하지만 현재 먹거리 분야는 전술한 빅데이터 플랫폼 및 센터 구축사업에서 빠져 있고, 추진하고 있는 내용마저 행정적인 관점에 치중되어 있기 때문에 먹거리 데이터의 품질과 신뢰도를 향상시키는 데에는 한계가 있을 수밖에 없다. 따라서 먹거리와 관련된 공공 및 민간의 다양한 데이터가 통합되고 거래될 수 있는 공신력을 갖춘 인프라 구축을 지원해야 한다.

2. 데이터의 민간 활용도 & 데이터 접근 수월성 제고

먹거리 데이터는 공공·행정·관리감독자 중심에서 벗어나 민간에서 활발하게 활용하고 연구하는 과정을 거쳐야 국민이 신뢰할 수 있는 먹거리 데이터로 발전할 수 있다. 우리나라 쇼핑몰에서 판매되거나 공급자가 홍보하는 제품은 이미지 기반의 데이터 추출이 불가능해서, 빅데이터 기반의 분석 및 활용이 어렵다. 먹거리 데이터 생성-수집-공개-분석의 모든 단계에 걸쳐 데이터의 활용도를 높일 수 있도록 공공과 민간 모두에서 데이터에 대한 이해와 관심이 요구된다. 먹거리 데이터에 대한 접근성도 중요하지만, 앞으로의 먹거리 신뢰사회에서는 접근의 수월성에 좀 더 중점을 둬야 한다. 대다수가 보유하고 있는 모바일 기기 또는 스마트 가전(냉장고 등)을 매개로 바코드, 이미지 등만으로도 유용한 먹거리 데이터를 확인할 수 있고, 먹거리안전을 확신할 수 있는 시스템이 정착되어야 한다.

3. 블록체인 기반의 안전·유통 및 이력관리시스템의 정착

비대면, 비접촉 및 온라인 구매를 통한 먹거리 소비가 늘어날수록 먹거리의 생산부터 소비에 이르기까지 안전하게 이뤄졌는지에 대한 불안과 불신이 커질 수 있다. 따라서 먹거리의 생산, 유통 과정에서 발생할 수 있는 원산지, 영양·성분 등 정보의 위변조를 원천적, 사전적으로 차단하고 먹거리의 생산, 유통 이력에 대한 정확한 정보를 제공함으로써 먹거리에 대한 불안을 해소하고 안심할 수 있는 먹거리에 대한 대중의 바람을 충족시켜야 한다. 또한 먹거리 안전사고가 발생했을 때는 정확하고 빠른 이력데이터 조회에 기반하여 신속하게 안전사고 대응조치가 이루어져 먹거리에 대한 불안을 철저히 불식시키는 시스템이 정착되어야 한다. 이를 위해서 데이터의 위변조를 방지하고 정확한 추적을 가능하도록 하는 블록체인 기술을 활용한 먹거리 이력관리시스템 구축을 서둘러야 한다. 또한 블록체인에 기록되

스마트 먹거리 이력관리 및 안전유통 개념

블록체인 기반 먹거리 이력시스템

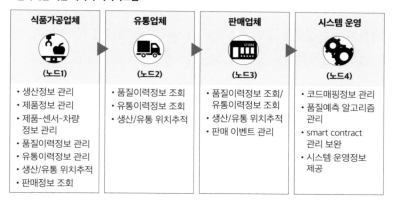

식품가공업체	유통업체	판매업체	시스템 운영
(노드1)	(노드2)	(노드3)	(노드4)
• 생산정보 관리 • 제품정보 관리 • 제품-센서-차량 정보 관리 • 품질이력정보 관리 • 유통이력정보 관리 • 생산/유통 위치추적 • 판매정보 조회	• 품질이력정보 조회 • 유통이력정보 조회 • 생산/유통 위치추적	• 품질이력정보 조회/ 유통이력정보 조회 • 생산/유통 위치추적 • 판매 이벤트 관리	• 코드매핑정보 관리 • 품질예측 알고리즘 관리 • smart contract 관리 보완 • 시스템 운영정보 제공

스마트 먹거리 안전 유통

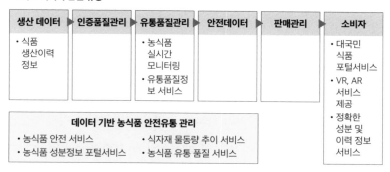

생산 데이터	인증품질관리	유통품질관리	안전데이터	판매관리	소비자
• 식품 생산이력 정보		• 농식품 실시간 모니터링 • 유통품질정 보 서비스			• 대국민 식품 포털서비스 • VR, AR 서비스 제공 • 정확한 성분 및 이력 정보 서비스

데이터 기반 농식품 안전유통 관리

• 농식품 안전 서비스 • 식자재 물동량 추이 서비스
• 농식품 성분정보 포털서비스 • 농식품 유통 품질 서비스

자료: 한국식품연구원 내부자료

지 못하는 위험요인에 대응하기 위해, 먹거리 생산·유통 과정의 기록을 생성하는 토대인 먹거리 안전유통망 자체를 신뢰할 수 있는 수준으로 선진화함으로써 부적절하고 위험한 유통행위를 차단해야 한다.

4. 데이터 기반의 개인 맞춤형 먹거리 케어 시스템 구축

포스트 코로나 시대에 사람들은 먹거리의 위험요소 못지않게 먹거리를 통한 개인의 건강확보에 관심을 둘 것으로 예상된다. 따라서 개인의 속인성(건강·질병·체질·연령 등) 데이터와 먹거리 데이터(재료·영양성분·기능성·맛 등)를 통합·연계하고, 과학적 근거가 있는 선택적 먹거리 소비(먹거리 케어)가 보편화되도록, 데이터 기반의 개인 맞춤형 먹거리 케어 시스템의 구축에 주목해야 한다. 당장은 구현하기 어렵지만, 포스트 코로나 시대의 먹거리 신뢰사회를 만들어가기 위해서는 개인의 속인성 데이터에 맞는 생애주기적인 질병예방 및 건강관리를 위한 먹거리 케어가 필요해질 것이다. 이를 실현하려면 맞춤형 먹거리 연구개발과 식습관 디자인을 위한 투자가 필요하고 전문가를 양성해야 한다.

5. 문화적 측면을 고려한 연구개발 확대

마지막으로 먹거리 분야의 문화적 측면을 고려하여 소비자 행동·심리·식문화 패턴과 먹거리를 연계하는 인문·사회과학적 연구개발을 확대해야 한다. 먹거리는 단순히 제품, 산업 차원이 아니라 문화, 정서의 영역과도 밀접하다. 먹거리를 농산물 생산, 식품 제조·유통에 국한하지 않고 외식, 배달, 한류, 역사, 성 등 다양한 분야에 걸쳐 연계하는 연구에 대한 정책 지원도 고려해야 할 때이다.

대응 방향 2. 먹거리 생산 – 소비의 근접화

먹거리에 대한 불안과 불신을 불식시키고 안전한 먹거리를 안정적으로 공급하는 수단으로서, 먹거리의 생산지와 소비지를 가깝게 만들고 소비자가 참여할 수 있는 정주공간을 설계하는 것도 좋은 대안이 될 수 있다. 이런 측면에서 최근 관심이 부상되고 있는 도시농업을 활성화시키는 정책을 지속적으로 추진할 필요가 있다. 예를 들어 서울 남부터미널에 구축된 '메트로팜'과 같이 첨단기술이 도입된 도시형 스마트팜이 등장했고, 당일 생산된 농작물이 도시민에게 판매되고 있다. 이는 먹거리 생산-소비의 근접성을 한층 강화하는 방안이다. 여기서 더 나아가 먹거리 생산에 소비자가 참여하는 형태로 아파트 단지 내 스마트팜, 가정 내 스마트팜 또는 주상복합아파트의 개념을 딴 주농복합아파트의 확산도 예상해볼 수 있다. 지역 커뮤니티를 중심으로 한 소규모 먹거리 유통체계를 구축하는 것도 하나의 방법이다.

대응 방향 3. 사회·문화정책으로서 스마트농업 활성화

과거의 농업 생산방식은 수십 년에 걸쳐 변화의 속도가 매우 더뎠던 반면, 현재와 미래의 농업 생산방식은 빠르게 발전하는 스마트기술 덕분에 수년 단위로 변화가 가속화되고 있다. 이러한 초스피드 시대에는 '사회정책으로서의 농업'과 '문화정책으로서의 서비스농업'

을 위한 빠른 정책 전환이 필요하다.

　스마트농업은 농업의 첨단기계화, 디지털화, 효율화와 같은 긍정적인 효과를 가져오는 동시에, 기술 수용 격차로 인한 도태, 신규 농업인력의 급격한 유입, 일자리 감소 등의 사회문제를 발생시키기도 한다. 미래의 농업을 위해서는 스마트팜 개념을 넘어서 새로운 농업 생산 시스템의 확산에 따른 인력, 교육, 사회 등의 환경변화, 그리고 이와 같은 환경변화에 대응하여 농업·농촌의 지속가능성을 담보할 수 있는 사회적 제도가 포함되어야 한다. 또한 농업 생산자와 소비자 간의 물리적 거리가 좁혀지고, 농업이 하나의 문화로 받아들여져 새로운 라이프스타일을 형성할 수 있게 된 만큼 서로 교류하고 소통 및 상생발전할 수 있는 스마트서비스 농업을 구현해나가야 한다.

대응 방향 4. 언택트 먹거리 소비를 위한 편의성 향상 기술혁신

　포스트 코로나 시대를 대비하기 위해서는 다양한 행태의 언택트 먹거리 소비를 구현하고 편의성을 향상시키기 위한 기술혁신에 관심을 기울여야 한다. 미국의 무인 스토어인 아마존고는 컴퓨터 비전기술, 센서 융합, 딥러닝기술 등 신기술을 적용해, 소비자가 계산대 앞에 설 필요도, 번거롭게 계산할 필요도 없게 했다. 최근 AI 기술은 이해 수준을 넘어 창조까지 가능한 방향으로 연구되고 있다. 진화된 AI

기술이 언택트 먹거리 소비에 적용된다면 무인 유통점이나 레스토랑에 갔을 때 인공지능이 소비자의 표정, 움직임 등에서 기분을 예측하고, 그에 적합한 먹거리 소비를 지원해주거나 특정 방향으로 먹거리 소비를 유도하는 단계까지 나아갈 수도 있을 것이다. 이러한 상상이 현실이 되려면, 먹거리를 농학, 화학, 생물학만의 영역으로 국한시키지 않고, 인지과학, 데이터과학, 인공지능, 로봇공학 등의 영역과 융복합하여 언택트 먹거리 소비의 편의성을 향상시키기 위한 기술혁신에 투자를 강화해야 할 것이다.

대응 방향 5. 첨단기술 중심의 먹거리 생산에 관한 정책 추진 완급조절

최근 농식품 분야에 '애그테크Agri+Tech'가 화두가 되고 있다. 최신 융복합기술을 활용해 새로운 아이템을 개발하고, 농식품산업의 신규 시장을 개척하고 있는 기업이 다수 생겨나고 있는 것이다. 미래에는 이러한 기술이 점차 고도화되면서 농작물을 기르는culture 대신 제조하여manufacture 먹거리를 공급할 것으로 예측된다. 그러나 그러한 먹거리의 미래상을 대중은 선호하지 않는다는 의견이 지배적이었기에 기술 만능의 미래 먹거리에 대해서는 다소 신중하고 조심스럽게 접근해야 한다. 기술 만능의 새로운 먹거리와 관련된 미래상의 경우, 시장의 수요는 불확실하지만 성숙된 기술력을 바탕으로 한 기술 견인형tech-pull 발전을 하게 될 경향이 매우 크며, 그에 적합한 정책적 지원이 필요하다. 기술 견인형 발전 과정에서는 기술에 대한 투자가 아니라 기술 수요자 혹은 시장에 대한 객관적인 분석과 이를 바탕으로 한 마케팅 기술에 대한 투자와 지원이 필요하다.

먹거리 분야 이슈와 대응 방향

대중 인식과 선호를 고려한 미래 먹거리 분야 이슈	대응 방향
① 소비자가 안심할 수 있는 '먹거리 신뢰사회'	신뢰도 높은 먹거리 데이터 생태계 조성과 활용가치 확대 • 공공·행정·관리감독자 중심에서 벗어난 공공·민간 먹거리 데이터 통합과 거래 활성화 • 먹거리 데이터의 민간 활용도 제고를 통한 데이터 품질 향상과 데이터에 대한 접근 수월성 제고 • 먹거리 데이터 조작을 원천 차단하는 블록체인 기반의 안전·유통 및 이력관리 시스템 정착 • 데이터 기반의 개인 맞춤형 과학적 먹거리 케어 시스템 구축 • 먹거리의 문화적 측면을 고려한 인문·사회과학적 연구개발 확대
② 소비자 참여의 먹거리 확보 선택권 (자기결정권)	• 먹거리 생산-소비의 근접 및 소비자 참여의 정주공간 정책 • 도시, 주거단지, 가정 등 공간스케일 및 라이프스타일을 고려한 도시형 농업 활성화 • 지역 커뮤니티 중심의 소규모 먹거리 유통체계
③ 스마트농업으로 안전한 먹거리의 안정적 생산	사회·문화정책을 통한 스마트농업 활성화 • 스마트농업 확산에 수반되는 기술·역량 격차 등 사회적 문제로 농업정책의 외연 확대 • 생산자와 소비자의 교류·소통 및 상생발전을 위한 스마트서비스 농업의 구현
④ 개인 맞춤형 먹거리 소비 보편화	언택트 먹거리 소비를 위한 편의성 향상 기술혁신 정책 • 먹거리 소비단계 부문downstream과 인지과학, 데이터과학, 인공지능, 로봇공학 등 신기술의 융복합에 대한 투자 강화
⑤ 지속가능성에 최우선가치를 둔 대체식품의 시대 ⑥ 기술 만능의 새로운 먹거리 확대	첨단기술 중심의 먹거리 생산에 관한 정책 추진 완급조절 • 기술주도형과 수요견인형 먹거리에 대한 신중한 정책적 접근과 투자 정당성의 지속적 검토

4부

포스트
코로나
시대의

건강

▶▶▶▶

10장

오늘의 건강과
내일의 건강

돌아갈 수 없고, 관리하며 살아가야 한다면

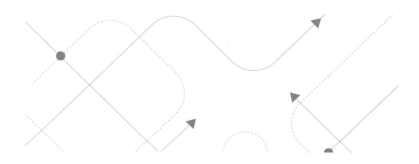

신종플루, 메르스, 그리고 코로나19까지…… 계속해서 새로운 감염병이 모습을 드러내고 있다. 과거에 역사를 바꿨다고까지 평가받는 흑사병, 천연두, 황열병, 페스트 등과 같이 코로나19는 우리의 일상 깊숙한 곳까지 들어와서 갖가지 영역을 속속들이 바꿔놓고 있다.

코로나19는 첫 발생 사례가 보고된 이후 2020년 12월 10일 9시 기준 전 세계적으로 67,427,468명이 감염됐고, 1,550,877명이 사망했다.[1] 국내 보건당국은 과거 조류독감, 사스, 신종플루 및 메르스를 겪으면서 감염병에 대한 대응체계를 조직해놓고 있었기에 신속하게 역학조사 및 방역 조치를 통해 감염병 확산에 대응했다. 이와 함께, 사람들은 마스크 착용, 손 씻기 등의 개인위생을 준수하고 확진자와 접촉했을 때는 자가격리 및 자발적인 신고 등을 실시해 확산의 가능성을 줄이고 있다.

그러나 이러한 강력한 조치가 계속되면 사람들은 피로와 불안, 공포를 느끼고 사회적 스트레스가 높아지는 단계에 이르게 된다. 작은 위험에도 예민하게 반응하고 방어적으로 행동하게 되고 심한 우울감까지 느낄 수 있다. 일명 '코로나 블루'다. 더구나 SNS를 통해 확산되는 가짜 뉴스는 불안과 공포에 대한 민감도를 높인다. 정보information와 전염병epidemic의 합성어인 인포데믹infodemic은 잘못된 정보가 빠르게 퍼져나가는 현상을 지칭한다.[2] 사회적 혼란과 저마다의 두려움 속에서 퍼지는 가짜 정보는 개인뿐 아니라 지역사회 및 국가에까지 혼란을 야기할 수 있고 사고로도 이어질 수 있다. 초기에 발생한 이러한 인포데믹에 관하여 한국뿐만 아니라 전 세계가 적극적으로 대응하고 사실 확인을 빨리 해줌으로써 사회적 혼란이 가중되지 않을 수 있었다.

또한, 이번 팬데믹은 실시간으로 수집되는 보건의료 데이터 및 유전체정보와 분자생물학과 유전체학의 발전으로 신종 바이러스의 실체가 빠르게 밝혀졌다. 중국이 코로나바이러스에 대한 유전자 염기서열을 공개한 지 일주일 만에 전 세계 과학자들이 전체 유전체 염기서열을 분석해서 공개했고 바이러스가 세포에 감염되는 기전을 밝혀냈다. 이와 같은 연구 결과 등을 바탕으로 전 세계 연구자와 제약기업들은 치료제 및 백신 개발에 나섰고 각국 정부는 임상시험 전주기 지원 등의 정책적 노력을 기울이고 있다. 국내 식품의약품안전처도 치료제와 백신 개발을 위한 임상시험계획Invest igational New Drug, IND 신속심의체계를 구축하여 규제혁신을 추진하는 동시에 국제협력에도 힘 쓰고 있다.

코로나19로 인해 변화될 건강 분야의 미래는 국내외의 협력을 동시에 필요로 한다. 각국의 방역정책 방향, 정확한 정보전달, 백신 및 치료제 개발에는 글로벌 협력이 필요하고 국내 방역정책 및 의료시스템은 각 국가의 시민, 의료기관, 산업계 및 정부의 협력이 필요하다. 그렇기에 미래상을 도출할 때도 국내뿐만 아니라 해외 시민들의 미래상을 고려하는 것도 중요하다고 하겠다.

다른 분야도 마찬가지겠지만 건강 분야는 특히나 코로나19 이전과 이후로 명확하게 나뉠 것이다. 완전히 변화된 일상은 건강에 있어서 과거로의 복귀를 꿈꾸기 어렵다는 신호를 매일같이 주고 있으며, 이제는 코로나19를 비롯한 각종 감염병을 어떻게 잘 관리하면서 살아갈지가 더 중요한 화두가 됐다.

건강의 미래를 결정할 5가지 테마

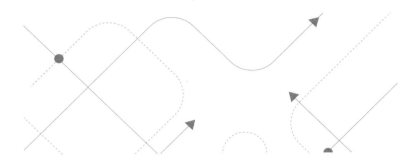

건강 분야와 관련된 의제를 탐색하기 위해 셰이핑 투모로 데이터를 이용해 코로나19 및 건강 분야와 관련이 높은 '헬스케어', '팬데믹', '코로나19' 키워드를 중심으로 파급력을 살펴봤다. 그 결과, 팬데믹과 코로나바이러스는 강도가 높고 새로운 패러다임으로 받아들이기까지는 아직 중장기적인 준비가 필요한 시점이며, 현재 패러다임 안에서 발전하고 있는 헬스케어 분야의 중장기적 전략이 마련돼야 할 것으로 나타났다. 최종적으로 선정한 키워드와 관련이 있는 기존 문헌, 연구 보고서, 정책자료 등을 참고로 하여 다섯 개의 테마를 도출했다.

테마 1. 개인에게 맞춤화된 위험 대비

비교적 중요도가 높고 중장기적 대응이 필요한 데이터와 기술을 설정하고, 의료 관련 데이터기술이 가져올 미래와 관련한 정보를 수집했다. 그 결과, 총 462건의 유효 데이터가 추출됐고, 의료 빅데이터 활용 증가, 실시간 건강관리 등 의료 데이터기술이 지능화, 개인화, 맞춤화되어가는 트렌드를 살펴볼 수 있었다. 이러한 결과를 바탕으로 '개인에게 맞춤화된 위험상황 대비'를 첫 번째 테마로 선정했다.

구체적으로 살펴보면 지능화 영역에서는 건강, 위생, 생활 데이터

건강 분야 데이터기술 이슈 관련 키워드 네트워크

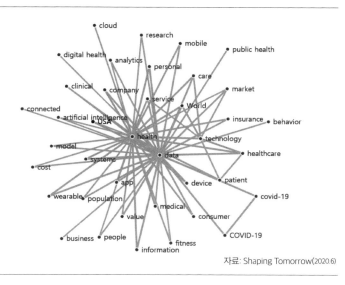

자료: Shaping Tomorrow(2020.6)

세트가 대량으로 수집되고, 이상증세나 추세를 미리 감지하고, 예상되는 결과에 대한 지능형 피드백을 제공하게 될 것으로 예측됐다. 또한, 데이터와 스마트워치 등 웨어러블 기기로 개인별 실시간 치료 및 건강관리가 가능해질 것으로 나타났다.[3] 민간은 물론 공공 차원에서의 위험예측 플랫폼 구축 움직임도 더욱 활발해지고, 그 역할도 커질 것으로 예상된다.

키워드 간 관계를 살펴보면 의료, 개인건강, 피트니스, 행동, 코로나와 같은 글로벌 위협 정보 등이 담긴 데이터를 중심으로 다양한 기술, 분석, 서비스, 애플리케이션 등을 연결해 새로운 가치를 생산하고, 임상, 비즈니스, 제약, 시장 등 다양한 영역에서 활용될 수 있는 가능성이 있음을 시사하고 있다.

관련 테마의 SWOT 분석 결과 기회는 62.9%로 가장 높고, 위협이 20.8%, 강점이 8.9%, 약점이 7.4% 순으로 나타났다. 주요 기회는 주로 인공지능의 발달에서 기인한다. 일례로 AI를 기반으로 하는 방대한 데이터 수집과 결과물 생성, AI 기반 응용 프로그램의 활용, 증강된 사용자경험과 몰입, 블록체인 혁명 등이 있다. 주요 위협으로는 데이터 관리 능력이나 예기치 못한 불확실성이 주로 나타났다. 구체적으로는 코로나19로 인한 위협 정도에 대한 불확실성, IoT 장치 급증에 따른 사이버 보안 위협 등이 거론되고 있다. 주요 강점으로는 수많은 헬스케어 응용프로그램의 발달과, 높은 수준의 IoT 설치 기반, 구글 딥마인드헬스, 선두기업의 약진 등이 나타났다. 마지막으로 주요 약점으로 건강시스템 강화를 위한 장기적인 데이터 수집의 어려움, 데이터 신뢰척도와 평가에 대한 노력 부족, 위험에 민감하거나 역량이 약한 국가 등이 예측됐다.

테마 2. 전통적 병원 역할의 축소와
비대면 의료서비스 확산

두 번째 테마는 언택트 시대에 병원 등 전통적인 기관은 어떻게 대응하고 있는지, 그리고 미래의 의료서비스는 어떤 모습일지를 살펴보기 위해 '비대면'과 '기관', '병원'을 키워드로 설정하여 도출했다.

건강 분야 비대면 이슈 관련 키워드 네트워크

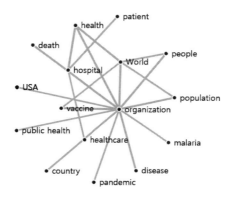

자료: Shaping Tomorrow(2020.6)

유의미한 데이터는 총 237건이 추출됐는데 백신, 진단약품 등의 소유권 분쟁, 기관 간의 협력, 비대면 서비스의 등장 등의 트렌드를 살펴볼 수 있었다. 새로운 위협에 대한 대처 경쟁과 더불어서 위협 대응에 취약한 나라에 자금 지원이 이뤄지는 등 국가 간 협력이 나타났고, 새로운 의료서비스의 등장으로 전통 기관의 역할에 변화가 일어날 것으로 나타났다.

헬스케어 분야의 비대면 서비스가 확산되면서 정교한 웨어러블 장치를 이용해 필요에 따라 전문가에게 연락해 조치를 조언받고, 건강상태 변화도 모니터링 시스템을 통해 추적해 진단에 도움을 받을 것으로 보인다. 스마트 서비스를 바탕으로 미래에는 5G 기술과 고기능 네트워크가 헬스케어 모바일의 기능을 더욱 강화함으로써, 향후 병원 내 의료기기의 90% 이상이 연결돼 전통적인 병원 서비스가 상당 부분 기계화될 것으로 예측된다.

키워드 네트워크를 살펴보면 공공보건의 중요성이 강조되면서 병원 등 헬스케어 관련 기관에 환자의 긴급한 위기 상황에 대응하기 위한 전략이 마련되고, 특히 진단, 치료, 예방 등을 위한 적극적인 기술 활용과 변화를 모색하는 활동이 두드러지게 나타났다.

관련 테마의 SWOT 분석 결과는 기회가 42.0%로 가장 높고, 위협이 40.7%, 약점이 10.0%, 강점이 7.3% 순으로 나타났다.

테마 3. 주기적인 대규모 감염병 발생으로 다양한 신종질환 출현

세 번째 테마는 사회 커뮤니티를 구성하는 사람과 미래사회 모습을 살펴보고자 '사람'과 '소셜'을 키워드로 설정한 결과 도출됐다.

검색 결과, 총 564건의 유의미한 데이터가 나왔고, 주요 트렌드로 건강과 안전에 대한 문제, 새로운 질병에 대한 대처능력 확보, 팬데믹이 미치는 사회경제적 파급력 등이 언급됐다. 미래 안전을 확보하기 위해 마스크 착용이나 사회적 거리 두기와 같은 프로토콜이 등장

건강 분야 사회공동체 이슈 관련 키워드 네트워크

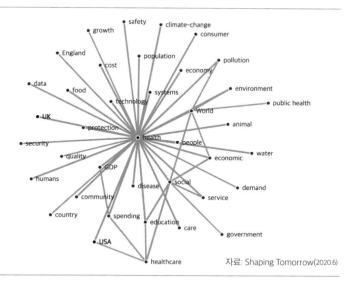

자료: Shaping Tomorrow(2020.6)

했고, 국제기관들은 건강과 웰빙을 목표로 지속가능한 이니셔티브를 위해 머리를 맞대고 있다. 코로나 장기화로 인한 신체적·정신적 질환은 물론 새로운 질병의 출현에 대한 위기감이 증폭되면서 대기오염과 관련한 질병, 진드기 매개 뇌염, 질병을 일으키는 박테리아 등 잠재적 질병을 예방하기 위한 노력도 증가하고 있다. 또한, 인간의 건강을 위협하는 리스크가 세계보건정책, 국제무역, 인간 건강 안보 등 사회·정치·경제적으로 미치는 영향에 대해 경고하고 있다. 이와 같은 새로운 위협 가능성과 그에 대한 대비에 관한 내용을 바탕으로 세 번째 테마는 '주기적인 대규모 감염병 발생으로 다양한 신종질환 출현'으로 결정했다.

기존 문헌들은 코로나바이러스 등 팬데믹 이슈로 발생하는 막대한 사회경제적 충격에 대해 경고하고 있다. 특히, 현재 코로나19로 인해 직장을 잃거나, 사회적 격리, 사재기 현상 등 일상생활의 변화로 불안을 느끼는 사람들이 증가하고 있다. 이 때문에 정신건강에 대한 우려가 커지고 있고, 정신적 우울증과 스트레스가 미래 주요 건강문제로 떠오를 것으로 예측된다. 또 기후변화나 환경오염, 성병 등으로 인한 새로운 슈퍼버그의 탄생도 새로운 위협으로 떠오르고 있다.[5]

SWOT 분석 결과는 기회가 43.5%로 가장 높고, 위협이 39.0%, 약점이 9.8%, 강점이 7.7% 순으로 나타났다. 신체적·정신적 건강 유지를 위한 정보 및 헬스케어 서비스의 등장, 동물 및 가족과의 연계, 백신 개발을 위한 전 지구적 노력 등이 기회로 나타난 반면, 코로나의 확산과 장기화는 커다란 위협으로 남아 있다.

테마 4. 감염병에 대비하는 방역문화의 정착

세이핑 투모로의 트렌드 차트를 살펴보면 팬데믹에 대한 우려와 함께 환경오염물질이나 위생 등 환경에 대한 관심 증가를 나타내는 키워드를 찾아볼 수 있다. 이에 네 번째 테마를 도출하기 위한 검색 키워드는 '클린기술'과 '라이프스타일'로 설정했다.

키워드 검색 결과 총 274건의 유의미한 데이터가 도출됐고, 주요 트렌드로는 행동 패턴, 셀프 방역 등 라이프스타일의 변화가 두드러졌다. 특히, 자가 모니터링 시스템, 모바일 애플리케이션, 웨어러블 장치 등을 활용하여 스스로의 건강상태를 식별하려는 시도가 증가하

건강 분야 위생 및 라이프스타일 이슈 관련 키워드 네트워크

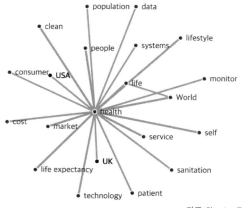

자료: Shaping Tomorrow(2020.6)

고 있다. 건강에 대한 소비자들의 인식 증가와 행동 변화는 계속 진화할 것으로 보이며 시장에도 큰 영향을 줄 것으로 나타났다. 개인 단위의 예측 및 예방 관행의 정착은 건강 분야에서의 이해도를 높이고 위험요인을 줄이고, 의생명과학 관련 서비스에서 양질의 치료를 받을 수 있도록 할 것으로 기대된다. 이러한 트렌드를 고려하여 '감염병에 대비하는 방역문화의 정착'을 네 번째 테마로 정했다.

기존 문헌들은 향후 건강관리와 의료서비스가 환자 중심으로 이동하고, 건강 관련 소비문화도 위생적이고 환경친화적인 라이프스타일로 전환될 것으로 예측했다. 또한 어떤 생활양식을 선택하는지에 따라 질병의 개인별 취약도도 달라질 것으로 나타났다. 이러한 환경 변화로 건강과 관련한 새로운 소비 니즈가 나타나고 코로나19 이후에도 좋은 위생습관을 유지하기 위한 노력이 촉진될 것으로 보인다.

키워드 네트워크를 살펴보면 건강수명, 위생, 방역 등 건강문제에 대한 관심 증가와 이로 인한 라이프스타일에 많은 변화가 일어날 것으로 예측됐다. 자가 모니터링을 통한 방역, 위생 관리, 건강수명에 대한 중요성, 건강에 대한 소비 증가, 건강 기술 발전 등 건강관리가 소비 및 문화 측면에서 실생활과 더욱 밀접해질 것으로 나타났다.

SWOT 분석 결과, 기회가 54.3%로 가장 높고, 위협이 28.5%, 약점이 9.5%, 강점이 7.8% 순으로 나타났다. 그동안 무심코 지나쳤던 글로벌 공통의 문제와 가치를 되돌아보고 더 나은 일상으로 돌아오기 위한 새로운 연대, 방안을 발견할 수 있다는 데서 기회를 찾을 수 있는 반면, 환경오염이나 기후변화가 코로나바이러스 같은 질병을 가져올 가능성 등 위협이나 공공보건 시스템의 약점도 드러났다.

테마 5. 주거 기준의 변화와 지역별 건강 격차 심화

마지막 의제는 코로나로 인해 나타나는 집단 간, 개인 간 갈등을 알아보기 위해 '불평등', '갈등' 키워드를 조합했다.

탐색 결과 총 168건의 유의미한 데이터가 도출됐고, 국가별·지역별 불평등과 빈곤 등 건강 불평등에 대한 미래 모습이 예측됐다. 이러한 문제를 해결하려면 광범위한 범위 안에서 건강 불평등을 야기하거나 심화시키는 근본 원인을 찾아내고 그 결과에 대한 지원과 대처가 지속적으로 이뤄져야 한다. 그에 따라 다섯 번째 테마는 '주거 기

건강 분야 갈등 이슈 관련 키워드 네트워크

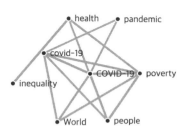

자료: Shaping Tomorrow(2020.6)

준의 변화와 지역별 건강 격차health divide 심화'를 선정했다.

구체적으로 보면, 인종차별이나 기타 지역적 특성으로 질병 취약도에 차이가 나타나고, 도시 등 밀집 지역에서의 건강 위험이 높아질 것으로 나타났다.6 특히 질병에 취약한 고령자는 요양원, 케어시설 등에 대한 선호도가 떨어지면서 앞으로는 일정한 기준을 만족시키는 시설에 대한 수요가 늘어날 것으로 예측된다. 장기적으로는 기준을 만족시키지 못하는 지역에서 만성 건강장애 위험이 늘어나고, 이를 예방하기 위해 청소년기부터 건강에 적극적으로 투자해 면역체계를 기르기 위해 더 많이 노력할 것으로 보인다.

SWOT 분석 결과, 약점이 67.5%로 가장 높게 나타났고, 기회가 16.5%, 위협이 12.5%, 강점이 3.5% 순으로 나타났다. 차이와 격차에 대한 키워드를 테마로 다루면서 사회구성원들의 사회적, 경제적, 환경적 특성 차이가 가져오는 문제점이 많이 등장했다. 기술의 격차, 건강 격차, 환경 격차, 자원 격차 등 기본적인 보건 기반이 마련되어 있지 않은 경우 취약성이 더욱 극명히 드러나는 것으로 나타났다. 또한 종교, 인종, 언어, 거주지, 환경 등 특성 차이로 분쟁이 일어나는 사례도 증가하고 있는 것으로 나타났다. 팬데믹 대응이라는 공동의 목표 의식을 갖고 앞으로 나아갈 올바른 방향을 제시하고 선도할 수 있는 글로벌 리더십이 요구되는 시점이다.

건강의 현재와 미래 탐색

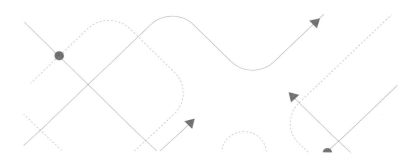

앞서 도출한 다섯 가지 테마와 관련하여 국내외에서 어떠한 현상이 발생하고 있는지, 어떻게 대비를 하고 있는지를 간략하게 살펴보고 분석하고자 한다.

데이터 수집과 활용 기술, 어떤 것들이 있을까?

코로나바이러스는 감염자나 감염 의심자의 밀접 접촉을 최대한 빨리 추적하고 공중보건 조치를 신속하게 하는 것이 전파를 늦추는 최선의 전략으로 파악된다. 이에 따라 우리나라는 확진자와 밀접 접촉한 사례를 신속하게 분류하기 위해 면담, 개인의 위치정보, CCTV,

신용카드 사용내역 등을 활용하고 있다. 위치 데이터나 스마트폰 앱 등 다양한 유형의 정보통신 기술을 활용해, 사람들에게 감염 위험을 신속하게 알리고 필요한 방역 조치 내용을 제공하는 등의 방안도 더불어 사용하고 있다. 우리나라는 2017년에 도입돼 기존까지 사용하던 스마트 검역 정보시스템을 2020년 4월에는 '역학조사 지원시스템'으로 발전시켰는데 기존에는 확진자 또는 밀접 접촉자의 정보를 관련 기관에 각각 요청하여 받았다면 이제 확진자의 동의에 따라 한 번에 데이터를 받고 연계하는 방식이다. 해외 입국자는 입국일로부터 2주간 의무적으로 격리를 해야 하는데, 이때는 '자가격리자 안전보호 앱'을 설치해 간략한 개인정보와 위치를 등록하여 스스로 발열 상태를 체크하고 진단해야 한다. 자가격리를 위반하면 전자손목밴드 '안심 밴드'를 의무적으로 착용해야 한다. 안심 밴드는 블루투스 기능으로 이미 설치된 자가격리 앱과 연계되며 일정 거리를 이탈하거나 밴드를 훼손하면 담당 관리자에게 자동으로 통보된다.[7]

프라이버시를 지키며 밀접 접촉자를 추적하는 기술

코로나19에 대응하기 위해 적어도 28개국 이상이 스마트폰 앱의 GPS 또는 블루투스데이터를 활용하여 밀접 접촉자를 추적하거나 추적용 전자 밴드를 혼합하여 활용한다.[8] 싱가포르 정부는 블루투스 신호를 이용해 두 사람이 서로 근접 거리에 있었는지를 파악할 수 있는 트레이스 투게더Trace Together라는 앱을 2020년 3월에 공개했다.[9] 그리고 독일은 블루투스 방식의 접촉추적 앱을 세계 최초로 2020년

6월 16일에 배포했는데,[10] 일정 간격으로만 앱이 켜져서 배터리 소모를 최소화하고 15분간 접촉자에 대해서만 접촉 기록을 각자 스마트폰에 암호화해 보관했다가 접촉자 중에 감염자가 나오면 사용자의 동의하에 방역 당국에 정보를 전송하는 방식으로 사생활 침해를 예방하고 있다. 미국 MIT는 '프라이빗 킷Private Kit : Safe Paths' 앱을 개발했는데 앱이 설치되면 5분마다 사용자 위치를 기록한다. 만약 사용자가 확진 판정을 받으면 익명화된 데이터를 자발적으로 보건당국에 전송하여 연락처 추적에 사용되도록 하는 방식이다. 스탠퍼드대학교는 '코피드-워치Covid-Watch'라는 기술을 개발하고 있는데, MIT 대학의 앱 프로토콜과 협조체계를 만드는 것을 목표로 한다. 유럽연합의 프로젝트팀은 범유럽 프라이버시 보호 근접 추적을 위해 여덟 개 회원국이 연합하여 무선신호를 활용하는 표준화된 애플리케이션 모델을 개발 중이며 이 표준은 EU 회원국의 '중앙 개인정보 표준central privacy standard for EU'을 목표로 한다. 이 표준에서는 최종 사용자 기기를 개별적으로 식별할 수 없도록 하고 있기 때문에 사용자 위치나 이동정보는 저장되지 않고 연락처 정보가 블루투스 알림에만 사용된다. 따라서 확진 판정을 받으면, 자발적으로 개인정보를 밀접 접촉자 추적 앱 중앙 서버로 전송하도록 요구된다.

구글과 애플은 스마트폰 앱 시스템 공동개발에 협력하기로 하고, '프라이버시 보호 코로나19 동선 추적Privacy-Preserving COVID-19 Contact Tracing'을 발표했다. 발표된 계획에 따르면, 블루투스 기술을 활용한 감염병 모니터링 앱을 수개월 내에 전 세계 52억 개의 구글 안드로이드와 애플 iOS 기기에서 사용할 수 있으며 이 앱은 사용자가 명시적으로 사전 동의opt-in를 해야 작동한다. 예로 10분 이상 두 사람이 가까운 거리에서 대화하면, 각자의 스마트폰에 비식별자 비콘beacon이 교환된다. 두 사람 중 한 명이 확진자로 판정되면, 그 결과가 상대방에게 알림메시지로 전송된다.

이와 같은 스마트폰 앱 이외에도 웨어러블 기기의 데이터를 통해 코로나를 조기 발견할 수도 있다. 스마트 반지인 오우라Oura는 체온, 심박수, 호흡수, 활동량 등을 지속적으로 측정한다. 이처럼 건강 데이터를 지속적으로 측정하고 수집하면 감염병을 조기에 발견할 수 있다.

감염 확진을 추적하기 위해 다양한 앱이 개발되어 사용 중이지만 이에 대해 우려하고 앱 운영을 중단한 사례도 있다. 노르웨이는 코로나19 접촉자 추적 앱 스미트스탑smittestopp의 운영을 중단했는데, 앱의 운영방식이 유럽연합의 개인정보보호 법제의 요구사항을 충족하지 못했기 때문이다. 노르웨이에서 2020년 6월 기준으로 총 160만 건의 다운로드를 기록한 이 앱은 전체 인구의 10%가량이 이용했는데, 개인정보보호 당국은 보건당국이 감염 추적을 위해 GPS를 사용해야 한다는 점을 증명하지 못했으며 앱 이용자가 앱 '접근권한per-mission'을 설정할 수 있는 통제권도 제한받는다고 지적했다.[11]

이러한 기술을 개발할 때는 반드시 프라이버시를 보호할 수 있는 디자인으로 설계돼야 한다. 수집되는 개인정보를 목적 외에는 사용 금지하고, 저장 목적 및 기간을 밝혀야 하며, 데이터 유출이나 악의적인 사용이 없도록 지속적으로 모니터링하고 데이터 해킹이 시도될 때 차단하는 것 등이 여기 포함된다.

비대면 의료서비스가 본격적으로 시작되다

2016년 록헬스Rock Health의 설문조사 결과에 따르면 가장 많이 사용되는 원격진료의 수단은 전화(59%), 이메일(41%), 문자메시지(29%)였다. 그 외에도 챗봇, 웨어러블 디바이스 및 인공지능 스피커 등을 통한 진료까지도 원격진료의 범위에 포함시킬 수 있다. 대표적으로 인공지능과 챗봇을 결합하여 서비스를 제공하는 플랫폼인 영국의 바빌론헬스Bablyon Health와 미국의 센스리Sensely가 있다.

우리나라는 그동안 사회적 의견 대립으로 원격의료 관련 제도 개선이 어려웠는데 코로나19에 대응하기 위해 2020년 2월 정부에서 한시적으로 전화진료를 허용했다. 미국의 경우, 보건당국이 팬데믹 상황에 한시적으로 원격진료 플랫폼의 의료정보보호법Health Insurance Portability and Accountability Act, HIPAA 준수 규제를 완화해줬고 애플, 페이스북, 구글 등의 다양한 화상통화, 메신저 및 채팅 기능을 이용해 원격진료를 할 수 있다. 일본은 기존에 원칙적으로 금지됐던 원격진료의 초진을 2020년 4월부터 허용했다. 프랑스 역시 원격의료 서비스 관련 규제를 완화했고, 2020년 3월 기준으로 약 20개 이상의 원격의료 플랫폼이 운영되고 있다. 대표적으로 원격진료 및 병원 예약 플랫폼인 닥터립Doctolib이 있다.

인수공통감염병과 신종 정신질환의 관계

코로나19 바이러스는 2002년 홍콩에서 시작된 사스 코로나, 2012년 보고된 메르스 코로나에 이어 인체에 치명적인 위협을 유발하는 세 번째 코로나바이러스이다. 이러한 코로나바이러스 이외에도, 광견병바이러스와 같은 고전적인 감염병부터, 21세기 첫 대유행을 유발했던 신종인플루엔자, 2014년 에볼라, 2017년 신생아 소두증의 원인인 지카바이러스 등은 모두 동물에서 유래하여 인체에 감염되는 인수공통감염병zoonosis이다. 동물에서 인간으로, 종의 장벽을 넘는 스필오버 감염이 일어나면 대부분의 인간은 이 바이러스에 대항할 수 있는 면역이 없기 때문에 폭발적으로 감염이 증가하고 집단감염 상황이 벌어질 수 있다. 효과적인 치료제와 백신이 없는 코로나19와 같은 감염병은 WHO가 '2018 연구개발 청사진2018 R&D Blueprint'에서 정의내린 바 있는 질병 XDisease X라고 할 수 있다.

장기화되는 바이러스 사태가 정신질환 영역으로까지 확장되는 것에도 대비를 해야 한다. 무기력과 답답함을 호소하는 '코로나 블루', 확진자와 의료진 및 유족이 시달리는 '코로나 트라우마' 등이 그 예다. 재난을 경험하고 나면 대부분은 1~6개월 사이에 회복하여 일상생활로 돌아가지만 계속적으로 불안장애, 급성 스트레스장애, 외상 후 스트레스, 지속성 복합 애도장애, 우울장애, 수면장애 및 알코올 관련 장애 등을 겪을 수도 있다. 이에 국내에서는 정신질환을 관리하고 체계적으로 심리지원을 하기 위해 '신종 코로나바이러스 통합심리지원단'을 운영하고 있다.

비약품적 중재수단과 혁신기술 기반 방역 시스템

비약품적 중재Nonpharmaceutical Interventions, NPI란 백신 또는 의약품 사용 외에 인구집단에서 확진을 늦추기 위해 시행할 수 있는 모든 조치를 말하며, 현재 대부분의 나라에서 시행하고 있는 자가격리, 사회적 거리 두기, 휴교, 재택근무, 대규모 행사 취소 등의 방역 조치 등이 여기 속한다. 유럽연합의 질병예방 및 통제센터에서 발행한 유행성 인플루엔자에 대한 비약물적 중재의 효과에 관한 문헌 검토 결과에 따르면, NPI는 팬데믹 기간 동안 개인 간 전파 규모를 감소시키고, 발생사례를 최대한 지연시키며, 환자의 발생 속도를 느리게 하는 데 효과가 있다.

감염병을 예방하기 위해서는 감염자에 대한 정확한 진단 또한 필요하다. 현재 DNA 기반 진단검사 방법을 사용하고 있지만 결과 확인까지 하루 정도의 시간이 소요되고 전용 장비와 음압환경시설을 갖춰야 하기 때문에 지역별 접근성에 편차가 있다. 감염 초기이거나 잠복기일 때는 진단 결과가 정확하지 않을 수 있기에 AI 등의 혁신기술이 도입되고 있다. 중국 우한 의료진과 선전의 의료인공지능 기업 연구팀은 코로나19로 인한 폐렴과 일반 폐렴을 구분하는 인공지능 모델을 개발했고, 뉴욕 시나이의 아이칸 의과대학에서는 CT영상과 임상정보를 동시에 활용하여 의료진이 판독하는 정확성을 뛰어넘는 인공지능 모델을 개발했다. 국내에서도 뷰노가 폐렴 탐지 솔루션VUNO Med-Chest X-ray과 흉부 CT 기반의 폐렴 정량화 솔루션VUNO Med-LungQuant을 전 세계에 무료 공개했고, 루닛과 메디컬아이피도 인공지능 기반 흉부 X-Ray와 흉부 CT 영상 분석 솔루션을 무료로 공개했다.[12]

로봇과 드론을 방역활동에 사용하는 사례도 나타나고 있다. UVC 이노베이션즈Dimer UVC Innovations는 미국 내 주요 국제공항에 항공기용 멸균로봇 '젬팔콘GermFalcon'을 무료로 공급했으며, 이 외에도 의료기관의 병실과 치료실 내부 등을 멸균하는 로봇도 있다.[13]

지역별 의료 격차

국내의 경우 코로나19 감염자가 폭발적으로 늘어날 때마다 역학조사관과 음압격리병상 등의 부족이 문제가 됐다. 뿐만 아니라 이러한 의료자원의 지역별 격차도 심각했다. 국내에서는 2017년에 국립중앙의료원과 조선대병원이 감염병 전문병원으로 지정됐고 전북, 충북, 강원 지역에는 부재하다. 감염병을 전담하는 지역거점병원 및 격리병상의 지역 간 편차는 감염병으로 인한 재난상황 발생 시 거주 주민들의 생존을 위협할 수 있을 만큼 상당히 중요한 이슈이다.

11장

건강의
새로운 미래

건강의 미래, 어떻게 전망하는가

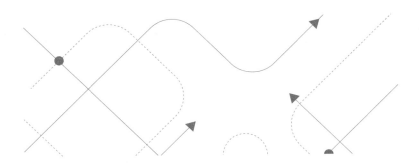

건강 분야의 다섯 개 테마별로 미래 사건을 발굴하기 위해 브레인스토밍과 브레인라이팅을 실시했다. 이를테면 '감염병에 대비하는 방역문화의 정착' 테마의 미래 사건 도출 과정을 보면 '방역 관련 개인용품 대중화' 아이디어는 '웨어러블 기기, 빅데이터, AI 기술을 연동하여 체계적인 방역 시스템을 구축한다', '몸에 바이러스가 붙어 있는지 확인할 수 있는 검사 기기가 개발된다' 등의 미래 모습으로 발전됐고, '방역 관련 전문영역 확대' 아이디어는 '방역 관련 연구 인력이 많아지고 의료 개발도 활성화된다. 관련한 전문연구 기관 및 기업이 출현한다', '한국 기업의 기술 및 연구가 성과를 보이면서 관련 인력이 해외로 활동영역을 넓힌다' 등의 미래 모습으로 발전됐다. 나머지 테마도 같은 과정을 거쳐 더욱 구체적인 미래 모습을 갖춘 결과가 도출됐다. 브레인라이팅 결과를 기존의 테마 대신 각 사건의 특징에 맞는 이슈로 분류해 재구성한 이후 극단적인 긍정과 부정의 사건을 배제해서 최종 열네 개의 미래 사건을 선정했다.

건강 분야 미래 사건

빅데이터 기반 실시간 건강정보 수집	실시간 건강관리 시스템	집 안에 실시간으로 건강상태를 체크할 수 있는 시스템이 마련된다. 반지, 몸에 부착하는 패치처럼 간편한 디바이스(메디컬 빌트인)가 보편화되어 누구나 자신의 신체 정보를 수집하고 활용하는 것이 가능해진다.
	데이터 유출 피해	실시간으로 수집되는 건강 데이터의 관리 문제가 대두된다. 정보 유출로 인해 피해가 발생하자 국민의 건강 데이터를 정부가 관리하기 시작한다. 건강정보 수집에 대한 회의론이 등장한다.
	의료 미니멀리즘	집이나 개인이 착용하는 의료 및 건강관리 기기가 과도하게 많아진다. 건강관리와 진단에 대한 피로감으로 인해 의료 미니멀리즘을 추구한다. 이에 따라 소규모 커뮤니티 중심의 자급자족 문화가 확산된다.
	의료 디바이스 관리	고장이 나거나 감염된 건강관리 디바이스 관리가 잘 이뤄지지 않는다. 제품 생산 및 폐기 과정에서 환경오염 문제가 발생한다.
원격진료의 보편화	원격의료 서비스로 인한 의료 격차 완화	시골에 거주하는 사람들도 비대면 진료 서비스를 통해 더 자유롭게 진료를 받을 수 있게 된다. 멀리 살더라도 건강 데이터로 가족의 상태를 실시간으로 체크하고, 원격으로 도울 수 있게 된다. 이에 따라 의료에 대한 지역 격차가 완화된다.
	원격의료 서비스로 인한 의료 격차 심화	원격의료 서비스로 인해 시골의 물리적 병원이 사라지고, 중증 질환에 대한 치료는 여전히 서울의 대형병원이나 의료서비스 특화지역에서 이뤄진다. 이로 인한 지역별 의료 빈부 격차가 심화된다.
	의료 격차 해소 정책	건강관리 디바이스와 비대면 의료서비스 사용에 대한 격차를 해결하기 위해 정부와 산하기관이 협력한다. 국민에게 필요한 기기를 지원하고, 사용방법을 교육하는 등 복지시스템이 마련된다.
	의료용 로봇 활용	의료용 로봇 활용이 증가한다. 사람과 감정을 교류하고 대화할 수 있으며 의학적 지식까지 탑재한 AI 로봇이 집집마다 구비된다. 간단한 진료는 이 로봇을 통해 할 수 있게 된다.

팬데믹 이후 사회 변화	일상적 방역 문화	바이러스 퇴치가 일상에 자리 잡는다. 바이러스 퇴치 손잡이, 향수 소독제, 감염 여부 즉시 체크, 바이러스 퇴치 패션 등 다양한 방역 발명품이 개발된다. 모든 분야에 방역시스템이 필수화된다.
	신종 질병 발생	소독액에 대한 알레르기 증상, 면역력 저하 등 과도한 방역으로 인한 부작용이 새로운 질병의 형태로 나타난다.
	신종 감염병 발생	동물에서 사람으로 전염되는 인수공통감염병 등 미지의 감염병으로 인해 전 세계는 주기적으로 팬데믹 상황을 맞는다.
	정신건강 관리	비대면 문화에 익숙해져서 소통에 어려움을 겪는 사람이 증가한다. 많은 사람이 정신건강 관리를 위해 시간과 비용 투자를 하게 된다.
	국가 감염병 보험제도	감염병과 관련된 국가의료보험이 생긴다. 취약계층이 우선 가입할 수 있는 무료지원제도가 시행된다.(예: 팬데믹 케어) 4대 중증 질환처럼 감염병도 주요 질병에 포함된다.
	민간 감염병 보험 신설	감염병과 관련된 민간보험도 생긴다. 건강 분야뿐만 아니라 건물의 화재보험처럼 감염병 피해에 대비한 다양한 보험 상품이 출시된다.

워크숍 참가자들은 마스크 착용이나 사회적 거리 두기 등의 변화 적응이 쉽지 않다고 말하면서도, 이로 인해 개개인의 영역을 침해하지 않는 문화 구축, 환경에 대한 인식 개선과 오염 완화, 감염병에 대응하는 전문성 확보 등 긍정적 변화도 기대하고 있었다. 또한 현재 의료시스템이 치료에 집중되어 있다면 미래에는 예방을 통해 건강관리를 할 수 있으리라 내다봤다. 한편 2030년 한국의 미래를 생각할 때 꼭 이루고 싶은 것을 사후 설문을 통해 물었을 때, 참가자들은 소외되는 사람 없이 적용되는 의료시스템 구축을 가장 많이 이야기했다.

우리가 원하는 것과 가능한 것

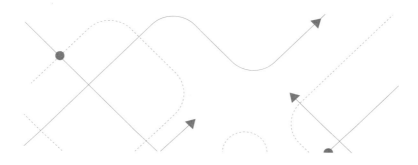

건강 분야에서 발생가능성이 가장 높은 미래 사건은 '실시간 건강관리 시스템의 보편화'로 선호도도 가장 높게 나타났다. '일상적 방역문화 정립'이 그다음으로 높게 나타났고, '신종 감염병 발생', '정신건강관리 필요' 순으로 나타났다. 선호도가 높은 미래 사건은 '원격의료 서비스를 통한 지역 의료 격차 완화', '일상적 방역문화 정립' 순으로 나타났다. 건강 분야는 미래 사건의 발생가능성은 비교적 비슷한 반면, 선호도는 뚜렷한 차이를 보였다.

건강 분야 열네 개 미래 사건에 대해 발생가능성과 선호도를 조사한 결과 발생가능성(x축, 평균 3.94점)과 선호도(y축, 평균 3.24점) 모두 평균 이상으로 분석된 미래 사건은 총 네 개였다. '실시간 건강관리 시스템의 보편화', '일상적 방역문화의 정립', '원격의료 서비스로 인한

건강 분야 국내 미래 사건 발생가능성 및 선호도 종합

건강 분야 미래 사건 발생가능성		건강 분야 미래 사건 선호도
4.12	실시간 건강관리 시스템	3.88
4.00	데이터 유출 피해	3.01
3.75	의료 미니멀리즘	3.22
3.80	의료 디바이스 관리	2.74
3.97	원격의료 서비스로 인한 의료 격차 완화	3.87
3.85	원격의료 서비스로 인한 의료 격차 심화	2.74
3.86	의료 격차 해소 정책	3.74
3.76	의료용 로봇 활용	3.47
4.05	일상적 방역문화	3.80
4.00	신종 질병 발생	2.74
4.05	신종 감염병 발생	2.48
4.05	정신건강 관리	2.80
3.93	국가 감염병 보험제도	3.57
3.98	민간 감염병 보험 신설	3.33

지역 의료 격차 완화', '민간 감염병에 대한 민간보험 신설'은 발생가능성과 선호도가 모두 높게 나타났다. 반면, '원격의료 서비스로 인해 의료 격차가 심화'되는 상황은 낮은 선호도를 보였으며, '의료 디바이스의 관리' 또한 선호도가 낮았다. 응답자들은 '신종 질병 및 감염병 발생', '정신건강 관리의 필요성 증가', '데이터 유출 피해'는 발생가능성이 높지만 선호하지 않았고, '의료 격차 해소 정책', '감염병 관

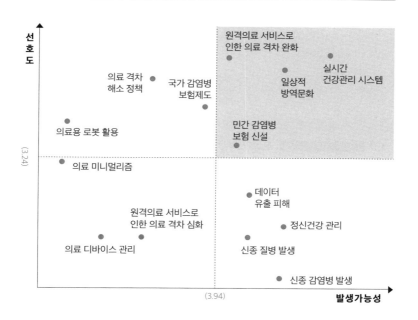

건강 분야 국내 발생가능성/선호도 기준 매핑

선호도

원격의료 서비스로
인한 의료 격차 완화

실시간
건강관리 시스템

의료 격차
해소 정책

국가 감염병
보험제도

일상적
방역문화

의료용 로봇 활용

민간 감염병
보험 신설

(3.24)

의료 미니멀리즘

데이터
유출 피해

원격의료 서비스로
인한 의료 격차 심화

정신건강 관리

의료 디바이스 관리

신종 질병 발생

신종 감염병 발생

(3.94)

발생가능성

런 국가의료보험 신설', '의료용 로봇의 보급화'는 발생가능성은 낮지만 비교적 높은 선호도를 보이는 미래 사건으로 나타났다. 전체적으로 응답자들은 건강 분야에서 격차가 해소되고 개인적인 차원에서 건강을 관리할 수 있는 방법을 선호했다.

국내의 인식뿐 아니라 해외에서는 미래 사건에 대해 어떻게 인식하고 있는지를 알아보기 위해 아마존 메케니컬 터크mechanical turk 서비스를 활용해 20대부터 60대 성인남녀 총 1,000여 명을 대상으로 온라인 설문을 진행했는데, 국내의 조사 결과에 비해 발생가능성에

건강 분야 해외 미래 사건 발생가능성 및 선호도 종합

건강 분야 미래 사건 발생가능성		건강 분야 미래 사건 선호도
3.68	실시간 건강관리 시스템	3.36
3.63	데이터 유출 피해	2.82
3.37	의료 미니멀리즘	3.19
3.61	의료 디바이스 관리	2.79
3.81	원격의료 서비스로 인한 의료 격차 완화	3.84
3.51	원격의료 서비스로 인한 의료 격차 심화	3.13
3.58	의료 격차 해소 정책	3.69
3.51	의료용 로봇 활용	3.46
3.69	일상적 방역문화	3.58
3.52	신종 질병 발생	2.75
3.64	신종 감염병 발생	2.70
3.67	정신건강 관리	3.05
3.75	국가 감염병 보험제도	3.85
3.63	민간 감염병 보험 신설	3.69

대해 다소 낮은 전망치를 보여줬으며, 항목별 전망치의 편차도 큰 편이었다. 반면, 항목별 선호도 측면에서는 유사한 경향을 보였으며 국내에서는 선호도의 호불호가 선명하게 나타나는 데 반해 해외에서는 다소 평이한 호불호 경향을 보였다. 발생가능성이 가장 높은 미래 사건은 원격의료 서비스로 인한 의료 격차 완화를 꼽았으며, 국가 감염병 보험제도의 시행을 가장 선호했다.

국내외 응답자 모두 의료 격차 해소 정책, 의료용 로봇 활용은 발생가능성을 낮게 전망했지만 선호도는 높은 경향을 보였다. 다만, 국내 응답자와 해외 응답자 간 발생가능성에 대한 평균값은 대체로 차이를 보였고, 국내 응답자가 발생가능성을 더 높게 평가하는 경향이 있었다. 선호 정도나 경향은 국내외 모두 유사한 것으로 나타났다.

국내외 응답자 모두 실시간 건강관리 시스템에 대한 발생가능성과 선호도가 평균보다 높았으며, 국내에 비해 해외 응답자는 선호도가 훨씬 낮았다. 그리고 해외 응답자는 '국가 감염병 보험제도 시행'에 대한 발생가능성과 선호도 모두 평균 이상으로 국내와는 차이를 보였고, 민간 감염병 보험 신설에 대한 항목도 선호도가 매우 높은 것으로 나타났다. 반면, '신종 질병 발생', '의료 미니멀리즘'의 경우 발생가능성과 선호도가 매우 낮았다. 또한 해외 응답자들은 '정신건강 관리', '데이터 유출 피해', '신종 감염병 발생'은 발생가능성을 높게 전망한 반면 해당 항목을 선호하지는 않았는데 이 중 '정신건강 관리의 필요성 증가', '데이터 유출 피해', '신종 감염병 발생' 등은 국내 응답자와 동일한 경향을 보였다. 다만, 국내 응답자들이 신종 질병 발생의 가능성을 높게 전망한 반면 해외 응답자들은 매우 낮게 전망했다.

나의
진료실
이전기

심너울

지난 주말에 드디어 나의 숙원 사업을 완료했다. 커다란 모니터 네 개와 이름난 BJ들이 쓴다는 마이크와 카메라와 초고사양 VR 기기까지 들여놓았다. 마치고 보니 게임방송이라도 본격적으로 시작하려는 사람처럼 보였다. 최대한 내 직업에 맞는 느낌을 줄 수 있도록 온갖 고뇌를 해보았지만 발버둥을 쳐봐야 지저분한 방에서 방송하는 게임 BJ에서 깔끔한 방에서 방송하는 게임 BJ처럼 보였을 뿐이다. 아, 아니면 한 번에 수많은 호가를 확인해야 하는 전문 트레이더 같기도 했다.

나는 피식 웃었다. 개인방송인이나 트레이더들에 대한 유감이야 없지만, ICD에 게임중독이 질환으로 올라갈 때 마찰이 있었던 걸 생각하니 그냥 우스웠다. 내 작업실은 방송실이 아닌 진료실이다. 나는 강원도 원주에서 일하는 정신과 의사다. 내 환자 중 한 명은 제주도 서귀포, 그러니까 직선거리로 471km 떨어진 곳에 살고 있다.

입법부가 원격의료의 법적인 기반을 마련하고, 관이 체계를 짜기 시작한 거야 꽤 되긴 했지만 활성화가 늦었다. 그곳에 뛰어드는 커다란 회사들이 드물었기 때문이다. 별반 수익성이 기대되지 않았으니까. 처음엔 원격의료 체계의 초점이 원격진료에 맞추어져 있었는데, 한국에서는 대면진료를 받는 것이 그렇게 어렵지가 않다.

초기에 일단 이 미개척지에 어설픈 정착지라도 지어둬야 한다는 생각으로 뛰어든 회사들의 만행도 감안해야 한다. 그들이 만든 애플리케이션은 그 존재 자체가 2030년의 소프트웨어 공학에 대한 모독이었다. 1990년대에서 시간여행을 한 것 같은 인터페이스와 에니악으로 돌리는 게 아닌지 의문이 드는 끔찍한 서버. 더하여, 사람들은 자신의 가장 민감한 개인정보인 의료정보가 토네이도에 휩쓸리는 옥수수마냥 속수무책으로 털리는 것을 눈 뜨고 지켜보기만 해야 했다. 탈모나 치질 따위의 진단 내용이 중국이나 러시아 등지의 수상한 웹사이트에서 두당 150원에 팔렸다.

물론 당신은 병의원이 없는 격오지에 사는 시민들의 고충을 지적할 수 있다. 원격 모니터링을 받아야 하는 만성 질환자들은 삶이 편해졌다는 이야기도 할 수 있다. 비록 사업성이 없다는 판단 때문에 사기업이 뛰어들진 않았지만, 그래도 격오지의 시민들은 원격진료의 덕을 일부 보았다. 하지만 사람들은 그게 눈에 띄지는 않는다고 생각했다. 그 덕을 보는 사람들이 사회의 주류에 있지 못한 사람들이었기 때문일 수도 있다.

하지만 다행히 그 지지부진한 시장에서도 볕 들 쥐구멍은 있었다. 원격 모니터링이 가능한 삽입형 제세동기를 사용하는 부정맥 환자 스물한 명이 그 기능 덕에 죽음의 냄새를 맡고 살아 돌아왔다. 기기들의 민감도 때문에 지나친 위양성 문제가 있긴 했다. 당연했다. 원격 모니터링 기계가 위험 신호를 놓쳐서 단 한 명이라도 치료를 안 받아 슬픈 결말을 맞게 된다면 제조사들은 참으로 괴로운 경험을 하게 될 것이니까. 하지만 아주 건강한 상태에서 갑자기 심장에 문제가 있다는 웨어러블 기기의 경고를 받는 것도 유쾌한 경험은 아니긴 하지. 그래도, 그 분야는 지금 빠르게 자라나고 있다. 물론 내게는 내 업종에서 보인 희망이 제일 유의미했지. 정신과 진료 말이다.

정신과 진료는 가상공간으로 확장될 가능성이 가장 높은 영역이었다. 수많은 정신과적 질병은 분자생물학적으로 측정하기가 쉽지 않다. 환자의 행동과 주관적 불편감, 그리고 사회적 일탈에 그 기준이 있으니까. 환자가 집에서 자기 피를 뽑거나 요추 천자를 할 수야 없겠지만, 자기보고식 설문으로 이루어진 정신과 검사지는 집에서도 얼마든지 할 수 있다.

처음엔 내게 이런 변화가 참 행복하다고만은 할 수 없었다. 일단 이 분야는 원래도 닥터 쇼핑이 빈번히 일어났는데, 그 현상이 이전보다 훨씬 심해졌다. 이제 한국 내에 있는 수많은 정신과 의사들을 입맛대로 골라서 접근할 수 있게 되었으니까. 더해서, 정신과 이용자들이 자기가 다니던 병원에 별점을 매기고 평가를 나누는 플랫폼이 나타났다. 별점 4.5점이 넘으면 전국 각지의 환자들이 우글거린다는데. 그러니까, 사이버 공간상에서.

세상의 모든 일이 그렇듯 당연히 여기도 부작용이 있었다. 당신도 알지 않나? 최근에 실족사한 K모 씨를 말이다. K모 씨의 몸에서 고용량의 졸피뎀과 메틸페니데이트의 칵테일이 발견되었던 것도. 약물오남용이야 인류의 유구한 전통이라지만, 이 약물을 처방받게 된 계기가 문제였다. 별점을 잘 받고 싶었던 의사들이 환자가 원하는 대로 약물을 처방해주는 길을 선택한 것이다. 이런 창의적인 방식을 택한 의사들이 한둘이 아니었다.

약물오남용에 대한 한국인들의 감정이 얼마나 나쁜지는 잘 알고 있을 것이다. 거기다 사회적으로 유명한 사람이 죽었으니까. 당연히 규제의 철퇴가 떨어졌고 심평원의 멀리 뻗는 시야도 우리를 더욱 강렬히 주시하게 되었다. 원격진료 시에 향정신성약물을 처방하기가 갑갑해지자 이전의 방식으로 돌아가는 사람들이 내 주변에도 꽤 있었다. 솔직히, 평가받는 것이 지긋지긋하긴 했지.

하지만 나는 생각이 좀 다르다. 사회적 시선이 아무리 예전보다 나아졌다고는 해도, 정신과에 들러 진단을 받는 것을 힘들어하는 사람들이 꽤 많다. 질병의 특수성 때문에 집 밖으로 나가는 것을 꺼려하는, 아니 꺼려하는 것을 넘어 그것이 인생의 가장 큰 도전이 되는 사람들도 분명 있었다. 양육자나 동거인 때문에 병원에 갈 수 없는 사람도 있었고, 그런 이들에게 가지고 있는 스마트폰으로 정신과 의사와 이야기를 나눈 뒤 약을 배송받을 수 있다는 것은, 그야말로 세상이 그 거대한 몸을 움직여 자신에게 관심을 보여주는 일이나 다름이 없었다.

2020년에 특정 발달시기를 보낸 사람들 중엔, 오히려 원격진료 상황에서 정신과 의사와 더 좋은 라포를 형성하는 이들이 많았다. 그들 모두는 사회성이 발달하는 어떤 시기에 1년 가까이 집에 갇혀 원격통신으로 관계를 만드는 경험을 한 사람들이었다. 디지털 공간을 고향으로 삼고 있는 듯한 사람들이었다. 그뿐일까? 그들은 내가 상상치도 못했던 새로운 방식을 놀랍도록 기꺼이 받아들였다. 내 환자들 중 여럿이 상담용 챗봇을 통한 상시적인 관리를 받고 있다. 기분장애에서부터 회피성 성격장애까지 그 증상도 다양하다. 챗봇은 그들에게 누군가 대화하고 있다는 정서적 위안을 제공할 뿐만 아니라, 대화에서 현재 환자의 상태를 실시간 감지한다.

학계의 심리학자들과 의사들 중 일부는 이런 신기술에 대단히 부정적이다. 온라인 관계, 그리고 비인간 인공지능과의 관계에 더 능숙한 것이 부적응적인 현상이라는 것이다. 이를 DSM에 특수한 질환으로 수록해야 한다는 소수 의견도 있다. 화병이 한국이라는 공간에만 한정된 질환이라면, 이 현상은 2020년의 어떤 시간을 살아간 이들에게만 한정된 질환인 것이다. 어떤 사람들은 국민건강보험공단의 통계를 가져온다. 우울 삽화와 불안 삽화를 겪는 10대의 비중이 부쩍 늘어났다는 것을 알린다.

글쎄, 언젠가는 챗봇을 사용하는 10대 환자와 화상 상담을 하는 동안 직접 묻기도 했다. 인공지능에게 자신의 가장 깊은 비밀을 털어놓을 수 있어요? 답은 이렇게 돌아왔다. 선생님, 어떻게 사람에게 자신의 가장 깊은 비밀을 털어놓을 수 있죠? 나는 생각했다. 우울과 불안이 늘어난 것이 아니라 신기술이 접목된 원격진료를 통해 숨어 있던 것이 더 드러난 것은 아닐까?

그때 비로소 나는 이것이 우리에게 닥쳐오는 피할 수 없는 변화의 조수라고 생각하게 되었다. 인간은 우리의 현실을 가상공간 속으로 옮기고 있으며, 우리의 뒷 세대는 그 진보를 이미 적극적으로 받아들이고 있는 것이다. 세상보다 앞선 이들이 뒤처진 세상을 보고 우울하고 불안해하는 것은 슬프지만서도 당연한 일이리라.

20년이 지나면 모든 상담을 인공지능이 담당하는 날이 올까? 그날이 오면 정신과 의사는 일종의 소프트웨어 관리직과 같은 직무를 맡게 될까? 알수 없다. 내가 분명히 알 수 있는 것은 우리가 어떤 격변의 과도기에 서 있다는 확고한 사실이었다. 나는 그 파도에 몸을 맡기기로 결정했다. 진료실의 위치를 개인병원에서 집으로 옮기기로 한 것이다. 주말을 반납하고 작업실에서 땀을 뻘뻘 흘릴 수밖에 없었다. 아쉽게도 이제 평생 벌점의 굴레에서 벗어날 수는 없을 것 같다.

한눈에 살펴보는
미래 건강

❶ 실시간 건강관리 시스템 사회 실현

일상에서 건강관리를 할 수 있도록 돕는 실시간 생체정보 수집 시스템 발달

❷ 원격의료 시스템

언제 어디서나 진료가 가능한 원격의료 시스템 구축

2030년 이내에 벌어질 미래 건강의 모습을 일러스트와 간략한 시나리오 형식으로 표현했다. 대중 선호도가 높게 나타나 향후 적극적인 대응이 필요한 건강 분야 미래 사건을 중심으로 구성했다.

❸ 일상적 방역문화 정착
감염병을 예방할 수 있는
다양한 방역문화 발달

❹ 국가/민간 감염병 보험제도
감염병 피해를 최소화하는
감염병 보험제도 도입

▬▬▬ 코로나 이후 원격의료 시스템은 비약적인 발전을 이뤘다. 2020년 2월 한시적으로 전화상담 및 처방을 허용하면서 시작된 한국의 원격진료는 이제 데이터를 중심으로 한 체계적인 의료서비스로 전환됐다. 초창기에는 만성질환자의 질병 관리에 우선 활용됐지만 수집할 수 있는 생체정보가 다양해지면서 보다 폭넓은 진료가 가능해졌다. 특히 이동이 어려운 노약자나 병원 접근이 어려운 도서 산간 지역의 거주민들은 원격진료를 통해 건강관리의 부담을 덜 수 있게 됐다. 임산부들도 원격진료를 통해 정기검진을 받는 것이 보편화되고 있다. 태아와 임산부의 상태를 의사에게 실시간 전송할 수 있게 되면서 병원 방문 없이도 안전하게 출산 준비를 할 수 있게 된 것이다. 물리적 병원은 여전히 존재하지만, 외과 수술이나 중증 질병 치료 중심으로 운영된다. 환자 방문이 줄어들면서 의료서비스의 질은 향상되는 추세다.

이러한 시스템은 원거리에서 가족을 돌볼 수 있는 환경을 마련해주었다. 환자나 노약자를 가족으로 둔 보호자들은 생체정보 공유를 통해 돌발상황에 대비할 수 있게 됐다. 또한 원격진료에도 함께 참여하여 물리적으로 떨어져 있어도 보호자 역할을 할 수 있다. 떨어져 사는 부모님의 기저질환을 관리하거나, 유학 간 자녀의 건강상태를 파악하는 등 공유형 생체정보 디바이스의 활용은 날로 확장되고 있다. 이러한 디바이스의 활용은 반려동물에게도 적용되어 원격 동물 진료 역시 확대되는 추세다.

실시간 생체정보 수집이 가능한 디바이스와 이를 관리하는 플랫폼의 발달은 원격진료가 보편화되는 데 크게 기여했다. 실시간 건강관리 시스템이 실현된 것이다. 혈압, 혈당, 심전도 등 기본적인 생체정보를 일상에서 관리할 수 있게 되면서 누구나 원하는 장소에서 편안하게 진료를 받을 수 있게 되었다. 과거에는 치료 중심의 건강관리가 일반적이었다면 이제는 질병이 발생하기 전 스스로 몸 상태를 파악하여 사전에 관리할 수 있는 예방의학이 중요해지고 있다.

건강관리 디바이스도 발달하여 사용자의 생체정보를 파악하여 필요한 영양제를 추천하거나 식단이나 운동법을 제안하는 등 다채로운 방법으로 건강관리를 돕는다. 이를 위해 반지, 팔찌, 소형 패치 등 신체에 간편하게 장착할 수 있는 디바이스가 제작되고 있다. 또한 변기나 침대 등 생활공간에 생체정보 수집 시스템이 도입되면서 소변 검사, 수면의 질 파악 등 일상 속에서 꾸준히 건강관리를 할 수 있도록 돕는 'AI 메디컬 가구'의 사용도 늘고 있다.

감염병을 예방할 수 있는 다양한 일상적 방역문화도 발달하고 있다. 마스크와 손 소독제로 대표되던 10년 전의 방역문화는 3분 만에 자가진단이 가능한 감염병 체크 키트, 바이러스에 강한 신소재 옷감 개발, 방역 로봇과 드론 도입 등 다양한 방식으로 변화하고 있다. 감염병 체크 키트는 일상에서 빼놓을 수 없는 필수품으로 20명 이상의 다중이용 시설을 이용할 때에는 반드시 자가진단을 하고 입장해야 한다. 이 키트는 약국, 편의점 등 어디서나 살 수 있으며 결과는 3분 이내에 확인할 수 있다. 다양한 신소재 개발은 의복 문화도 변화시켰다. 바이러스에 강한 옷감이 개발되면서 바이러스에 특화된 기능성 옷들이 제작되고 있다. 사람 접촉이 많은 직업군의 유니폼에 적극적으로 활용되고 있는 항바이러스 의복은 내구성과 보온성이 보완되는 대로 전국 청소년 교복에 도입될 예정이다. 이에 앞서 친환경 소재 활용, 보온성 보완 등 기능 향상을 위한 다양한 연구가 진행 중이다.

10년 전과 비교하여 가장 크게 달라진 점은 거리 곳곳을 돌아다니는 방역 로봇과 드론의 모습이다. 과거에 소독을 주로 맡아왔던 방역 로봇은 이제 거리의 위험을 감지하여 중앙관리센터로 정보를 전송하는 거리 안전 관리까지 맡고 있다. 파손된 도로 점검, 기물 관리부터 사고 발생 시 상황을 파악하여 데이터를 수집하고 전송하는 역할까지 맡고 있어 도시의 안전을 위해 꼭 필요한 존재가 되어가고 있다. 드론은 감염병이 집단적으로 발생하는 심각 수준의 경우에 한하여 거리에 투입되는데, 밀집위험지역에서 거리 두기를 상시 모니터링하거나 발열상태를 체크하고 감염 발생가능성을 경고하는 역할을 한다. 또한, 드론이 감염병 진단키트를 접촉자의 집에 직접 배송하여 대면 전파의 위험을 줄여나가고 있다.

10년 전 감염병의 두려움 함께 경제적·사회적 손실을 겪은 바 있는 한국

사회는 이로 인한 고통을 되풀이하지 않기 위해 보험제도를 구축했다. 감염병으로 인한 치료비는 물론 경제적 타격 등 관련 재해를 폭넓게 보장하는 국가/민간 감염병 보험제도는 사람들을 감염병의 두려움에서 벗어날 수 있게 해주었다. 이로써 치료비, 경제적 손실 보상을 비롯해 코로나 블루로 대변되는 정신적 타격도 보장받을 수 있게 됐다.

감염병에 대비한 다양한 안전망은 한국 사회 전반의 면역력을 높이는 데 기여하고 있다. 2030년 한국 국민이 미래 준비에 있어 가장 중요하게 생각하는 것은 '건강'으로 나타났는데 이를 위해서는 차별 없이 누릴 수 있는 의료시스템이 구축돼야 한다고 답했다. 원격의료 시스템을 비롯한 첨단 의학기술이 국민의 바람을 충족시키는 희망이 될지 귀추가 주목된다.

12장

건강의 미래, 어디로 가는가

건강에서 고려해야 할 3가지 영역

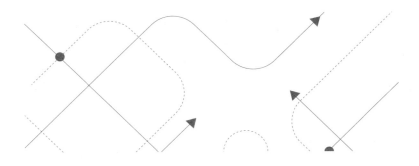

국내외 사람들이 원하는 건강 분야의 미래를 실현하기 위해서 현재 국내에서 어떠한 방안을 세우고 실천하고 있는지부터 살펴보자.

데이터 3법, 어떻게 진행될까?

우리나라가 코로나19 방역에 성공적으로 대응할 수 있었던 주요한 요인 중 하나는 데이터 수집과 활용에 있었다. 방역에 데이터 3법이 활용된 것은 아니지만, 많은 사람이 데이터 활용의 가치를 실감할 수 있는 계기가 된 것만은 분명하다. 건강 분야의 미래상을 실현하기 위해서는 안전한 환경에서 원활하게 데이터가 수집·결합되고 분석

되는 과정이 필요하다. 이를 위해 2020년 1월 9일 데이터 3법이 국회를 통과했으며 이후 2020년 9월 25일자로 개정 개인정보보호법에 의거한 개인정보보호위원회 가명정보 처리 가이드라인과 보건복지부와 개인정보보호위원회 보건의료 데이터 활용 가이드라인 최종안이 발표됐다. 데이터 3법의 주요 내용이 '가명정보' 개념의 도입이었기 때문에 후속 조치도 이를 보완하는 방향으로 이뤄졌다. 이를 통해 가명의 처리원칙, 처리절차, 주요기술 및 처리사례 등이 정리됐는데, 해당 프로세스를 정교하게 하더라도 실제 현장에서 활용하다 보면 예상치 못한 돌발변수가 생겨날 수 있기 때문에 의료현장을 많이 접하고 데이터를 활용하는 기업에서 지속적으로 개정의견을 제시해 줘야 할 것으로 보인다.

원격의료 정책, 얼마나 늘어날까?

국내에서는 의료법에 따라 의료인이 정보통신기술을 활용하여 먼 곳에 있는 의료인에게 의료지식이나 기술을 지원하는 형태의 의료인-의료인 간의 ICT 기반 원격의료 자문(협진)행위만을 원격의료로 한정하고 있다(의료법 제34조). 원격의료와 관련하여 약 20년 동안 정책 추진 및 논의를 진행했지만 원격협진 이외에 별도의 허용 규정이 부재한 이유는 이 사안에 대한 사회적 부담이나 이해관계자의 충돌이 크기 때문으로 짐작할 수 있다.

코로나19로 '전화상담과 처방'이라는 원격의료만 한시적으로 허용하고 있기 때문에, 본격적으로 원격의료가 시행되고 있다고 판단하기는 어렵지만 26만 건의 전화진료를 통해 원격의료의 가능성은 엿볼 수 있었다. 다만 원격의료를 허용하기만 했지 수행에 필요한 구체적인 기준 대다수가 수립되지 않았기에 꾸준한 개선과 발전이 필요하다. 우리나라 의료법은 대면진료를 원칙으로 하고 있는데 전화진찰도 이에 포함되는지에 대해서는 관련 부처의 유권해석이 필요한 시점이다.

한편 원격의료에서 중요한 원격 모니터링의 경우에는 국내에서 의료법에 의한 금지 여부가 불분명했으나, 규제샌드박스 실증특례사업 기업인 휴이노의 손목시계형 심전도 장치 사례를 통해 2020년에 보건복지부가 의료법 위반이 아니라는 유권해석을 함으로써 향후에는 실증특례 없이도 다양한 서비스가 출시될 수 있을 것으로 판단된다.[14]

방역정책, 지속해야 하는 이유

NPI와 의료적인 중재는 감염병에 대응하는 전형적인 방법이다. 코로나19 발생 이후 여기에 '생활방역' 방법이 새롭게 등장했는데 이는 NPI의 일종으로 일상생활과 방역을 병행한다는 의미로 볼 수 있다. 효과적인 백신을 적정인구가 접종하고, 적절한 치료제가 개발되면 사회경제적인 희생을 최소화할 수는 있겠지만 코로나19는 60~70%가 면역성을 가질 때까지 멈추지 않고 발생할 것이며, 크고 작은 유행이 지속될 것으로 예상된다. 따라서 국내를 비롯한 각국은 계속해서 NPI를 다양하게 조합해 방역전략을 마련하고 있다. 생활방역의 기본 원리는 개인과 공동체가 함께 코로나19 바이러스의 생활공간 침입 차단, 생존 환경 제거, 몸 밖 배출 최소화, 전파경로 차단을 위한 수칙을 알고 실천함으로써 공동체를 보호하는 것이다.[15] 생활방역 전략의 목표는 사회·경제 생활과 방역의 지속가능성을 확보하는 것이다. 이를 위한 조건은 ①하루 확진자 수 50명 내 유지 ②감염경로를 알 수 없는 환자 비율 5% 아래로 유지 ③격리 환자가 반 이하로 충분히 감소, 즉 발표 당시 약 5만 명 격리상황에서 약 2만 5,000명 아래로 감소이다.

미래 건강, 어떻게 준비할 것인가

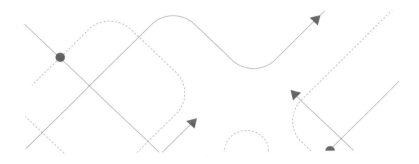

선호도와 발생가능성이 높은 미래로의 이행은 가속화하면서 사람들
이 선호하지 않고 회피하고자 하는 미래로의 이행은 방지하려면 무
엇을 어떻게 해야 할까? 여기, 네 개 분야에서 일곱 가지 대응 방향을
제시하고자 한다.

1. 실시간 건강관리 사회를 위한
전주기적 데이터 관리와 정보 주권 강화

코로나19로 인해 건강에 대한 관심이 증가하면서, 병원이 아닌
일상생활에서도 실시간으로 개인의 건강을 관리할 수 있는 서비스

와 기술에 대한 중요성과 관심이 증가하고 있다. 다양한 모바일헬스 mHealth 기술과 웨어러블 건강기기, IoT, 인공지능 기술의 발전으로 미래 시나리오는 이제 곧 실현 가능할 것으로 보인다. 웨어러블 건강 기기를 통해 얻은 데이터로 활동, 예측, 이상감지, 진단보조라는 네 가지 건강관리 분야에 대해 데이터 마이닝을 할 수 있다.

활동은 평소 건강상태를 모니터링하는 영역이고, 예측은 평소 건강상태를 바탕으로 만성병 상태 또는 일어나지 않은 질병을 예측하는 영역이다. 그리고 이상감지는 평소와는 다른 이상정보를 바탕으로 건강 이상징후나 질병을 감지하는 영역이며, 진단보조는 병원에서 환자의 질병을 진단할 때 보조하는 영역이다. 이러한 건강관리 시스템 사회가 실현되려면 관련 데이터를 전주기적인 관점에서 접근해야 하며 건강정보의 주권도 고려해야 한다.

데이터 전주기적 관점의 접근

실시간 건강관리 시스템 사회를 실현하기 위해서는 다양한 주체에서 발생하는 이슈를 고려해야 하며, 특히 데이터를 센싱, 수집/집적, 분석 및 서비스로 그 단계를 구분하고 각 단계별로 제기될 수 있는 이슈와 필요사항을 생각해야 한다. 무엇보다 생태계 참여자가 데이터 전주기적 관점에서 단계별로 제기될 수 있는 이슈를 함께 공유하고 서비스 실현을 위해 해결책을 모색하는 것이 상당히 중요하다.

센싱과 관련해서는 정보주체 인증 및 검증, 민감정보 등에 대한 정보주체의 유효한 동의 의사 확인, 센싱 정보에 대한 투명성 확보 등이 중요한 이슈이며, 수집에서는 보안성 확보, 정보의 최신성 및 정확성 유지 절차, 데이터세트 사이의 적절한 사일로silo(분리) 형성, 데이터 보유 정책 등을 고려해야 한다. 분석에서는 데이터 처리 기준, 데이터 처리의 과학적 방법론 적용, 분석 대상 데이터 및 분석 결과의 공유 범위 통제 등이 중요하다. 마지막으로 서비스 영역에서는 통제 포털 control portal 제공의 필요성, 데이터 수집을 목적 범위 내로 제한, 의사 소통 채널 확보 등을 고려해야 한다.

실시간 건강관리 시스템 주요 이슈

주제	주요 내용
센싱	• 정보주체를 명확히 인식하여, 그의 정보만을 수집하는가? • 침습적 방식을 사용하는 경우, 그에 대한 위험을 충분히 알리고 명시적 동의를 받는가? • 정보주체가 수집되는 정보를 항시 인지할 수 있게 하는가? 어떤 목적으로, 어떻게 사용되는지 알리는가? 또한, 이를 정기적으로 상기시키는가?
수집/집적	• 수집을 위해 전송하거나, 수집된 정보는 안전한 방식으로 관리하는가? • 집적 정보의 정확성, 최신성을 유지하기 위한 절차를 갖추었는가? • 적절한 논리적, 물리적 분리를 형성하여 과도한 데이터 집적으로 인한 문제점 발생을 예방하는가? • 적절한 데이터 보유 정책을 수립·집행하는가?
분석	• 'need to know' 원칙에 기반하여 최소 정보에 최소 인원이 접근할 수 있도록 시스템과 정책을 구비했는가? • 정보에 접근하여 분석을 실시하는 정보처리자의 윤리적 데이터 취급을 확인하는가? • 신뢰할 수 있는 방법론을 적용하고 있는지 상시적으로 검토하는 절차가 마련됐는가? • 분석 데이터가 통제할 수 있는 범주에서 제3자와 공유되고 있는지 통제하는 절차가 마련됐는가?

서비스	• 정보주체가 자신의 데이터(원 데이터, 선별 데이터)를 직접 열람하고, 그 의미를 이해하고, 통제권을 행사할 수 있는 제어 포털을 제공하는가? • 서비스 제공자가 데이터를 어뷰징하지 않도록 하는 윤리적 원칙이 적용됐는가? (예: 다크 패턴 방지) • 서비스 제공자가 상업적 목적을 공중 보건 및 개인의 건강에 앞서 추구하지 않는지를 확인할 사회적 감시체계가 마련됐는가?

자료: 이진규(2020)16

개인정보 주권 강화

개인의 건강정보 주권 강화가 지속적으로 대두되면서 건강정보 소유권에 대한 논의도 중요하게 다뤄지고 있다. 개인의 건강정보 소유권에 대해서는 크게 세 가지 주장이 있다. 첫째는 개인이 자신의 건강정보에 대한 소유권을 가져야 한다는 주장이고, 둘째는 건강정보는 공공데이터라는 주장, 그리고 셋째는 건강정보 소유권에 대한 논의 자체가 불필요하며 인간 존엄성을 해친다는 주장이다. 데이터는 사물과는 다르게 무한성과 비경합성이라는 특수성을 가지므로 '소유권'에 대한 명확한 정의가 필요하지만, 이는 쉽게 정리되지 않는 이슈로 올바른 건강정보 소유권 보장을 위한 조건에 대해 지속적인 논의와 토론이 필요하다.

다음 페이지의 레오나르드 키시Leonard Kish와 에릭 토폴Eric Topol이 제안한 올바른 건강정보 소유권 보장을 위한 일곱 가지 조건도 참고해볼 만하다.

올바른 건강정보 소유권 보장을 위한 7가지 조건

첫째, 정보 소유권자에게 언제, 어디서든 접근 가능할 것
둘째, 정보 생성자가 정보를 컨트롤할 수 있을 것
셋째, 정보의 정확성이 보장될 것
넷째, 프라이버시가 보장될 것
다섯째, 정보 보안이 보장될 것
여섯째, 제3자로부터 독립적일 것
일곱째, 정보 출처에 대한 사항이 명확할 것

자료: Leonard J. Kish & Eric J. Topol(2015)**17**

건강감시 악용 방지

개인의 건강정보 주권 강화는 실시간 건강 '관리'라는 명목하에 정부 또는 기업의 건강 '감시'로 악용되지 않도록 하기 위해서라도 명확히 보장돼야 한다. 기술의 발전과 더불어 더욱 많은 건강정보를 수집할 수 있게 되고, 정보수집이 일상화되어가는 가운데 건강관리가 건강감시로 악용되는 미끄러운 경사면slippery slope으로 넘어가지 않도록 건강정보 주권 강화를 위한 제도적 장치를 마련함과 동시에 이에 대한 사회적 논의도 활발히 진행해야 할 것이다.

2. 원격의료 구현을 위한 기술 고도화

국내 ICT 기반이 OECD 평균보다 상위에 위치해 있다는 것은 원격의료를 구현하기 위한 사회적 인프라가 상당히 잘 갖춰져 있다는

뜻이기도 하다. 그러나 원격의료가 우선적 대상으로 삼고 있는 곳은 의료접근성뿐만 아니라 ICT 기반도 전국 평균보다 이하일 확률이 높다는 점을 간과해서는 안 된다. 때문에 원격의료가 제대로 구현되기 위해서는 대도시 지역뿐만 아니라 섬, 시골, 지방 등에서도 빠르고 안정적으로 인터넷 접속을 할 수 있어야 한다. 또한 진료 분야에 따라 필요한 기술 수준을 확보하는 데에도 노력을 기울여야 할 것이다. 예를 들어 기존의 영상의학과와 피부과는 환자의 병변 부위를 육안으로 확인해서 진단을 내리는 것이 중요했기 때문에 육안을 대체할 수 있을 만큼의 이미지 데이터의 선명도가 확보돼야 원격진료를 할 수 있다. 따라서 이에 대한 기술 수준을 정하고 가이드라인을 마련할 필요가 있다.

3. 일상적 방역문화 정착을 위한 생활방역 전략 수립

생활방역을 일상화하려면 우선 감염병 예방을 위한 과학적 원리를 전반적으로 이해해야 한다. 과학적 근거에 따른 원리의 세밀한 검토를 위해서는 체계화된 모니터링이 필요하며, 생활방역에 의미 있는 데이터를 수집할 수 있는지에 대한 논의가 이뤄져야 한다. 즉, 프라이버시 침해 문제를 신중하고 책임감 있게 해결하고, 역학적으로 의미 있는 데이터를 확보한다는 두 가지 목표를 가진 모니터링 체계를 만들어가는 방법에 대한 제도 개선이 필요하다. 한국의 경우 병원과 요양시설을 별개로 하면, 종교시설 및 종교모임, 콜센터나 택배회사처럼 거리 두기를 실천하기 어려운 작업장, 클럽과 같이 환기가 안 되고 마스크 착용이 어려운 유흥시설에서 집단감염이 발생했었다. 이러한 역학적 특징과 분석 데이터를 토대로 모니터링 도구와 수집할 데이터세트를 하나씩 정의해나갈 필요가 있다.

4. 의료전달체계 재정립과 재정시스템 개편으로 실효성 확보

1차의료기관의 활성화

대부분의 환자는 1차의료기관보다는 상급종합병원을 선택해서 원하는 의료서비스를 한곳에서 모두 받기를 원한다. 이로 인해 대형병원의 환자 쏠림 현상이 가속화되고 있으며, 이는 불필요한 의료자원의 낭비를 초래해 건강보험 재정지출에 악영향을 미치고, 진료대기 시간의 증가로 중증질환 치료가 필요한 환자들이 적정 치료시점에 치료받기 어려운 상황도 발생하고 있다. 그러나 일상적으로 건강을 관리하고 건강한 미래사회를 구현하려면 1차의료기관이 활성화돼야 한다. 이를 위해 의료기관 종별 역할과 기능을 체계적으로 개편하여 환자가 적절한 의료기관을 선택할 수 있도록 합리적인 원칙과 기준을 정립해야 한다. 만성질환에 대한 예방과 관리, 조기진단 기능의 중요성을 고려하여 1차의료를 활성화하기 위한 구체적인 노력도 필요하다. 또한 실시간 건강관리 시스템 사회를 실현하려면 의원급 의료기관의 역할이 정립되고 건강관리에 대한 실효성 있는 수가를 검토해야 한다.

건전한 재정시스템

건강한 미래사회를 이루려면 개인에게 더욱 맞춤화되면서도 주기적으로 발생할 수 있는 감염병 등의 팬데믹에 대응할 수 있는 공공 의료체계를 갖춰야 한다. 이를 위해서 보건의료 재정에 대한 개편 논의가 시작돼야 한다. 국민의료비는 1980년 1.4조 원에서 2018년에 143조 원으로 약 30년 동안 100배 이상 증가했고, 2010년 78.3조 원에 비해서도 두 배 이상 증가했다.[18] 이와 함께 건강보험 재정적자의 심화가 예상되지만 국내 건강보험료율은 6.24%로 주요국들에 비해 낮고, 경상의료비에서 공공재원이 차지하는 비중 역시 2018년 기준 59.8%로 OECD 평균인 73.8%에 미치지 못한다.[19] 또한 국내 의료 수가는 원가 이하의 저수가로 평가받고 있으며 주요국가와 비교[20] 해도 건강보험 수가는 매우 낮은 수준이다(국내 의원 초진 진찰료는 일본의 64%, 프랑스의 55%, 캐나다의 29%, 미국의 16% 수준이다). 따라서 국민이 희망하는 건강한 미래사회를 실현하기 위해서는 관련한 의료서비스에 대해 적정수가와 의료비 지출 구조 등을 개편하고 건강보험 재정의 안정화를 위한 장기적인 재원확충 방법을 마련해야 한다.

건강 분야 분석 결과 및 대응 방향

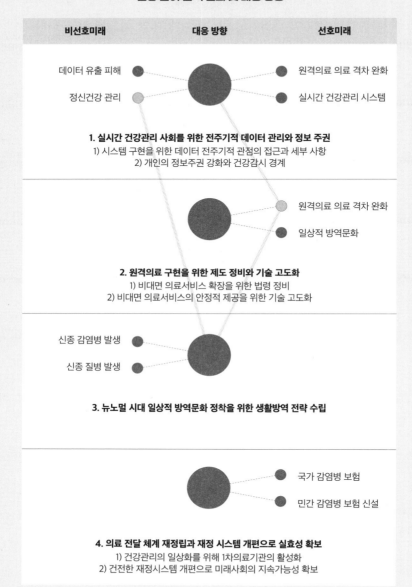

비선호미래	대응 방향	선호미래

데이터 유출 피해

정신건강 관리

원격의료 의료 격차 완화

실시간 건강관리 시스템

1. 실시간 건강관리 사회를 위한 전주기적 데이터 관리와 정보 주권
1) 시스템 구현을 위한 데이터 전주기적 관점의 접근과 세부 사항
2) 개인의 정보주권 강화와 건강감시 경계

원격의료 의료 격차 완화

일상적 방역문화

2. 원격의료 구현을 위한 제도 정비와 기술 고도화
1) 비대면 의료서비스 확장을 위한 법령 정비
2) 비대면 의료서비스의 안정적 제공을 위한 기술 고도화

신종 감염병 발생

신종 질병 발생

3. 뉴노멀 시대 일상적 방역문화 정착을 위한 생활방역 전략 수립

국가 감염병 보험

민간 감염병 보험 신설

4. 의료 전달 체계 재정립과 재정 시스템 개편으로 실효성 확보
1) 건강관리의 일상화를 위해 1차의료기관의 활성화
2) 건전한 재정시스템 개편으로 미래사회의 지속가능성 확보

※ 복수의 대응 방향 카테고리에 포함되는 미래 사건은 ◉ 으로 표시했음

새로운 미래비전
수립을 위하여

모두가 바라는 포스트 코로나 시대의 일상

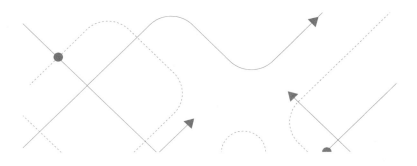

지금까지 포스트 코로나 시대에 나타날 수 있는 주요한 변화에 대해 살펴보고 그 대응 방향을 탐색해봤다. 특히 공간, 이동, 먹거리, 건강의 차원에서 어떠한 변화가 있을지, 사람들이 어떤 미래를 상상하는지를 구체적으로 살펴봤다. 여러 가지 미래 사건을 관통하는 핵심적인 변화 방향을 여덟 개의 관점으로 요약하면 다음의 표와 같다.

포스트 코로나 시대 8대 변화 방향

변화 관점	변화 방향	미래 변화
원격화	비대면·비접촉에 따른 본질적 생산비용과 거래비용의 증가 현상을 예상할 수 있으며 지배적 플랫폼 비즈니스 확장이 예상	재택근무, 이동형 라이프(워케이션), 원격의료 보편화

가상화	비대면·비접촉 방식에 대한 국민의 수용성이 증대됨에 따라 온오프믹스(O2O) 현상이 가속화되며 보다 극단적인 형태로 버추얼컴퍼니, 가상체험경제 등 '제3공간사회'의 확장 가능성이 높아짐	온오프믹스현상 심화, 버츄얼컴퍼니, 가상체험경제, 가상사회(디지털휴먼) 가속화
소유화	도시 독립 공간, 1인 이동 등을 선호하는 경향을 나타냄. '공유하지 않고 소유한다. 소유할 수 없으면 일시적으로 전유한다'는 경향이 지속되면서 경제성 중심의 기존 전달가치의 본질이 안전성 등으로 전환	소소한 소유 지향, 공유경제 비즈니스 변화, 소유할 수 없으면 일시적으로 점유
평탄화	주거공간 체류시간 증가, 대형 집합시설 해체, 무인(드론)물류, 초고속 이동망, 워케이션 등에 대한 요구가 확장되어 인당 주거 점유공간의 확대, 다목적 공간(익스피어리언스 룸)의 구성, 도시의 저밀 평탄화 경향이 강해질 것으로 예상	인당 점유공간 확대, 도시 저밀화, 수도권 영향력 분산, 대형 집합시설 해체
무인화	무인비즈니스 기술, 드론형 임무차량 등장, 캡슐형 모빌리티 등에 대한 기술적 구현성이 높아지면서 무인점포, 무인물류, 무인여객 중심의 사회 변화에 대한 기대감 증가	무인 비즈니스 확대, 드론형 임무차량 등장, 캡슐형 모빌리티
개인화	셧다운(거리 두기, 폐쇄) 상황과 안전성에 대한 우려 등이 결합되어 1인 기반 서비스 확대, 영양소 선택 푸드, 대리재배, 패키지관광 축소 등 물리적 차원을 넘어 심리적 차원의 고립경제로 강화	1인 기반 서비스 확대, 영양소 선택 푸드, 대리재배, 패키지관광 축소
양극화	디지털 격차의 심화와 플랫폼과 자본의 중요성이 높아지면서 의료서비스 격차 확대, 영양성분 선택권, 공간 무한 확장, 교육의 질 등의 양극화 현상이 사회적 문제로 부상할 것을 우려	의료서비스 격차 확대, 영양성분 선택권, 공간 무한 확장, 교육의 질
투명화	비대면 중심 사회로 전환되면서 데이터로 모든 상황이 축적되는 현상은 먹거리 신뢰도 향상, 의료정보 개방, 보험 비즈니스 확대 등 디지털 투명digital transparency 사회로의 전환을 예고	먹거리 신뢰도 향상, 의료정보 개방, 동선 공개, 위험경고, 보험 비즈니스 확대

이제 마지막으로 앞으로의 미래에서 사람들이 기대하는 바와 반대로 두려워하는 부분을 짚어봄으로써 최종적으로 우리가 원하는 미래를 만들어나가기 위해서 무엇을 해야 하는지를 살펴보도록 하자.

이를 더욱 선명히 그려보기 위해 위 여덟 가지 변화 방향을 사실적으로 구현한 네 가지 시나리오를 먼저 살펴보려고 한다. 시나리오는 두 가지 불확실성 변수에 따라 구분되는데, 한 가지는 공공성의 정도이고 다른 한 가지는 비대면성의 정도이다. 두 가지 변수에 따라 나뉘는 네 가지 시나리오는 아래 표처럼 표현할 수 있다.

포스트 코로나 시대의 4가지 미래사회 시나리오

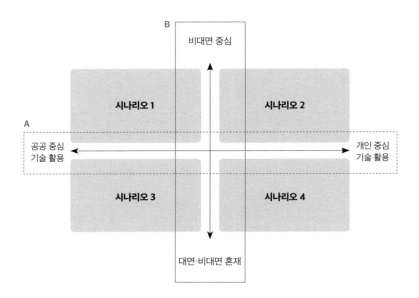

━━ 시나리오 1. '원격복지' 사회

2020년 시작된 코로나19의 확산은 기대와 달리 쉽게 종식되지 않았다. 국경이 막히고 집 밖으로 나가는 것도 금지하고 봉쇄조치를 내린 주변국의 사례는 한국 또한 코로나19의 감염으로부터 자유롭지 못할 것이라는 우려를 안겨주었다. 비대면 시대로의 전환은 불가피해 보였지만, 강제적인 전환은 부작용을 낳을 수밖에 없었다. 재택근무 권고, 주 1회 등교, 사회적 거리 두기 시행 등 정부는 일상적인 부분부터 차근차근 비대면 사회로의 전환을 추진했다. 재택근무와 재택교육을 전면적으로 시행하려면 누구나 장벽 없이 원격시스템을 활용할 수 있어야 했다. 이에 따라 정부는 누구도 소외되지 않는 공공 원격시스템의 구축을 목표로 삼았다.

10년이 지난 2030년 현재 한국 사회는 대부분의 일을 원격으로 처리한다. 2020년 95%의 국민이 스마트폰을 보유해 세계 1위 스마트폰 보유국이었던 한국은, 이제 세계 1위의 원격기기 보유국이 됐다. 현재 원격기기 보급률은 전체 가구의 94%이며, 정부는 올해 말 97%까지 늘린다는 계획을 추진 중이다. 보급용 '공적 원격기기'는 카메라와 마이크가 장착된 13인치짜리 노트북으로, 대부분의 사람이 이를 활용해 비대면 사회를 살아간다. 직업이나 상황에 따라 대형 스크린이나 초고속 통신 기기를 추가해 성능을 업그레이드하기도 하지만 대다수는 보급형 기기를 그대로 쓴다.

이와 함께 원격기기를 자유롭게 활용할 수 있는 물리적 공간의 확보와 보급을 추진하였다. 원격 사회로 전환되려면 대면 라이프스타일에 맞춰 만들어진 기존의 집을 원격시스템 활용에 용이한 공간으로 개조해야 했다. 과거보다 넓은 개인 공간이 필요해졌고, 원격시스템이 원활하게 이뤄질 수 있는 통신시스템을 갖춰야 했다. 이는 정부의 적극적인 원격복지 정책과 시스템 구축, 비대면 문화 정책으로 인해 점차 해결됐다. 업무, 교육, 진료, 쇼핑, 인간관계, 문화생활 등 일상 대부분을 원격으로 영위할 수 있게 되면서 물리적 접근성에 대한 제약이 점점 사라져갔고, 수도권의 영향력도 점차 감소됐다. 이에 더해 원격시스템이 구비된 지방 공공 임대주택이 늘어나면서 수도권 거주자의 지방 이주가 가속화됐다. 이제 수도권 인구는 200만 명 정도로, 10년 전 대비 10분의 1 수준이다.

한때 화려했던 서울의 초고층 빌딩들은 빅데이터를 관리하는 슈퍼컴퓨터 연구소로 재탄생됐고, 일부는 드론 주차장으로 활용되고 있다.

원격 사회로 전환되면서 가장 적극적으로 도입된 기술 중 하나는 배송 시스템이었다. 주문 후 한 시간 내 직배송이 당연해졌고, 개인과 개인 간의 배송도 늘어났다. 자기가 만든 음식을 다른 사람에게 실시간으로 배송해주고 원격으로 함께 식사하는 문화도 생겨났다. 농수산물의 직거래도 늘어났다. 이제 전국 어디에 살든 각 지역의 특산물을 당일 배송으로 받아볼 수 있다. 이에 따라 어느 지역을 가든 윙윙거리는 드론 소리와 4족 보행 배송 로봇의 발소리가 배경음으로 들려온다. 배송로봇은 무인 차에 실려와 배송지를 방문하는데, 때때로 오류가 나 길거리에 멈춰버리기도 한다. 이렇게 거리에 멈춰있는 로봇과 고장 나 나무에 걸려 있는 드론의 모습은 2030년을 대표하는 풍경이 됐다.

비대면 사회로 전환되어 갈수록 사람들의 정신적 고립감도 심각해졌다. 코로나 이후 발생한 정신적 문제를 의미하는 '코로나 블루'는 10년이 지난 지금도 여전히 해결해야 할 사회문제로 남아 있다. 정부는 고립 방지를 위한 원격소통 창구를 만들고자 노력 중이다. 2030년 사람들은 이제 온라인 마을에 소속되어 온라인 이웃들과 소통한다. 과거에는 물리적 거주지에 따라 주민등록 주소가 부여됐다면, 이제는 소속된 온라인 마을에 따라 온라인 주소를 부여받는다. 온라인 마을에서 물리적 거주지는 문제가 되지 않는다. 제주도, 서울, 울산, 대전 등 실제 거주 지역과 상관없이 한마을에 모여 이웃이 되는데, 그저 소속에만 머무르지 않고 의무적인 활동도 해야 한다. 일주일에 두 번은 온라인 동네에 접속해 일상을 공유해야 하고, 한 달에 두 번은 '아이콘택트 대화'에 참여해야 한다. '아이콘택트 대화'는 열 명 내외의 온라인 주민이 원격소통을 하는 것으로, 반드시 화상 카메라로 자신의 얼굴을 비춰야 한다. 만 18세 이상의 한국인이라면 누구나 의무적으로 참여해야 하는데, 접속을 안 하면 각 서버의 원격복지정책실에서 해당인이 잘 지내고 있는지 점검을 한다. 이는 과거의 고독사나 고립에 의한 자살을 막기 위한 장치이다.

재작년부터는 원격의료 시스템 활성화를 위해 개인의 생체정보를 수집할 수 있는 시스템도 고안됐다. 이에 따라 대중은 중앙서버에 생체정보를 정기적으로 업로드하고 있는데, 이 데이터를 기반으로 공공 원격의료 시스템을 지원받는다. 이로써 누구나 간단한 진료는 자택에서 받을 수 있게 됐다. 시행 초반에는 민감한 개인정보가 유출되는 것은 아닌지 우려도 있었으나, 노약자와 기저질환이 있는 사람들이 해당 기술을 사용해 빠르게 응급처치를 받는 사례가 늘어나면서 제도에 대한 반감보다는 필요성에 대한 공감대가 형성되고 있다. 또한 이러한 시스템이 감염병 예방에도 효과가 있는 것으로 나타나며 공공 원격진료에 대한 사람들의 수용력이 점점 높아지는 추세.

정부는 내년도 계획으로 공공 원격기술의 수준을 대대적으로 향상하겠다고 예고했다. 가상현실 기술 도입 및 지금보다 두 배 빠른 인터넷망 확보로 대다수가 더욱 높은 원격 삶의 질을 누릴 수 있도록 하겠다는 목표다. 또한 국민 기초체력 보강을 위해 원격스포츠 프로그램을 시범 보급할 계획인데, 가상현실 기술을 접목해 배드민턴, 탁구, 배구, 조깅 등 다양한 스포츠를 이웃과 함께 즐길 수 있도록 할 예정이다.

2030년 한국은 이제 수도권 집중화에서 벗어나 고른 수준의 지역 발전을 이루고 있다. 누구나 비슷한 크기의 집에 살며 비슷한 원격기기와 시스템을 활용하고 비슷한 삶의 질을 누린다. 10년 전과 비교해 이동 거리가 축소됐지만 사람들은 줄어든 만큼의 물리적 경험을 원격기술을 통해 누리고 있다. 의무적인 활동이 지나치게 많다는 의견과 감시 시스템에 대한 우려의 목소리도 있지만, 원격복지 정책은 앞으로도 계속될 전망이다.

■■■■ 시나리오 2. '홈 테크놀로지' 사회

2020년 코로나 이후 비대면 사회로 접어들면서 온라인 쇼핑은 전에 없이 큰 성장세를 보였다. 2020년 4월 기준 온라인 지출이 처음으로 60%를 넘어섰고, 이러한 상승세는 꺾이지 않고 이어졌다. 단 몇 분을 들여 주문하고, 하루면 집에서 배송을 받는 비대면 쇼핑은 대부분의 재화에 적용돼 일반적인 문화로 정착했다. 2030년 현재 물품 구매의 90% 이상이 온라인 쇼핑으로 이루어지며, 관련 기술도 다양해지고 있다. 스크린 속 사진으로만이 아니라 홀로그램으로 상품을 입체적으로 볼 수 있게 됐으며, 시각정보뿐 아니라 촉각, 후각, 미각을 모두 느낄 수 있는 오감 활용 기술도 도입됐다. 이러한 기술은 쇼핑뿐 아니라 업무, 교육, 문화 전반에 적용됐고, 대면 문화를 빠르게 대체했다. 물리적 이동 시간이 줄어들고 재택 시간이 길어지면서, 잉여 시간도 증가했다. 주로 쉼의 기능을 담당했던 집은 이제 일하고, 배우고, 놀고, 쉬는 등 모든 것을 하는 공간이 됐다. 이에 따라 가정 내에도 다양한 과학기술이 도입되기 시작했고, 가정용 AI 기술은 가장 각광받는 기술로 떠올랐다.

가정용 AI는 기존의 컴퓨터나 스마트폰의 역할을 넘어 소유자의 생체정보를 분석하여 건강관리를 해주거나, 업무 또는 교육을 돕거나, 가전제품을 제어해 집 안일을 돕거나, 인간의 감성을 이해해 심리상담을 해주는 등 인간에게 필요한 대부분의 역할을 담당하기 시작했다. 즉, 가정용 AI는 2030년 한국인에게 없어서는 안 될 새로운 반려가전이 됐다.

사람들은 기본 AI에 자신이 원하는 능력을 추가해 업그레이드해서 사용하는데, 생체정보를 분석해 식단관리, 건강관리를 해주는 의료용 AI와 자료를 찾고 분석해주는 교육, 업무 AI가 가장 보급률이 높다. AI 로봇은 물리적인 형체보다는 탑재된 AI 시스템이 중요하지만, 사람들은 AI의 외형을 커스터마이징하는 데도 많은 투자를 한다. 단순한 형태에 눈, 코, 입을 갖춘 귀여운 사람 모양의 휴머노이드 AI가 가장 인기가 많고, 반려동물이나 식물 모양도 있고, 과거의 로봇 청소기처럼 간단한 기계 모양으로 남겨두는 사람도 있다.

사회활동 대부분이 비대면으로 이뤄지면서 AI 로봇의 활용도는 점점 높아지고 있다. 2030년 현재 한국사회의 AI 로봇 보급률은 79%에 달한다. 소유자에 따라 AI의 성능 차이는 존재한다. 업무, 의료, 집안일, 교육, 여가 등 분야에 따라 특화된 AI를 여러 대 보유한 사람도 있고, 간단한 기능이 탑재된 보급형 AI 한 대만 사용하는 사람도 있다. AI의 종류는 무궁무진하며 가격도 천차만별이다. 여전히 AI를 사용하지 않는 사람도 있지만, 이 경우 삶의 많은 부분에 제약이 따른다. AI 로봇은 비대면 시대에 없어서는 안 될 필수적 존재가 돼가고 있다.

비대면 사회로의 전환으로 인해 가상공간의 중요성도 점점 커지고 있다. 얼마 전 가상공간과 물리적 공간의 중요성에 대한 설문조사 결과가 발표됐는데, 가상공간이 더 중요하다 65%, 물리적 공간이 더 중요하다 24%, 잘 모르겠다 21%로 가상공간의 중요성이 처음으로 물리적 공간의 중요성보다 두 배 이상 높게 나왔다. 이제 가상세계는 물리적 세계에서의 모든 경험을 대체할 수 있다. 다양한 가상경험 판매시장은 이 사회에서 가장 각광받는 산업 중 하나이다.

번역기의 발달은 소통의 경험 또한 크게 확장해냈다. 코로나 이후 국경을 넘는 것이 더욱 까다로워진 이 시대에, 국경의 벽이 작용하지 않는 곳은 온라인 세계뿐이다. 사람들은 이제 국제 온라인 회사에 입사하고, 온라인 세계학교에서 공부하며, 전 세계인을 대상으로 인간관계를 맺는다. 관계를 맺는 사람과 대면할 확률이 지극히 낮은 이 시대에서 직접 만난다는 의미는 10년 전만큼 크지 않다.

원격의료 시스템의 구축은 사람들에게 진료 기회를 확장해주기도 했다. 환자들은 온라인에 개원한 각국의 병원을 비교해 원격진료를 받을 수 있게 됐다. 병원에 소속되지 않고, 개별적으로 활동하는 프리랜서 의사도 많다. 이들은 집이나 작업실에 원격 진료소를 마련해 환자들을 만난다. 최근에는 24시간 진료를 하는 온라인 병원과 의사도 증가하는 추세다. 외과 수술이 필요한 상황에서는 불가피하게 병원을 방문하지만 대부분의 진료 및 처방, 치료는 원격으로 가능하다. 한 번도 병원에 방문하지 않는 임산부가 대부분이며, 출장 의료를 통해 병원과 동일한 시설의 자택에서 출산까지 가능해지고 있다.

고비용인 사설 의료 서비스를 이용하기 힘든 사람들은 온라인 보건소를 이용한다. 간단한 진료 및 약 처방을 받을 수 있는 온라인 보건소는 저렴한 비용 때문에 사용자가 많아 예약을 잡기가 쉽지 않다. 그럼에도 의료시설이 국제적 환경에서 경쟁하고, 이에 따라 사설 의료서비스 비용이 점점 높아지는 상황에서 선택권 없이 보건소를 이용하는 사람도 늘어나고 있다.

푸드 컴퓨터도 이 시대를 살아가는 데 빼놓을 수 없는 가전제품이 됐다. 대부분의 집에서 부엌이 사라졌으며, 그 자리에 푸드 컴퓨터가 놓여 있다. 소유자의 생체정보를 파악해 적절한 영양소가 배합된 음식을 만들어주는 푸드 컴퓨터는 개개인의 건강 유지에 중요한 역할을 하고 있다. 푸드 컴퓨터가 만드는 음식의 모양은 제각각인데, 사용자의 취향에 따라 알약 하나로 만들 수도 있고, 기존의 음식 모양을 본떠 맛을 재현할 수도 있다. 기기의 사양에 따라 맛을 구현해내는 데 차이가 있는데, 가장 인기 있는 제품은 글로벌 기업이 만든 '푸디네이터'로서 세계 1위의 점유율을 자랑한다.

본격 비대면 시대로의 전환이 이루어진 지 5년이 넘었지만 여전히 변화에 적응하지 못하는 사람들도 있다. 원격기기를 비롯한 각종 과학기술에 적응하기 어려워하는 언택트 부적응자와 과거를 그리워하며 대면 시대로의 회귀를 주장하는 사람도 존재한다. 그럼에도 대다수는 나만의 공간에서 나만의 세계를 구축해 살아가는 비대면 가상세계가 인류가 나아가야 할 방향이라고 말한다.

━━━ 시나리오 3. 안전을 위한 규율사회

2020년, 세계는 전에 없이 커다란 변화를 맞이했다. 코로나19의 확산은 그동안 인류가 당연시했던 삶의 양식을 흔들어놓았고, 한국도 많은 것이 바뀌었다. 마스크를 쓰지 않으면 대중교통을 이용할 수 없었고, 열 감지 카메라를 통과해야 건물에 들어갈 수 있었으며, 확진자와 동선이 겹친 사람들은 증상이 없어도 반드시 코로나 검사를 받아야 했다. 사람들은 자신이 거쳐 간 모든 공공장소에 기록을 남겨야 했고, 개인의 사생활보다는 다수의 안전을 위해 사회는 엄격한 규율을 늘려갔다.

재택근무, 재택교육이 시행되며 비대면 시대로 전환되던 사회 분위기는 2030년 현재, 천천히 대면 사회로 돌아서는 추세다. 달라진 것이 있다면 더 엄격해진 규율과 과거보다 발달한 안전 기술을 들 수 있다. 2020년에 여섯 시간이 걸리던 감염병 검사는 이제 15분 안에 확인이 가능하다. 지금은 누구나 감염병 자가검사

키트를 구비하고 있으며, 30명 이상 모이는 공공시설을 이용할 때에는 반드시 감염병 검사결과를 제출해야 한다. 도시 곳곳에는 열 감지 카메라가 설치돼 있으며 감염병에 걸리지 않았다 하더라도 열이 높은 사람은 자택 격리를 권고받는다. 과거에는 가벼운 증상으로 생각됐던 감기도 이제는 공공장소에 출입할 수 없는 질병으로 분류된다.

QR코드를 찍거나 직접 서면명부를 작성해 자신의 동선을 기록하던 과거의 방식은 사라졌다. 이제 도시 곳곳에 있는 카메라와 센서를 통해 개인의 동선이 자동으로 기록된다. 등록된 주거 지역에서 먼 곳으로 이동할 때는 지역 비자를 신청해야 한다. 비자 신청부터 통과까지는 평균 3일 정도 소요되는데, 관련 법규를 어긴 기록이 있으면 심사기간이 길어진다. 만약 이동 일정이 변경되면 추가 신고를 해야 하며, 신고 없이 날짜를 어기면 이동안전관리청에서 세부 동선을 확인한다. 중앙정부가 전반적인 안전을 담당하지만 각 지역에서도 자체 체계를 만들어서 안전성을 확보하기 위해 노력한다.

공유 무인 자율주행차가 도입되고 화석연료 사용 제한이 시작되면서 개인 소유 자동차는 많이 줄어들었다. 여전히 차량을 소유하고 있는 사람도 있지만, 보유세가 높아져 자가용은 소유하지 않는 추세다. 도심에 차량 자체가 줄어들면서 차도의 비율이 줄고 도보가 넓어졌으며, 자전거를 비롯한 1인용 이동수단을 위한 도로가 확충됐다. 이에 따라 10년 전과 비교해 공기 질은 전에 없이 좋아졌다. 교통사고로 인한 사망사고 역시 현저히 줄어드는 추세다.

대부분의 사람은 자가용 대신 무인 자율주행 버스, 지하철, 택시를 이용한다. 대중교통 좌석 거리 두기 체계가 도입되면서 버스나 지하철 한 칸에 탑승할 수 있는 인원 제한이 생겼고, 과거 빽빽하게 밀착해 이동하던 출퇴근 문화는 사라졌다. 이를 유지하기 위해 출퇴근 시간을 조정해 일할 수 있는 탄력근무제가 보편화됐고, 재택근무 전환도 자유롭게 이뤄지고 있다.

10년 전, 비대면 사회로 전환되기 시작했을 때 가장 문제가 됐던 것은 소수만이 원격 디바이스를 활용하고 있다는 점이었다. 자유롭게 원격시스템을 누릴 수 있는 사람은 많지 않았고, 어떤 사람들에게 원격근무, 원격교육, 원격쇼핑은 접근 불가능한 삶의 방식이었다. 이에 따라 정부는 원격시스템을 자유롭게 활용할 수 있는 공공 시설물을 확충하기 시작했다. 개인이 디바이스를 소유하지 않아도 원격시스템을 활용하는 데 제한이 없도록 하기 위해서였다.

정부는 사회적 거리 두기를 유지할 수 있도록 쾌적하고 널찍한 공공 건축물을 짓기 위해 노력하고 있다. 이 건축물의 키워드는 안전, 혁신, 쾌적함으로 최신 원격 디바이스를 이용할 수 있는 동시에 자연 친화적인 모습을 띠고 있다. 특별히 어린이와 청소년이 자유롭게 배우고 안전하게 뛰어놀 수 있는 넓은 공간을 필수적으로 확보하도록 했다. 개인적으로 원격 디바이스를 구비할 수 없거나 사용할 수 있는 공간 여건이 마련되지 않은 사람들은 이 공간에서 최신 원격기기를 활용할 수 있다. 또한 감염병을 염두에 두고 설계했기 때문에 위험 상황에서도 최대한 공간을 폐쇄하지 않고 유지할 수 있는 안전성이 확보돼 있다. 몇 년 전 남양주에 지은 공공 원격 건축물은 세계에서 가장 안전하고 아름다운 공간으로 뽑히기도 했다.

중앙정부가 국민들의 빅데이터를 관리하는 만큼 정보 관리에 대한 중요성도 커지고 있다. 개인정보에 대해서는 철저히 보안을 강화하되, 국민이 알아야 할 정보는 투명하게 공개하는 것을 원칙으로 둔다. 이러한 변화 속에서 먹거리에 대한 신뢰도는 점점 높아지고 있다. 까다로운 조건을 통과한 먹거리만 유통되고 있으며, 사람들은 제공된 정보를 믿고 구매한다.

공공 원격의료 도입은 의료의 지역 격차를 줄여주고 있다. 외과 수술이 필요한 중증 질환을 제외하고 대부분의 진료는 원격으로 이뤄지는데, 과거에 비해 빠르고 편리하게 의료서비스를 받을 수 있다. 다만 자가검사를 해야 하는 영역이 많아져 오진율도 높은 편이다. 또한 가벼운 증상만으로는 과거처럼 즉각적인 의료 혜택을 받을 수 없다. 이에 따라 치료보다는 면역력을 높일 수 있는 생활 관리와 예방의학이 발달하는 추세다. 정부는 개인의 건강이 사회의 건강이라는 모토로 다양한 국민 지원 건강 프로그램을 운영하고 있다. 안전과 건강은 현 사회의 중요한 관심사로 원격의료 시스템을 비롯해 공공의료 체계를 유지하기 위해 세금의 많은 부분이 투자되고 있다.

한때 '빨리빨리'로 대표되던 한국의 이미지는 이제 '안전 느림'으로 바뀌었다. 그만큼 경제 성장도 더딘 편이다. 이에 대해 국제 경쟁에서 뒤처지는 점을 우려하는 목소리도 있다. 그러나 정부는 무엇보다 중요한 것은 안전이라며 당분간은 성장보다 보존의 가치를 추구할 것이라는 비전을 내놓았다. 2030년 한국은 '친환경'을 넘어 환경과 잘 공존하는 '친인간'을 모토로 나아가고 있다.

━━ 시나리오 4. '얼리언택터' 사회

2020년 코로나로 인한 사회 침체는 거리의 활기를 앗아갔다. 북적이던 거리는 조용해졌고 사람들은 안전한 개인 공간에서 시간을 보내기 시작했다. 비대면 문화가 정착하면서 잉여시간은 점차 늘어갔고 집에서 누릴 수 있는 문화 콘텐츠 소비가 폭증하는 가운데 자신에게 딱 맞는 맞춤형 제품에 대한 니즈도 커지기 시작했다. 빅데이터 기술의 발달과 맞물린 이러한 변화는 개인 맞춤형 서비스가 확장하는 계기가 됐다.

개인 맞춤 식단, 쇼핑, 장소, 인간관계 등 정보를 추천하는 알고리즘을 넘어 개인 맞춤형 음식이나 물건을 즉시 만들어 배송해주는 서비스, 의사, 심리상담사, 법률가 등 전문가를 즉시 연결해주는 서비스 등 개인 특화 정보를 실제 생활로 연결해주는 서비스가 늘어났다. 또한 바이오 기술, 의학기술에 대한 투자가 늘어 줄기세포 기술, 생명연장 기술 등 의학 분야에 혁신적인 변화가 일어나기 시작했다.

백신 개발도 꾸준히 이뤄졌다. 전 세계 과학자들과 전문가, 의사, 투자자들은 코로나 이후 인류가 맞이할 새로운 세계에 대한 비전을 제시하기 위해 의기투합했다. 이 과정이 순조롭지만은 않았다. 출범 초창기에는 공공을 위한 과학기술이라는 하나의 비전으로 움직이던 세계 각국의 전문가들은 이해관계가 맞지 않아 곧 해산됐다. 대신 이 과정에서 다양한 스타트업이 등장했고, 전에 없던 획기적인 아이디어가 쏟아져 나왔다.

2030년 현재 한국은 100% 비대면의 삶과 100% 대면의 삶이 공존한다. 100% 비대면 라이프스타일을 추구하는 사람은 고도화된 과학기술을 활용할 수 있는 사람들로, 오감 활용 원격기기를 적극적으로 소비한다. 이들은 원격시스템을 활용해 모든 것을 비대면으로 처리할 수 있으며, 대면보다 생생한 가상경험도 얼마든지 누릴 수 있다. 이들처럼 최신 비대면 기기를 가장 먼저 구입해 사용하고 소비하는 비대면 족을 '얼리언택터early untacter'라고 부른다.

한편 여전히 대면의 삶을 추구하는 사람들도 있다. 이들은 10년 전처럼 직접 출근해 일하고, 물리적 학교에 가서 수업을 받고, 대면으로 상점을 이용하며 살아간다. 사람들은 비대면과 대면 중 자신의 상황과 조건에 맞는 방식을 택해 살아가는데, 각 그룹의 동선은 겹치지 않는다. 그만큼 비대면을 추구하는 '얼리언택터'와 여전히 대면 방식으로 살아가는 사람들의 삶의 영역은 분리돼 있다.

이 시대를 살아가는 청소년들은 AZ세대로 분류된다. 선택할 수 있는 것이 A에서 Z까지 너무 많아 그만큼 선택의 자유도가 높아졌음을 뜻하는 세대다. 하지만 선택지만 많을 뿐 그만큼 선택의 자유를 누릴 수 있는 사람은 일부일 뿐이라며 AZ세대의 허상을 비판하는 목소리도 있다. 원격의료 서비스의 질도 편차가 커지고 있다. A부터 Z까지 선택지가 많지만 A급의 의료서비스를 누릴 수 있는 사람은 극소수뿐이다. 이에 따라 한국인의 평균 건강수명은 늘어났지만 계층별 건강 격차는 점점 벌어지고 있다. 먹거리 등급도 다양해지고 있다. 먹거리 성분과 함께 제조 방법, 출처의 투명성에 따라 먹거리 등급을 부여받는데 1등급을 받기 위해서는 까다로운 심사를 거쳐야 한다. 먹거리는 총 10등급으로 나뉘는데, 9, 10등급을 받는 제품은 유통이 제재된다. 먹거리 등급 도입 이후 블랙마켓이 등장했는데, 이곳에서는 낮은 등급을 받은 먹거리와 등급 심사를 받지 않은 먹거리가 저렴한 가격에 거래된다.

이 사회를 가장 크게 변화시킨 조치 중 하나는 무인 자율주행차량의 도입이었다. 이와 함께 초소형 원격기기의 발달은 대면과 비대면이 공존하는 사회를 앞당겼다. 무인 자율주행차량이 도입되면서 운전할 필요가 없어진 사람들은 이동 시간 또한 생산적인 시간으로 바꾸고자 했고 이는 이동식 라이프스타일을 정착시켰다. 사람들은 이제 여행을 하면서 근무를 하거나 교육을 받을 수 있다. 비용만 지불할 수 있다면 초고속 비행기를 타고 뉴욕으로 날아가 하루 만에 한국으로 돌아올 수도 있는데 그사이 업무를 처리하거나 시험을 칠 수도 있다.

자동차 안에서의 생활이 중요해지면서 더욱 안전하고 성능이 우수한 자율주행차를 찾는 사람이 늘고 있다. 매일 신제품 원격기기가 나오고, 자율주행차 역시 다양한 모델이 출시된다. 집 없이 자율주행차에서 사는 '드라이빙 노마드족'은 이동의 자유를 추구하며 끊임없이 도시를 자율주행하며 살아가고, 이에 대해 불만을 가진 사람도 나타나고 있다. 그럼에도 이들을 위한 인스턴트 샤워장, 침대 카페, 오픈키친, 24시 자판기 마트 등도 도시 곳곳에 생겨나고 있다.

한때 유행했던 미니멀리즘은 유행이 지나고 이제 테크멀리즘 시대가 도래했다. 신제품의 출시 속도는 그 어느 때보다 빠르며 사람들은 시시각각 제품을 업그레이드하여 더 편리하고 효율적인 미래를 꿈꾼다. 10년 전보다 커진 양극화를 우려하는 목소리도 있다. 그러나 세계에서 가장 혁신적인 기술을 가장 먼저 누리는 한국의 테크토피아 비전은 내년에도 계속될 전망이다.

공공성과 비대면성이라는 두 가지 불확실성 변수에 따라 구분해 본 네 가지 시나리오는 그 특성을 다음과 같이 요약할 수 있다.

포스트 코로나 시대의 4가지 미래사회 시나리오 특징

	시나리오 1	시나리오 2	시나리오 3	시나리오 4
불확실성 변수 A	공공 중심 기술 활용	개인 중심 기술 활용	공공 중심 기술 활용	개인 중심 기술 활용
불확실성 변수 B	비대면 중심	비대면 중심	대면·비대면 혼재	대면·비대면 혼재
주요 특징	• 원격 복지 시스템 구축 • 지역 편차 감소 • 빅데이터를 통한 국가의 국민 관리 • 다수를 위한 원격의료 시스템	• 원격기술 발달 • 개인 맞춤형 서비스 발달 • 기술사용 격차 발생 • 한국이 비대면 기술 주도	• 안전 기술 발달 • 공공 기술 발달 (자율주행자동차, 원격의료) • 공공의 안전을 위한 국가비전	• 이동 관련 기술 • 수도권 중심 발달 • 대면과 비대면이 혼재된 다양한 라이프스타일 • 계급의 세분화

이제 이처럼 도출된 미래 시나리오를 우리가 어떻게 생각하는지를 살펴봐야 할 차례다. 미래사회 전망 워크숍에서 참가자들에게 이 네 가지 시나리오를 제공하고 10년 후 가능한 미래와 내가 살고 싶은 미래를 선택하도록 했다. 그리고 대답의 이유를 묻고, 그 대답을 면밀히 살펴봄으로써 그 안에 내포된 사람들의 솔직한 생각을 파악해봤다.

가능미래 투표 결과, 시나리오 2, 시나리오 4, 시나리오 3, 시나리오 1 순의 결과가 나왔는데, 1, 2위 시나리오 모두 개인 중심 기술 활용이 전제된다는 점을 주목할 만하다. 불확실성 변수 A인 공공 중심 기

가능미래 선택 이유

순위	시나리오	특징	참가자 답변	키워드
1	시나리오 2	개인 중심 기술 활용/ 비대면 중심	• 바이러스에 대한 위험성이 있는 한 비대면 사회로의 전환은 가속화될 것 • 비대면 삶을 위한 AI, 빅데이터 기술 적극 도입 예상 • 각 시나리오 중 원격기술이 가장 발달한 미래로 원격기술은 앞으로 비약적으로 발달할 것 • 출산율과 취업률이 하락하면서 1인 가구가 증가하고, 이에 따라 비대면 문화 정착 • 현재와 가장 비슷하기 때문에 사회적 갈등 없이 자연스럽게 도래	• 1인 가구 증가 • 비대면 기술 발달 • 감염병 비종식 가능성
2	시나리오 4	개인 중심 기술 활용/ 대면·비대면 혼재	• 10년 후에는 계층별 정보 접근성 및 지식 습득에 대한 격차가 더 벌어져 양극화가 심화될 것 • 다른 시나리오에 비해 국민의 자유도가 가장 높은 미래로 감염병이 종식된 이후에는 다시 국가 통제력이 약화되고 대면 문화도 돌아올 것 • 사회 속에 다양한 연령, 계층이 존재하는 만큼 한번에 비대면 시대가 오지는 않을 듯. 비대면에 익숙하지 않은 사람은 계속 존재할 것이기 때문에 대면과 비대면 공존 • 대면과 비대면이 공존하는 모습이 현재와 가장 비슷 • 개개인의 선택을 중시하는 맞춤형 사회로의 전환이 대면과 비대면 문화 속에 모두 나타날 것	• 맞춤형 사회 • 선택의 자유 • 정보 양극화 • 대면 문화의 비중 큼
3	시나리오 3	공공 중심 기술 활용/ 대면·비대면 혼재	• 감염병에 대한 국제 차원의 관리 필요성이 커지고, 감염병뿐 아니라 자연재해 등 안전 대비에 대한 중요성이 높아질 것 • 다른 시나리오에 비해서는 과학기술 발달이 느린 것처럼 보이는 미래지만 바이러스가 종식되지 않을 시 가능 • 공유 무인자동차, 공공 원격의료 시스템 등 다수를 위한 기술 정착 • 현재의 의료보험 시스템처럼 공공 원격의료 시스템이 빠른 시일 안에 도입될 것 • 코로나 이후 재난 지원금 정책이나 안전 정책의 지역별 차이가 발생하는 점, 공공 안전의 중요성 등을 보았을 때 현실성 있음	• 안전 관리 중시 • 공공 기술 중심
4	시나리오 1	공공 중심 기술 활용/ 비대면 중심	• 비대면 전면 전환 미래로 감염병이 종식되지 않을 시 올 가능성이 가장 높아 보임 • 공공 원격기기의 제공이나 지역의 수평적 개발은 많은 국민이 바라는 것이기 때문에 실현될 것	• 공공 원격 기기 • 수평적 개발 • 감염병 비종식 가능

술 활용과 개인 중심 기술 활용이라는 두 가지 방향 가운데 참가자의 과반 이상은 개인 중심 기술 활용이 미래에도 지속될 것이라고 봤다. 이 조건이 전제된 시나리오 2와 시나리오 4의 경우 이러한 사회에서 과학기술은 크게 발달하지만 양극화나 계급 격차는 해소되지 않는다.

선호미래 투표 결과는 시나리오 4, 시나리오 1, 시나리오 2, 시나리오 3 순으로 나왔다. 가능미래 투표 결과가 비교적 고르게 나왔다면, 선호미래는 1, 2위인 시나리오 4와 1의 비중이 크게 나타났다. 1, 2위 시나리오는 기술사용 방향과 비대면 전환 정도가 하나도 겹치지 않는 각각 다른 조건을 가진 미래였다. 따라서 두 미래를 선호하는 이유도 달랐다. 참가자들은 시나리오 4에서 대면과 비대면을 선택해서 살아갈 수 있다는 점을 가장 큰 매력으로 꼽았다. 혁신적인 과학기술 발달을 누릴 수 있는 환경과 자유도가 높아 다양한 라이프스타일을

선호미래 선택 이유

순위	시나리오	특징	참가자 답변	키워드
1	시나리오 4	개인 중심 기술 활용/ 대면·비대면 혼재	• 삶의 방식에 대한 선택지가 높다는 점이 긍정적 • 세대별, 계층별 다양한 니즈 제공 가능 • 국민의 자유가 가장 많이 허용되는 미래. 감염병이 다시 발발해도 현재의 경험을 토대로 대면·비대면이 공존하는 사회를 만들어갈 수 있을 것 • 여전히 대면 문화가 익숙하기 때문에 대면과 비대면이 공존하는 점이 좋음 • 대면 사회에 대한 그리움을 해소시켜줄 수 있는 미래 • 비대면으로의 완전 전환은 인간관계의 고립이라는 부작용을 낳게 될 것. 현재의 위기가 지나가면 다시 대면 사회로 복원될 것	• 삶에 대한 선택지 풍부 • 대면 삶 가능

			• 물건을 소유하는 것보다는 경험의 가치가 중시될 것이며 이에 따라 경험에 대한 선택의 폭도 넓어질 것 • 국가가 추진하는 뉴딜 산업과 같은 방향을 보고 있는 미래. 기술 발달이 긍정적인 변화를 가져올 것	
2	시나리오1	공공 중심 기술 활용/ 비대면 중심	• 코로나 시대에 꼭 필요한 비대면 기술이 다수에게 적용될 수 있는 미래 • 근무, 교육, 진료 등 사회 전반에 비대면 문화가 정착되고 그에 대한 혜택도 보편화되면서 삶의 질이 향상될 것으로 보임 • 지금보다 정부의 역할이 훨씬 커지는 미래로 공적 원격기기 보급이나 원격시스템이 구축될 시 가장 살고 싶음 • 현재 은퇴자인데 앞으로 원격 복지 시스템이 꼭 필요하다고 생각함. 노년을 위한 미래형 복지 시스템이 도입되는 미래이기 때문에 선택 • 비대면 문화가 정착돼 모든 계층이 활용할 수 있는 원격시스템이 도입될 시 현재 수도권 인구 집중으로 인해 발생하는 다양한 사회문제 해소 가능 • 비대면 문화 정착으로 시민사회의 불안과 피로를 안정화할 수 있을 것 • 양극화가 점점 심화되는 상황에서 원격기기 및 원격기기 활용을 위한 주거공간 복지체계가 마련되기를 바람 • 사회 흐름 상 비대면 원격 시대가 도래할 것. 신구 세대의 갈등이 있다 하더라도 극복될 것이며 원격 시대로의 전환은 인간의 삶을 더욱 풍요롭게 할 것	• 공공 비대면 기술 • 비대면 관련 복지 정책 (기기,주거) • 인구 집중 해소 • 감염병 불안 해소
3	시나리오2	개인 중심 기술 활용/ 비대면 중심	• 원격기술이 혁신적으로 발달하는 미래가 오면 과학기술의 혜택을 다양하게 누리는 동시에 시공간의 한계를 극복할 수 있을 것 • 비대면과 관련된 기술 발달로 삶의 편리성 증가 • 새로운 기술에 대한 새로운 직업이 생겨나 국가와 국민 모두 기회 증가	• 시공간 한계 극복 • 편리성 • 새로운 직업
4	시나리오3	공공 중심 기술 활용/ 대면·비대면 혼재	• 코로나 이후 안전에 대한 경각심이 높아지면서 이에 대한 가치가 중요해질 것 • 공공을 위한 안전 시스템 확충, 원격의료가 도입될 시 사회구성원이 안심하고 살 수 있을 것 • 도전보다는 다 같이 안전을 추구하는 것을 선호	• 공공을 위한 안전 시스템

선택할 수 있는 사회 분위기가 좋다는 의견이었다. 시나리오 1의 경우 4에 비해 개인의 자유는 제재되지만 다수가 기술 혜택을 누릴 수 있다는 점을 긍정적으로 평가했다. 비대면 삶을 위한 복지 시스템이 발달한다면 대면 문화가 축소되어도 좋다는 것이었다.

가능미래와 선호미래에 대해 토론한 후 두 가지 질문을 던졌다. 첫 번째는 비대면 사회를 살아가며 느낀 장점이었고, 두 번째는 비대면 사회를 준비하며 두려운 것이었다. 대답은 다음 표와 같았다.

비대면 사회를 살아가며 느낀 장점

참가자 답변	키워드
• 대면 근무보다 업무 자체에만 집중할 수 있어 효율성이 높아짐. 업무 능력으로만 평가받을 수 있어 합리적 • 대면 근무 시에는 업무를 하는 중간에 다른 업무가 주어지거나 방해 요소가 있었음. 재택근무 시에는 일에만 집중할 수 있음 • 옷차림에 신경 쓰지 않아도 됨 • 원격진료 도입 시 두 시간 대기하여 5분 진료받던 기존의 비효율적 진료 시스템이 효율적으로 바뀔 것 • 온라인 마트 이용 등 비대면 쇼핑을 통해 시간 절약이 가능해짐	• 효율성
• 물리적 공간의 제약이 사라진 점. 재택근무를 하면서 개인 시간이 많아짐 • 자녀들과 함께 보내는 시간이 많아지면서 가족 간의 대화가 늘어남 • 개인 시간이 늘어나면서 그동안 하고 싶었던 취미 생활을 시작함	• 개인 시간 증가
• 학부모로서 학년이 바뀔 때마다 교사를 만나야 했는데, 올해는 화상면담으로 진행하여 부담이 줄어듦. 불필요한 학부모 모임도 줄어들어 꼭 만나고 싶은 사람만 만나게 됨. 합리적인 변화 • 나가기 싫은 모임을 거절하는 것이 어려웠는데 이제는 편하게 거절함. 불필요한 인간관계를 정리하는 데 도움이 됨 • 사람과 만남으로써 발생하는 여러 갈등이 줄어들고 있는 점	• 불필요한 만남 정리
• 불필요한 외출이 줄어들며 지출이 줄어듦. 불필요한 모임이 줄면서 과소비 역시 안 하게 됨	• 소비 억제

• 신산업군이 성장할 가능성이 높아짐. IT나 바이오 기술 발달을 통해 다양한 과학기술 혜택을 볼 수 있을 것으로 기대	• 신산업 발달
• 대학원 수업을 듣고 있는데 처음에는 원격수업이 어색했지만 이제는 타인을 의식하지 않을 수 있어 집중도가 높음. 자신이 주도적으로 적합한 환경을 만들어낼 수 있다는 것이 장점 • 종교생활을 점검하고 성찰하는 계기가 되었음. 교회 출석을 신경 쓰는 대신 스스로 종교의 의미를 찾게 됨	• 자기 주도적 삶
• 비대면 수업과 관련된 기술이 발달하면서 강의 시 다양한 매체를 활용할 수 있게 됨. 앞으로는 대면과 비대면 방식을 상황에 따라 호환하여 사용할 수 있을 것 • 시공간을 초월하여 만날 수 있음. 이번 워크숍도 그런 장점을 잘 활용한 프로그램	• 선택지 증가

비대면 사회를 준비하며 두려운 것

참가자 답변	키워드
• 만남에 있어 효율성만을 추구할 것 같음. 인간성 상실에 대한 두려움 • 한정된 공간에서 교류 없이 지내는 사람이 많아지면 사람의 온기가 사라지고 감정이 획일화될 것	• 인간성 상실
• 사람 사이의 불신이 커질 것. 감염병은 접촉에 의해 발생하지만 정확한 감염 경로를 알 수 없기 때문에 주변 사람을 의심하는 상황이 발생할 것 • 개인주의가 심해지면서 타인에 대한 이해력이 떨어질 수 있음. 나는 나대로 너는 너대로의 삶이 일반화될 것	• 인간관계 불신
• 비대면 전환이 어려운 산업군에서 경제 위기 발생. 소득 격차가 커지고 양극화가 심해질 것	• 경제 위기 • 양극화 심화
• 원격교육 시스템이 안정화되지 않아 청소년 교육이 어려워지고 있음. 잉여 시간이 증가한 어린이와 청소년들이 시간 낭비를 하고 방황하는 경우가 많음. 안전하게 뛰어놀 수 있는 환경 필요 • 초등학생의 경우 교류를 통해 친구와의 추억을 만들지 못하는 점이 안타까움	• 어린이와 청소년 교육
• 고령자를 위한 요양 서비스는 원격으로 이뤄지기가 어려움. AI나 로봇으로도 아직은 한계가 있음. 비대면 케어가 어려운 노인 돌봄은 결국 가족 내에서 해결 필요. 60대로서 부담이 큼	• 고령층 케어와 노인의 삶의 질

여기서 두려움을 유발하는 키워드에 주목해볼 필요가 있다. 그것이 바로 우리가 포스트 코로나 시대를 준비하면서 보강하고 대비해야 하는 부분과 맞닿아 있기 때문이다. 실제로 참가자들에게 정책을 제안해달라고 했을 때 '기술 사각지대 해소', '비대면 기술 인프라 구축', '장애인 정책' 등 비대면 시대로 인해 소외되고 있는 사회적 약자를 위한 의견이 가장 많이 나왔다.

참가자들이 선택한 비대면 사회의 가장 큰 장점은 효율성이었는데 특히 재택근무 전환으로 인해 효율성이 높아졌다는 의견이 많았다. 업무에만 집중할 수 있는 환경과 업무로만 평가받는 방식이 합리적이고 효율적이라는 것이었다. 반면 교육에 있어서는 여전히 개선할 지점이 많다고 평가했다. 대학생 참가자들은 비대면 수업이 장점보다는 단점이 더 크다고 봤으며, 청소년 교육에 있어서도 원격수업으로 인해 가정 내 역할이 확대되면서 오히려 교육에서 소외되는 학생들이 증가하고 있다는 우려의 목소리가 있었다. 개인의 집중력이 중요한 업무 영역에서는 비대면 문화의 장점이 부각되지만 상호작용이 중요한 교육의 영역에서는 아직 그만큼의 인프라가 구축되지 못했다는 의견이었다. 사람들은 삶의 선택지가 늘었다는 점에서 비대면 사회로의 전환을 긍정적으로 받아들이고 있지만, 급격한 변화로부터 소외되는 사람들에 대해 우려했으며 이에 대한 정책 마련 역시 반드시 필요하다고 여기고 있었다.

미래는 이미 아주 가까운 곳까지 다가와 있다. 가능하다고 생각하는 미래는 기술의 발달로 얼마 지나지 않아 실제로 현실화될 것이다. 그리고 그 미래를 우리가 바라는 모습으로 만들어가기 위해서는 우리가 정말로 원하는 미래, 두려움이 최소화되는 미래, 지향하는 미래에 대한 이야기를 더 활발히 전개해나가야 할 것이다.

1부

1   양해림(2009), 「과학기술과 새로운 공간의 창출: 일상적 도시 공간에서 디지털 미디어의 정체성을 중심으로」, 『철학연구』, 109, pp. 57-82

2   서울경제(2020.5.7), <재택근무자 78%가 "생산성 유지·향상">

3   조선닷컴(2020.6.21), <코로나 끝나도 재택근무…오피스시장 이대로 무너지나>

4   중앙일보(2020.6.16), <BTS·슈퍼주니어 온라인 콘서트, 세계가 '미래의 공연' 미리 봤다>

5   매일경제(2020.3.8), <KT, 코로나19 예방 '언택트 종교활동' 무상 지원>

6   신세계그룹인사이드(2020.4.13), <SSG닷컴, "집에서 다 한다" … '홈테인먼트' 상품 매출 '쑥'>

7   잇조선(2020.4.16), <코로나19에 차량 장기대여 계약 두배 늘었다>

8   뉴스핌(2020.6.11), <인디텍스, 자라 등 1200개 매장 문 닫고 온라인 집중>

9   세계타임즈(2020.6.19), <이제는 기본이 된 '온택트' 6월 내륙말 경매 온·오프라인 병행 시행>

10 조선비즈(2020.5.27), <"매장을 물류·배송기지로"… 이커머스에 반격 나선 대형마트>

11 아시아경제(2020.1.26), <無결제·편리함 속…한국형 '아마존 고'의 시사점>

12 한국은행 보도자료, 2020.9.14

13 건축사신문(2020.4.10), <코로나, 집과 사무실의 경계를 허물다>

14 한국경제(2020.8.19), <롯데건설, 포스트 코로나를 위한 주거공간 아지트3.0 개발>

15 매일경제(2020.5.1), <"재택근무해보니 방 4개 있어야"…중대형 평형 위상 높인 코로나>

16 뉴시스(2020.8.27), <재택근무 뿌리 내리나…포드, 본사 사무공간 재편 착수>

17 조선비즈(2020.5.13), <세빌스 "내년부터 기업의 '오피스 면적 줄이기' 가시화">

18 한국경제(2020.10.20), <기력 되찾은 공유오피스 업체…줄줄이 코스닥시장 상장 '노크'>

19 Experian(2020.5.15), \<A guide to business risk management in 2020>

20 Mobile Europe(2020.5.5), \<IoT platform revenue to grow 20% in 2020>

21 Net Composites(2019.9.4), \<5G Smart Cities: Opportunities for Composites>

22 Insider Pro(2020.3.4), \<IT Salary Survey: Do tech certifications pay off?>

23 황윤하(2020), 「국민이 전망한 코로나 이후 미래사회」, 『Future Horizon+』, 46, 과학기술정책연구원, pp. 74-80

24 조선비즈(2020.8.13), \<"코로나로 올해 美서만 매장 절반 닫는다"… IT 플랫폼 활용한 'D2C' 뜬다>

25 조선비즈(2020.11.4), \<코로나로 위축된 공유오피스, 위드 코로나 시대 기대감 솔솔>

26 여시재(2020.6.25), \<가족보다 직장동료 더 오래 보는 '회사 인간 시대' 저물고 있다>

27 여시재(2020.6.25), 상동

28 한국경제(2019.9.26), \<'구독경제'가 대세 … 기업의 생존 방정식을 찾아라>

29 T조선(2020.7.24), \<과기정통부 디지털 역량 교육에 503억 투입>

30 브런치, 카카오 정책산업 연구(2020.9.25), \<단절된 일상을 디지털이 위로하다>

31 statista(2020.10.22), \<Annual transaction value of the next-generation payment technology market worldwide in 2015 and 2016, with forecasts from 2017 to 2022>

32 박경현(2020), 「[포스트 코로나 시대의 국토이슈와 대응 방향 1] 포스트 코로나 시대의 포용적 국토균형발전 방향」, 『월간국토』, 464, pp. 6-10; 김동근(2020), 「포스트 코로나 시대, 감염병 대응형 도시계획 방향」, 『국토이슈리포트』, 17, 국토연구원

33 김정화·김호정·김건욱(2020), 「코로나19 확산과 도시교통 수요 변화 - 대구광역시 2020년 상반기 사례를 중심으로」, 『국토이슈리포트』, 21, 국토연구원; 이진희(2020), 「[포스트 코로나 시대의 국토이슈와 대응 방향 3] 언택트 일상화에 따른 도시공간 이용 패턴 변화와 도시계획 대응」, 『월간국토』, 464, pp. 15-20

34 황지영(2020), 「코로나가 촉발한 언택트 소비트렌드와 미래 전망」, 『Future Horizon+』, 46, 과학기술정책연구원, pp. 29-35

35 조선비즈(2020.5.7), \<우버도 감원 폭풍…3700명 '일시해고'>

36 매일노동뉴스(2020.6.24), \<코로나19에 취약계층 대중교통 이용 피해 우려>

37 한국전력(2020. 9. 21), \<포스트 코로나 시대에 따른 전기사용의 변화>

38 한국농촌경제신문(2020.8.11), \<수출 경쟁력 높이기 위한 'HMR기술센터' 착공>

39 대학신문(2019.3.10), \<'뽑아 먹는 '맛있는 한 끼, 3D 푸드 프린팅을 만나다>

2부

1   국토교통부(2020)

2   박성민(2019), 「퍼스널 모빌리티 충전 기술개발과 인프라 구축 방향」, 『KIPE Maga-zine』, 24(1), 전력전자학회, pp.30-34

3   테크월드(2019.8.23), <[생활TECH] 페달 없는 자율주행 자전거, AI 퍼스널 모빌리티>

4   테크월드(2019.8.23), 상동

5   오현서(2015), 「ITS/차량ICT」, 『TTA Journal』, 제160권, pp. 8-15

6   안경환 외(2013), 「자율주행자동차 기술 동향」, 『ETRI Electronics and Telecommu-nications Trends Report』, 한국전자통신연구원, pp. 35-44

7   박강민(2018), 「물류산업의 디지털 전환」, 소프트웨어정책연구소

8   박소연(2016), 「물류 분야에서의 해외 사물인터넷(IoT) 활용 동향」, 『우정정보』, 제2016권 제1호, pp.39-71

9   한경수·정훈(2020), 「드론 물류 배송 서비스 동향」, 『[ETRI] 전자통신동향분석』, 35(1), 한국전자통신연구원, pp.71-79

10   platum(2018.9.5), 한승희, 「'라스트 마일'을 잡아라, 중국 배송로봇 현황」

11   Tech Recipe(2018.8.10), 이석원, 「딜리가 말하는 '배달의 미래'」

12   박종록·김한해(2019), 「자율주행 기술」, 『KISTEP 기술동향브리프』, 2019-16, 한국과학기술기획평가원

13   백장균(2020), 「자율주행차 국내외 개발 현황」, 『이슈브리프』, 제771호, KDB 미래전략연구소. pp. 17-34

14   박종록·김한해(2019), 상동

15   과학기술정보통신부(2019), 「2020년도 무인이동체 기술개발사업 시행계획」

16   정승(2020), 「2020년 관광산업현황과 전망」 발표자료, 한국관광공사

17   최경은(2020), 「코로나19 극복을 위한 관광정책 방향」, 코로나19 이후 관광정책 대응전략 세미나 발표자료(2020.7.29)

18   최경은(2020), 상동

19   조순기(2015), 「국외 C-ITS 정책 및 기술개발 동향」 교통 기술과 정책, 제12권 제2호

20   KIPOST(2018.1.30), <[자율주행, 틈새를 찾아서③]이제 시작이다, 대차량통신(V2X)>

21   정아름(2018.7.16), 「유럽의 C-ITS 정책 추진 현황: 차량용 통신 시스템(V2X)을 중심으로」, 정보통신정책연구원

22   한국지능형교통체계협회(2019), 「제26회 ITS 세계대회 결과보고」

23   삼정 KPMG(2020), 「자율주행이 만드는 새로운 변화」, 『삼정 Insight』, 제69호, 삼정 KPMG 경제연구원

24 한국지식재산연구원(2019), 「기술 및 환경변화에 따른 지식재산 제도 개선방안: 4차 산업혁명을 중심으로」, 한국지식재산연구원

25 C-ITS 시범사업 홍보관 홈페이지, <C-ITS 국내 및 주요국 정책 현황>

26 C-ITS 시범사업 홍보관 홈페이지, <국내 C-ITS 시범사업 시스템 구성>

3부

1 이명기 외(2020), <코로나19 이후 농업·농촌에 대한 도시민의 인식과 수요 변화>, (조사시기: 2020.4.25~2020.4.27)

2 이정민 외(2019), <2019년 농업·농촌 국민의식 조사>, (조사시기: 2019.11.7~2019. 12.12)

3 매일경제(2020.3.7), <집에선 간편식, 밖에선 도시락… 코로나19가 바꾼 식풍경>

4 뉴시스(2020.3.15), <코로나19 뚫고 라이더는 달린다… 외식 줄고 배달 증가>

5 아이뉴스24(2020.3.19), <코로나19 장기화에 앞당겨진 홈술 전성시대>

6 CDPH(2020), <COVID-19 Industry Giudance: Dine-In Restaurants>

7 네이버포스트(2020.5.16), 셰프 김한송, <138. 코로나 이후 변화하는 미국 레스토랑 상황>

8 동아비즈니스리뷰(2020), <로봇 레스토랑은 왜 실패했을까>

9 조선일보(2020.6.16), <햄버거 만들고 농작물 키우고… 로봇, 이제야 때를 만나다>

10 McKinsey&Company(2020.6.4), <Programming life: An interview with Jennifer Doudna>

11 The Straits Times(2020.5.24), <The Covid-19 pandemic has spurred the growth of plant-based meat amid food supply disruptions and people's drive to make healthier food choices>

12 네이버포스트(2020.3.4), 더농부, <스타벅스, 디즈니도 '식물성 고기'… 세계 최대 곡물회사 카길도 뛰어들었다>

13 McKinsey&Company(2020), <Feeding the world sustainably>

14 Forbes(2018), <Perfectday partners with ADM to makd milk without cows>

15 중앙일보(2020.6.6), <반도체 개발하듯 식물성 고기 개발… 30조 시장 노리는 비거니즘 스타트업>

16 벤처스퀘어(2020.3.26), <배양육 시장에 도전장 내민 토종 스타트업>

17 녹색경제신문(2019.9.21), <한국형 '푸드테크'는 진화 중…'배달' 넘어 '뉴푸드'로>

18 네이버포스트(2020.5.7), 더농부, <농업용 드론 판매 급증, 온라인 유통 확산… 코로

나가 앞당긴 글로벌 농업 혁신>

19 이데일리(2020.3.10), <코로나19 덕분에…中농업용 드론업계 때아닌 호황>

20 유튜브(2020.4.3), BBC Click, <Drones v COVID-19 - BBC Click>

21 농촌진흥청 블로그(2020.4.1), <미래를 이끌 '농업용 드론' 파헤치기>

22 네이버포스트(2019.8.20), 식품외식경영, <미국 '푸드로봇(Food Robot)' 어디까지 왔나>

23 조선일보(2020.6.16), 상동

24 3D Systems 웹사이트

25 Choc Edge 웹사이트

26 WASP 웹사이트

27 Nova Meat 웹사이트

28 한국경제(2020.3.31), <농사 못 짓는 UAE·사우디, 코로나19 위기 식량비축에 눈돌려>

29 FAO(2020), <COVID-19 and the risk to food supply chains: How to repond?>

30 UN(2020), <Preventing a pandemic-induced food emergency>

31 KBS 뉴스(2020.5.15), <G20, 식량·의료용품 등 필수품에 불필요한 무역장벽 반대>

32 임영훈 외(2019), 「식량안보를 위한 과학기술기반 농업혁신 정책구상」, 과학기술정책연구원

33 ASD Reports(2019.7.22), <Global Indoor Farming Technology Market is Projected to Reach $12.02 Bn by 2024>

34 Thomson Reuters Foundation(2020.6.1), <Latest: How dities around the world are lifting coronavirus restrictions>

35 Farm66 웹사이트

36 머니투데이(2020.4.8), <등교일 몰라도 다시 심을 수밖에… 27억 작물 갈아엎은 농가들>

37 The Wall Street Journal(2020.4.26), <Coronavirus forces farmers to destroy their crops>

38 NY Times(2020.4.11), <Dumped Milk, smased eggs, plowed vegetables: Food waste of the Pandemic>

39 Rabobank(2020), <Agribusiness Monthly March 2020>

40 조선일보(2020.6.4), <강원 찰토마토 사세요. 최문순 지사, 이번엔 토마토 완판 도전>

41 조선비즈(2020.4.22), <정용진 신세계 부회장, 이번엔 '해남 왕고구마' 특별판매 나선다>

42 연합뉴스(2020.6.9), <다시마 구입한 오뚜기… 식품업계·농어촌 협업으로 '상생'>

43 https://www.ibm.com/blockchain/solutions/food-trust/modules

44 https://www.nestle.com/media/news/nestle-blockchain-zoegas-coffee-brand

45 상동

4부

1 보건복지부 코로나바이러스감염증-19 홈페이지, http://ncov.mohw.go.kr/

2 차미영(2020.3.24), 「코로나바이러스와 인포데믹」, 『코로나19과학리포트』, 7, 기초과학연구원

3 I-scoop, <The digital twin in hospitals - a strategic partnership for the smart hospital>

4 O'Gorman, J. (2020.4.7), 〈How Radio Is Transforming In-hospital Connectivity for Medtech Companies, Market Access〉, https://www.medtechintelligence.com/

5 House of Commons Health and Social Care Committee(2019), 〈Sexual Health, Fourteenth Report of Session 2017-19〉, House of Commons

6 The Social Review(2020.6.3), <Introducing June's Theme: Activism>

7 박미정(2020), 「코로나19 추적 조사와 프라이버시(2)」, 『BRIC View 동향리포트』, 생물학연구정보센터(BRIC), p. 5

8 Onezero, <We Mapped How the Coronavirus Is Driving New Surveillance Programs Around the World>

9 Mobihealthnews(2020.3.20), <Singapore government launches new app for contact tracing to combat spread of COVID-19>

10 DW, <German COVID-19 warning app wins on user privacy>

11 Guardian(2020.3.6), <GPs told to switch to digital consultations to combat Covid-19)>

12 한국전자통신연구원(2020), 「감염병 재난에 대응하기 위한 의료 인공지능의 기술 표준 동향」, 2020-1, 『ETRI Insight』, 2020-1, 한국전자통신연구원, p. 23

13 로봇신문(2020.1.28), <'다이머 UVC', 미 국제공항에 항공기용 멸균 로봇 공급>

14 김지연(2020), 「비대면 시대, 비대면 의료 국내외 현황과 발전방향」, 『KISTEP Issue Paper』, 2020-10, 한국과학기술기획평가원, p. 25

15 중앙재난안전대책본부(2020.5.3), 『생활 속 거리 두기 세부지침』, p. 1

16 이진규(2020), 전문가 FGI 내부 발표자료, p. 3

17 Kish, L. J., & Topol, E. J.(2015), Unpatients - why patients should own their med-
    ical data, Nature biotechnology, 33(9), 921–924

18 국가통계포털, GDP대비 경상의료비 추이, https://bit.ly/3mATtL1

19 OECD Health Statistics 2019, OECD 평균은 2018년(혹은 인접 과거년도) 통계가 있
    는 36개국의 평균

20 의료정책연구소(2020), 「2020 총선대비 보건의료 정책제안」, 『의료정책포럼』,
    18(1), p. 78

집필진

최종화 | 과학기술정책연구원 전략기획실장
정일영 | 과학기술정책연구원 신산업전략연구단장
임영훈 | 과학기술정책연구원 연구위원
윤정섭 | 과학기술정책연구원 부연구위원
윤정현 | 과학기술정책연구원 선임연구원
진설아 | 과학기술정책연구원 선임연구원
김가은 | 과학기술정책연구원 선임연구원
추수진 | 과학기술정책연구원 선임연구원
박정호 | 과학기술정책연구원 연구원
김지은 | 과학기술정책연구원 연구원
김단비 | (前)과학기술정책연구원 연구원
이예원 | (前)과학기술정책연구원 연구원
황윤하 | 한국미래전략연구소W 대표
배명훈 | SF 작가
정소연 | SF 작가
전혜진 | SF 작가
심너울 | SF 작가

포스트 코로나 일상의 미래

1판 1쇄 인쇄 2021년 5월 12일
1판 1쇄 발행 2021년 5월 20일

지은이 과학기술정책연구원
펴낸이 고병욱

책임편집 장지연 **기획편집** 윤현주 유나경
마케팅 이일권 한동우 김윤성 김재욱 이애주 오정민
디자인 공희 진미나 백은주 **외서기획** 이슬
제작 김기창 **관리** 주동은 조재언 **총무** 문준기 노재경 송민진

펴낸곳 청림출판(주)
등록 제1989-000026호

본사 06048 서울시 강남구 도산대로 38길 11 청림출판(주) (논현동 63)
제2사옥 10881 경기도 파주시 회동길 173 청림아트스페이스 (문발동 518-6)
전화 02-546-4341 **팩스** 02-546-8053
홈페이지 www.chungrim.com
이메일 cr1@chungrim.com
블로그 blog.naver.com/chungrimpub
페이스북 www.facebook.com/chungrimpub

ⓒ 과학기술정책연구원, 2021

ISBN 978-89-352-1351-1 03320